高等学校交通运输与工程类专业规划教材

Urban Traffic Signal Control Knowledge
城市交通信号控制基础

（第 2 版）

于 泉 编 著

内 容 提 要

本书为高等学校交通运输与工程类专业规划教材。信号控制是交通管理的重要手段,信号控制的优劣是影响城市道路交通系统运行效率的关键因素。城市道路交通信号控制涉及多方面内容,本书共有9章,内容包括:引论、交通信号控制硬件、交通信号控制概述、交通信息控制相位设计、交通信号控制策略、交通信号控制效率指标、交通信号控制基本算法、交通控制软件及算例、智能交通控制系统及发展。

本书可供交通运输工程、交通设备与控制工程等专业的本科生和研究生教学使用,也可供从事交通管理、企业研发等相关工作的从业人员参考借鉴。

图书在版编目(CIP)数据

城市交通信号控制基础 / 于泉编著. — 2 版. — 北京：人民交通出版社股份有限公司, 2019.7
ISBN 978-7-114-15600-7

Ⅰ.①城… Ⅱ.①于… Ⅲ.①市区交通—交通信号—自动控制 Ⅳ.①U491.5

中国版本图书馆 CIP 数据核字(2019)第 111512 号

高等学校交通运输与工程类专业规划教材

书　　名：	城市交通信号控制基础(第2版)
著 作 者：	于　泉
责任编辑：	袁　方　李　晴
责任校对：	刘　芹
责任印制：	张　凯
出版发行：	人民交通出版社股份有限公司
地　　址：	(100011)北京市朝阳区安定门外外馆斜街3号
网　　址：	http://www.ccpress.com.cn
销售电话：	(010)59757973
总 经 销：	人民交通出版社股份有限公司发行部
经　　销：	各地新华书店
印　　刷：	中国电影出版社印刷厂
开　　本：	787×1092　1/16
印　　张：	13.25
字　　数：	313 千
版　　次：	2019 年 7 月　第 2 版
印　　次：	2019 年 7 月　第 2 版　第 1 次印刷
书　　号：	ISBN 978-7-114-15600-7
定　　价：	42.00 元

(有印刷、装订质量问题的图书由本公司负责调换)

高等学校交通运输与工程(道路、桥梁、隧道与交通工程)教材建设委员会

主 任 委 员：沙爱民　（长安大学）

副主任委员：梁乃兴　（重庆交通大学）
　　　　　　陈艾荣　（同济大学）
　　　　　　徐　岳　（长安大学）
　　　　　　黄晓明　（东南大学）
　　　　　　韩　敏　（人民交通出版社股份有限公司）

委　　　员：(按姓氏笔画排序)

马松林	（哈尔滨工业大学）	王云鹏	（北京航空航天大学）
石　京	（清华大学）	申爱琴	（长安大学）
朱合华	（同济大学）	任伟新	（合肥工业大学）
向中富	（重庆交通大学）	刘　扬	（长沙理工大学）
刘朝晖	（长沙理工大学）	刘寒冰	（吉林大学）
关宏志	（北京工业大学）	李亚东	（西南交通大学）
杨晓光	（同济大学）	吴瑞麟	（华中科技大学）
何　民	（昆明理工大学）	何东坡	（东北林业大学）
张顶立	（北京交通大学）	张金喜	（北京工业大学）
陈　红	（长安大学）	陈　峻	（东南大学）
陈宝春	（福州大学）	陈静云	（大连理工大学）
邵旭东	（湖南大学）	项贻强	（浙江大学）
胡志坚	（武汉理工大学）	郭忠印	（同济大学）
黄　侨	（东南大学）	黄立葵	（湖南大学）
黄亚新	（解放军理工大学）	符锌砂	（华南理工大学）
葛耀君	（同济大学）	裴玉龙	（东北林业大学）
戴公连	（中南大学）		

秘 书 长：孙　玺　（人民交通出版社股份有限公司）

前言

交通是经济与社会发展的基础性产业，是社会经济活动中客流、物流的主要载体。近年来，我国的城市交通正面临严峻的考验。交叉路口是整个城市道路的瓶颈地带，是城市交通的关键位置。各种交通流体（如机动车、非机动车和行人等）在平面交叉口处反复地分流、合流及交叉，使交通状况变得极其复杂，所以城市交通拥挤问题往往突出表现在交叉口处。提高交叉口的通行效率成为缓解交通拥堵的关键举措。

交通信号控制是交叉路口必不可少的交通控制手段，是提高平面交叉口通行效率的有效办法之一。随着先进理念和技术的发展，先进的城市交通控制系统在世界范围内备受瞩目并且得到了迅速的发展和应用。一方面，它有利于保障交通的安全性，维持交通的有序性，并提高交通流的通行效率；另一方面，它关系到土地资源的合理利用、环境污染的改善乃至国民经济的持续发展和社会经济效益的提高。理解信号控制基本概念，掌握控制算法以及控制逻辑等是信号控制研究的基础，而目前对信号控制系统硬件、基本概念、控制算法以及控制逻辑进行全面系统介绍的书籍仍比较少。

本书综合国内外信号控制的基本概念和最新概念，在全面收集资料的基础上，综合作者在教学科研过程中的体会和理解，以图文结合、中英文结合的方式，旨在系统地、直观地讲解城市交通信号控制基础。本书面向相关专业和学术方向的本科及研究生师生,既可作为本科生教学教材,也可作为研究生参考教材。本书尝试从信号控制机硬件装备的直观印象讲解到信号控制的基本概念,以使读者系统地掌握信号控制基础知识,为相关领域的研究提供较为全面的知识背景。

本书共有9章。第1章为引论,重点介绍道路交通信号控制的功能与意义、发展史及国内外现状;第2章重点介绍交通信号控制硬件;第3章为交通信号控制概述;第4章重点介绍交通信号控制相位设计;第5章重点介绍交通信号控制策略;第6章重点介绍交通信号控制效率指标;第7章重点介绍交通信号控制基本算法;第8章重点介绍交通信号控制软件及算例;第9章重点介绍智能交通控制系统及发展。

本书第1、2、9章由于泉、姚宗含编著;第3、4章由于泉、高天胜编著;第5、6章由于泉、孙瑶编著;第7、8章由于泉、朱小飞编著。全书由于泉教授统稿,孙瑶协助于泉教授做了统稿工作,李芳舟、单天赐参与了图表的整理与校对工作。

本书为第2版,在之前版本的基础上做了大量补充及修正,并结合教学实践,引入了许多国内外交通控制领域的新成果。由于水平和时间有限,书中难免存有疏漏,敬请读者批评指正。

于　泉

2019年2月

目录

第1章 引论 ··· 1
  1.1 交通信号控制的功能与意义 ·· 1
  1.2 交通信号控制的发展历史 ·· 2
  1.3 国内外交通信号控制现状 ·· 5

第2章 交通信号控制硬件 ·· 9
  2.1 典型交通信号控制机 ·· 9
  2.2 常用交通信号灯 ·· 14
  2.3 控制机接口设备(CID) ··· 18
  2.4 先进的交通控制机(ATC) ··· 19

第3章 交通信号控制概述 ··· 23
  3.1 交通信号控制的基本概念 ··· 23
  3.2 单点信号控制方式 ·· 31
  3.3 干道信号协调控制 ·· 40
  3.4 区域信号协调控制 ·· 45

第4章 交通信号控制相位设计 ··· 50
  4.1 NEMA 标准 ·· 50
  4.2 相位相序设计原则及方案 ··· 53
  4.3 车道渠化方案与信号相位方案的设计 ······································ 59
  4.4 常见的信号交叉口相位相序设计 ·· 60

第5章 交通信号控制策略 ··· 65
  5.1 城市道路交叉口信号控制策略 ·· 65
  5.2 干线协调信号控制策略 ··· 68
  5.3 区域信号协调控制策略 ··· 69

5.4 行人信号相位交通控制策略 73
5.5 公交优先交通控制策略 75

第6章 交通信号控制效率指标 85
6.1 延误 85
6.2 服务水平 87
6.3 通行能力 88
6.4 停车次数 89
6.5 排队长度 89
6.6 饱和度 92
6.7 辅助评价指标 92
6.8 不同控制对象的评价指标 93
6.9 评价指标对比分析 95

第7章 交通信号控制基本算法 98
7.1 设置交通信号控制的依据标准 98
7.2 关键车流的判定 99
7.3 单点定周期配时算法 102
7.4 单点感应控制算法 110
7.5 行人相位配时算法 111
7.6 基于混合交通特性的算法及应用实例 112
7.7 干线协调控制算法 132
7.8 区域交通信号控制算法 135
7.9 智能交通信号控制优化算法 139

第8章 交通信号控制软件及算例 150
8.1 VISSIM 150
8.2 PASSER V 158
8.3 Synchro 170
8.4 LISA+ 176
8.5 TRANSYT-7F 183

第9章 智能交通控制系统及发展 191
9.1 先进的交通控制系统 191
9.2 新技术环境下交通控制的发展 195

参考文献 202

第 1 章 引论

随着城市化进程的加快和机动车的普及,人们在享受机动车所带来的巨大便利的同时,也面临着交通拥堵的困扰。显然,解决交通拥堵的直接办法就是修建更多的路桥以提高路网的通行能力。然而,修建路桥的巨额资金和城市空间的严格限制,使得这一方法的有效性大打折扣。因此,在现有道路条件下,提高交通控制和管理水平,合理使用现有交通设施,充分发挥其能力,是解决交通拥堵问题的有效方法之一。

本章简要介绍道路交通信号控制的功能和意义、交通信号控制的发展历史及其发展现状,使读者对交通信号控制有一个简单、清晰的轮廓性认识。

1.1 交通信号控制的功能与意义

交通信号控制系统是城市基础设施建设中必不可少的元素之一。交通信号控制系统不仅是一个信息物理系统,而且是一个试图对人类行为施加强有力的社会控制的系统。

信息物理系统作为计算进程和物理进程的统一体,它是集成计算、通信与控制于一体的智能系统。信息物理系统通过人机交互接口实现和物理进程的交互,使用网络化空间以远程的、可靠的、实时的、安全的、协作的方式操控一个物理实体。交通信号控制系统符合信息物理系统的界定,其控制对象——信号灯为操控的物理实体。

对于城市路网运行来说,控制出行者的行为并不是控制系统设计者的主要目的,理解和操纵驾驶员和出行者的行为方式是一个比控制机制本身更重要的问题。交通信号控制的主要功能是自动协调和控制整个控制区域内交通信号灯的配时方案,均衡路网内交通流运行,使延误时间及环境污染减至最小,充分发挥道路系统的交通效益,并且在必要时,可通过控制中心人工干预,直接控制路口信号机执行指定相位,强制疏导交通。

1.2 交通信号控制的发展历史

作为社会控制的手段之一,交通信号控制一直伴随着机动车的发展而不断变革。

亨利·福特(Henry Ford)于1908年推出了福特"T型"汽车,并于1913年开始大量生产,这使民众第一次感受到交通出行的经济性及可靠性。在1913年,纽约以每天两次的频率发生交通拥堵。至1915年,很多人上下班开始放弃开车,改乘地铁。由于中央商业区车辆的密集,无轨电车速度减慢了44%,甚至出现电车速度低于马车速度的现象。至1918年,全年约49000辆机动车驶入旧金山的道路。至1924年,全年机动车流量超过了100000辆,其中超过1/4的车辆进入了中央商业区,使得市中心的机动车数量几乎呈指数增长。1904—1917年间,纽约市第五大道的交通量以城市人口两倍的速度增长。1920年,进入曼哈顿的全年车流量约有9200万辆,乘客达到20400万人次。1925年,美国商务部长赫伯特·胡佛(Herbert Hoover)指出,城市交通拥堵成本的消耗每年将超过20亿美元。交通问题不仅仅只是车辆的增加。底特律的一项调查显示:交通量比汽车数量上升得更快,同时,驾驶员把汽车停在街道上,占据了城市的一部分道路。至1917年,停车大约占据了33%~50%的城市道路。交通混乱的现象在美国很多地方都成了司空见惯的事情。

交通信号控制早期在人口密集的地点进行尝试。19世纪初,在英国中部的约克城,红装、绿装分别代表女性的不同身份。其中,穿红装的女性是已婚者,穿绿装的女性则是未婚者。后来,英国伦敦议会大厦前经常发生马车轧人的事故,于是人们受到红绿装的启发,1868年12月10日,信号灯家族的第一个成员就在伦敦议会大厦的广场上诞生了。它是由当时英国机械师德·哈特设计、制造的灯柱,高为7m,灯柱上挂着一盏红、绿两色的提灯——煤气交通信号灯,这是城市街道的第一盏信号灯(图1-1)。在灯柱旁,警察手持长杆牵动皮带转换信号灯的颜色。后来,信号灯装上了煤气灯罩,由红、绿两块玻璃交替遮挡。但是,这只煤气交通信号灯面世仅23天便突然爆炸毁灭,一位正在值勤的警察也因此受伤,导致信号灯因危害公共安全而被拆除。自此,城市的交通信号灯被取缔。确切地说,当时的交通信号灯就是用来管制交通的。交警则根据各个方向的交通量,来决定何时改变信号灯的颜色。

随着汽车时代的到来,交通信号灯变得更加重要。1910年,Earnest Sirrine在芝加哥引进了第一台全自动信号灯(图1-2)。这个信号灯有两个独立的显示板,在两个固定的位置上绕轴旋转。这两个显示板相互交

图1-1 第一盏信号灯

叉并成90°。在Sirrine的"街道交通系统（Street Traffic System）"中由不发光的"Stop"和"Proceed"字样代替了红灯和绿灯。1912年，世界上第一盏专门用于控制汽车交通的信号灯出现在盐湖城（Salt Lake City），它的发明者是Lester Wire。这盏信号灯是长方体形的，外壳被刷成黄色，四面都安装有红、绿两种灯，被放置在了高3m（10英尺）的立杆顶端。但此信号灯也需要通过人力进行操作。

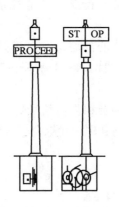

图1-2　第一台全自动信号灯

1914年，美国的克利夫兰市率先正式恢复使用红绿灯。克利夫兰警察局在第105街和欧几里得街的角落安装了红色和绿色的交通控制信号灯。1917年，底特律警察威廉·波茨（William Potts）对交通信号灯做了重大改进，增加了一个黄色警戒灯以帮助行人过街。Potts在设计中选择的用于传递信号的颜色都是与心理学相关的。红色，一般被用于表现风险和谨慎，有很多时候都用红色代表危险和未知。红色的渐变色，包括橘色用在大多数交通标志中是为了提高有视觉问题的人们的辨识能力，比如色盲。绿色，在很多文化中给人一种安稳、可靠的感觉——象征自然、和谐、新鲜、肥沃。绿色带给人一种强烈的安全感，所以被选作引导行人通过交叉口的颜色。此外，Potts的设计中不需要依赖于任何声音信号，所以风声、鸣笛声等各种城市中出现的噪声都不会影响交通信号的传递。1918年，芝加哥和纽约在城市道路系统中安装了交通信号灯来控制交通，使得交通信号灯迅速普及。随后，各国纷纷通过安装信号灯来管控交通。这标志着交通信号控制技术发展的开始。

1920年，美国国家公路管理协会邀请美国汽车协会、美国电气铁路协会、国际警察总会、国家汽车商会、铁路和保险集团的代表联合国家标准局制定了交通标志和交通规则的统一规范。市政专业机构也建议美国所有城市遵循这些标准，美国有200多个城市采用了该规范，但大多数城市采用的是交通标志中的文字，而不是符号。1921年，英国开始采用国家道路标志标准，随后这些标准演变成为欧洲国家交通标准。这些国家和国际化交通标准的发展大部分受益于美国的实践尝试。

国际联盟于1926年首次举行了一系列关于统一交通规则和标志的会议。新规则借鉴了美国的做法，其中包括采用交通信号灯和红色八边形停止标志。随着时间的推移，世界各国交通标志的标准和规则越来越接近。

1926年，美国的芝加哥市采用了交通信号灯控制方案，每个交叉口设有交通信号灯。此后，交通控制技术和相关控制算法得到了迅速发展和改善，提高了交通控制的安全性、有效性，并减少了对环境的影响。现代信息技术、电子技术、自动控制技术及计算机技术的发展使以信号灯为主体的交通控制手段迅速发展，交通信号机由手动到自动，交通信号由固定周期到可变周期，系统控制方式由点控、线控到面控，进而发展为智能交通控制系统。

1963年，加拿大多伦多市建立了一套使用IBM 650型计算机的集中协调感应控制信号系统，这是交通信号控制技术发展的里程碑。之后，美国、英国、联邦德国、日本、澳大利亚等国家相继建成计算机区域交通控制系统，这种系统一般还配备交通监视系统，以组成交通管理中心。

直到20世纪80年代初，全世界建有交通管理中心的城市有300多个。各国广泛使用的最具代表性的城市道路交通控制系统主要有英国的TRANSYT系统、SCOOT系统和澳大利亚的SCATS系统。

我国最早的马路红绿灯于1928年出现在上海的英租界。信号灯从最早的手牵皮带式发展到20世纪50年代的电气控制，从采用计算机控制到现代化综合信息处理，交通信号灯在科学化、自动化方面不断地更新、发展和完善。

交通控制系统的发展历程见表1-1。

交通控制系统的发展历程　　　　　　　　　　表1-1

年份	方式	国家	应用城市	系统名称	系统特征	路口数	周期	检测器
1868	点控	英国	伦敦		燃气色灯	1	定	无
1914	点控	美国	克利夫兰		电灯	1	定	无
1926	点控	英国	各城市		自动信号机	1	定	无
1928	点控	美国	各城市		感应信号机	1	变	气压式
1917	线控	美国	各城市		手控协调	6	定	—
1922	线控	美国	各城市		电子计时	12	定	—
1928	线控	美国	各城市		步进式定时	多	变	—
1952	面控	美国	丹佛市		模拟计算机动态控制	多	变	气压式
1963	面控	加拿大	多伦多		数字计算机动态控制	多	变	电磁式
1968	面控	英国	格拉斯哥	TRANSYT	静态控制	多	变	环形线圈
1975	面控	美国	华盛顿	CYRANO	动态控制	多	变	环形线圈
1980	面控	英国	格拉斯哥	SCOOT	动态控制	多	变	环形线圈
1982	面控	澳大利亚	悉尼	SCATS	动态控制	多	变	环形线圈
1985	面控	意大利	都灵	SPOT/UTOPIA	动态控制	多	变	环形线圈
1989	面控	法国	图卢兹	PRODYN	动态控制	多	变	环形线圈
1995	面控	德国	科隆	MOTION	动态控制	多	变	环形线圈
1996	面控	美国	新泽西	OPAC	动态控制	多	变	环形线圈
1996	面控	美国	凤凰城	RHODES	动态控制	多	变	环形线圈
1997	面控	希腊	哈尼亚	TUC	动态控制	多	变	环形线圈

1.3 国内外交通信号控制现状

1.3.1 国外交通信号控制现状

在英国,交警部门特别注重交通信号灯和监测设备的合理配置,通过完备的电子系统有序引导,减少交通滞留,确保安全。为能因地制宜地改善交通,近些年英国交通部门安装了采用复合型智能交通控制设备的道路监控设施,根据不同城市的道路特点、交通流规律及车辆特性,短周期、多阶段地配置交通信号灯,使道路上的车辆总在不间歇的行驶当中快速地通过路口,减少交通滞留。英国城市的红绿灯设置非常合理,道路上的交通流能够充分获得通行时间,从而减少行驶的延误和等待。例如,在城市道路和主要干线上埋设地下检测器,或者安装微波检测器,实时监测道路当中的行车速度,一些路口和路段的摄像机也始终保持监测状态,随时反馈信息。同时,在交通工程控制协调方面,从一开始就通过大量的实地考察,根据道路通行能力和车流量情况,设计出符合当地情况的控制方案,并在实施过程中不断调整交通流量和红绿灯的变换频率,减少车辆滞留情况。

日本于1994年1月成立了由当时的警察厅、通商产业省、运输省、邮政省、建设省五个部门支持的"道路·交通·车辆智能控制化推进协会(VERTIS)",目的是促进日本在交通控制领域中的技术和产品的研究开发及推广应用。VERTIS确定其后30年的工作目标是:将现有道路交通死亡事故减少50%;消除交通拥堵;减少汽车的燃料消耗及尾气排放。在东京市,东京都警视厅交通控制中心负责东京一般城市道路的交通控制。通过车辆检测器、摄像机、巡逻车、直升机、警察、报警电话等多种渠道收集各种信息后,将这些信息用133台计算机组成的处理系统自动进行后台处理。根据处理结果,分析目前道路交通的流量,系统自动对全市14447个交通信号中的7247个进行预定的方案控制,并将交通流量、速度、路段的拥堵程度、预计行驶时间、交通事故、道路施工等信息显示在中心的中央显示板上,以便管理人员对城市交通进行宏观调控。同时,这些信息还通过遍布在全市道路范围内的985个交叉口的显示板和311个电光显示板、7个广播电台和160个路侧广播、装有信息通信系统(VICS)的车辆的车载终端、手机等实时向社会发布,大大提高了现有道路的通行能力。

在德国,信号灯一般设在路口停止线处,停车线上方及停车线右侧各设立一组交通信号灯。德国红绿灯设在路口前停止线处,含义就是绿灯亮起时,直行车辆通行,右转车辆必须在直行车辆全部放行结束后才能右转。德国有少数地区的信号灯设在路口之后,这种信号灯红灯亮时表示车辆通过路口后必须停车,此时一般是有行人过街情况,行人的信号灯此时一般是绿灯。这种设计是为了给行人足够的通行权。欧盟国家大都采用类似的交通信号控制方式。

以自行车文化闻名的丹麦首都哥本哈根市,曾在2009年制定了要在2025年之前变成零碳排放城市的目标。近年来,哥本哈根已开始着手改造其交通信号灯。计划投资6000万克朗(约4600万元人民币)建造380个"智慧交通信号灯",希望用这些新的信号灯来获取实时路况信息,并据此调整信号灯以提升交通效率。在新的交通信号灯内装置有摄像头、蓝牙传感器等新的装备,可监测相应区域范围内道路上的车辆与行人数量。摄像头可以监测摩托车等机动车辆的数量,并定位装有 GPS 设备的公共汽车,如果公交车晚点严重还能调整相应的绿灯时长,更加便民也更为灵活。另外,智能信号灯还能通过蓝牙传感器探测到行人携带的智能手机信号,进而判断其数量。2014 年,哥本哈根市政府曾在一场球赛后对该项技术进行测试,结果使拥堵时间减半。根据该计划,截至 2016 年底,哥本哈根公共汽车的行驶时间将减少 5%~20%。根据渥尔比地区测试的结果来看,新设备可以让公共汽车在高峰时段节省最多 2min。为了提高自行车通行效率,城市路面还建有自行车绿波信号灯。

美国于 2010 年对交通信号控制系统进行了调查,主要针对美国的城市、州、县,内容包括信号灯的数量、采用协调控制系统的信号灯所占比例以及采用的信号控制系统类型。例如,美国佛罗里达州某县的信号灯数量为 500 个,其中约 75% 的信号灯采用协调控制系统,协调控制系统类型主要有闭环控制系统、中央控制系统、自适应控制系统和协调控制系统。具体调查结果见表 1-2。调查结果表明,美国大都采用协调控制方式以及闭环控制系统,且美国交通信号灯的设置普及性较高。

美国各城市交通信号设置情况　　　　　　表 1-2

区域类型	信号灯数量	地点	人口数量(万)	信号系统类型			
				闭环控制系统	中央控制系统	自适应控制系统	基于时间协调控制系统
县	500 个,约 75% 采用协调控制	佛罗里达	100	√	√	√	√
	700 个,约 98% 采用协调控制	密歇根	120		√	√	√
城市	100 个,约 97% 采用协调控制	伊利诺伊	15	√			√
	150 个,约 91% 采用协调控制	纽约	5.7	√			√
	850 个,约 91% 采用协调控制	得克萨斯	66	√			
省	700 个,约 50% 采用协调控制	美国东北部	190	√			
	3000 个,75% 采用协调控制	美国中西部	—	√	√		√

1.3.2　国内交通信号控制现状

2010—2017 年,我国道路交通信号机总出货量超过 13 万台,目前国内一部分城市的交通信号控制系统及设备达到了 1500 套以上,全国占比 21%(图 1-3)。其中,超过 1500 套的城市有北京、上海、广州、深圳、天津、武汉、合肥、南京等城市,而重庆、郑州、东莞等城市在 1000~1500 套之间。全国城市交通信号控制路口占所有交叉路口比例以 70% 和 30%~50% 两个区间居多,一些城市的信控路口覆盖率还不够高,城市间的差别比较大(图 1-4)。郑州、合肥、珠海、南京、开封、无锡、安庆、遵义、太原等城市的信号控制覆盖率占比在 70% 以上,而重庆、东莞的覆盖率不足 50%。

随着城镇化的深化,城区面积继续扩大,交叉路口势必也会越来越多,需要信号控制的路口随之增多。在某些层面上,信号控制设备的待覆盖率也说明了这个城市的城镇化发展水平。整体而言,一些经济发达城市以及中西部地区的省会城市,城区面积扩张还将持续,对新设备仍有稳健的需求。

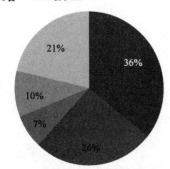
图1-3　信号控制设备数量占比情况

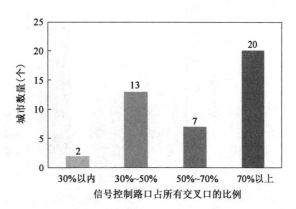
图1-4　信号控制路口的占比情况

在信号控制类型方面,全国协调式信号机、感应式信号机、多时段定时信号机三大控制类型之间的数量比是3.6∶1∶2.5,其中协调式信号控制机数量最高,太原、重庆、宁波、武汉、大连、海宁、厦门等城市达到200套,武汉以560余套排名居首;感应式信号控制机数量最多是太原,超过450套,大连次之,为260套;多时段定时信号控制机方面,重庆、海口、珠海、武汉、连云港、吉林等城市达到100套,重庆以1200套排在第一。

信号优先的主要表现形式是红灯早断以及绿灯延长,主要用于公交信号优先。国内城市中,已知成规模应用主动公交信号优先的城市有常州(快速公交系统,BRT)和南京(建邺区),都是由公安交管部门实施。常州BRT的公交信号优先是基于线圈的BRT公交车辆到站检测(中央车站,靠近路口),通过线圈检测给予信号机"绿灯延长""红灯早断"等指令,但不接收红灯最后10s时的优先指令;南京的公交信号优先则是基于全球定位系统(GPS)和北斗的双模定位,通过对公交车辆的位置信息获取,由交通集成指挥平台后台来决定是否给予优先指令,在不管是绿灯还是红灯周期的最后9s内,都不会给予优先指令。

实施公交信号优先也有一定的前提,首先是城市交通较为拥堵、出行需求旺盛、城市道路通行时速较低、有公交优先的现实需求,其次是信号机能够满足信号优先的需求,即采用协调式信号机。因此,一些交通不饱和的城市,以及大部分县级市并不需要实施信号优先,而一线城市以及大部分省会城市和经济发达的中东部城市都需要设置信号优先。图1-5是我国各城市的公交信号优先实施情况。

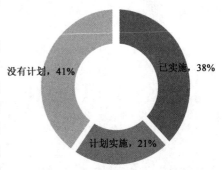
图1-5　公交信号优先实施情况

在公交信号优先的技术偏好方面,半数城市选择了基于车路协同的信号优先,其他则选择了车载卫星定位和射频识别技术(RFID)(图1-6)。基于RFID的信号优先与基于车路协同的信号优先在一定程度上是相似的,尤其是如果采用基于专用短程通信技术(DSRC)的车路协同技术,差别仅在于基于RFID的信号优先不能实现车间通信,而基于DSRC的车路协同技术可以实现。此外,如果我国的车路协同采用基于LTE-V的通信技术,实施信号优先会有更多的选择。

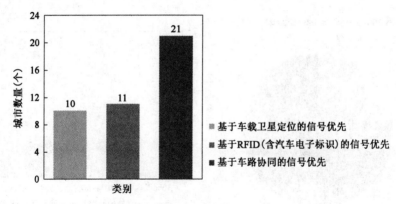

图 1-6　公交信号优先技术偏好

从目前我国城市交通信号控制模式来看,未来信号控制的发展趋势:一是基于宏观大数据的"模糊精确"控制,也就是基于城市交通大数据的整体变化,通过交通信号控制来实现城市道路整体通行能力的最大化;二是路口信号控制的精细化,将规划、渠化、配时、流量采集、标志标线标准化等都做规范、做精细,从而实现规划、管理和控制一体化。

第 2 章
交通信号控制硬件

　　交通信号控制设备是城市交通信号控制系统的重要组成部分。交通信号控制设备包括交通信号控制机和交通信号控制灯,由于生产厂商不同,交通信号控制设备有不同的形式,本章主要对典型的交通信号控制设备进行介绍,主要内容包括典型交通信号控制机、常用交通信号灯、控制机接口设备(CID)以及先进的交通控制机(ATC)。

2.1 典型交通信号控制机

2.1.1 交通信号控制机组成

　　道路交通信号控制机是能够改变道路交通信号顺序、调节配时并能控制道路交通信号灯运行的装置。典型的交通信号控制机箱内正视图如图 2-1 所示。

　　典型的交通信号控制机包含六个组成部分,分别为:控制单元、灯相输出模块、闪烁模块、输入/输出接口、电源配置和机柜。典型的交通信号控制机的结构示意图如图 2-2 所示。

　　1)控制单元

　　控制单元是交通信号控制机的核心,由微处理器模块、监视模块、显示控制面板模块以及电源模块四部分组成。

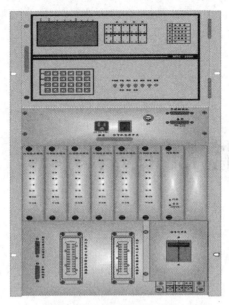

图 2-1 典型的交通信号控制机箱内正视图

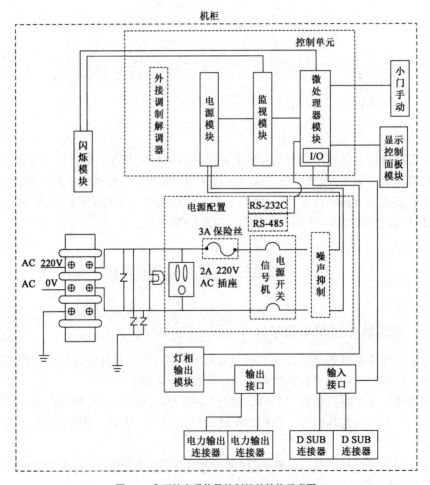

图 2-2 典型的交通信号控制机的结构示意图

控制单元的功能：根据不同交通需求时段选择配时方案，执行路权分配；接收行人及车辆优先控制信号；接收中央计算机下传的优化配时方案；执行灯色变换并监视灯色冲突、电源电压、灯泡以及灯相输出模块。

2）灯相输出模块

灯相输出模块可以控制灯泡亮灭，包括若干组红、黄、绿可控组件。每一灯相输出模块可以提供机动车红、黄、绿可控组件及行人与非机动车红、绿可控组件，以控制灯泡亮灭。图2-3为一款信号机的灯相输出模块，这款信号机有6个灯相输出模块，每一个灯相输出模块有2组机动车红、黄、绿可控组件和1组行人与非机动车红、绿可控组件。

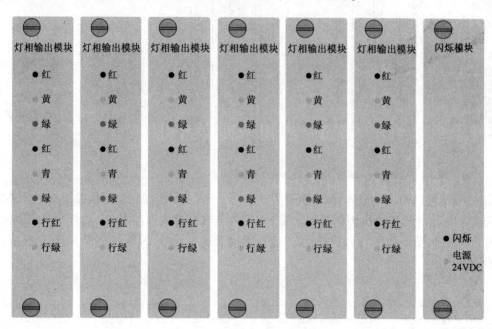

图2-3　灯相输出模块

3）闪烁模块

闪烁模块可以提供故障警示，包括微处理器模块故障或绿-绿冲突故障。发生故障时闪烁灯闪烁。闪烁模块位于灯相输出模块右侧（图2-3），有2个可控组件，分别为闪烁灯和电源指示灯。

4）输入/输出接口

信号控制机输入/输出接口用于交通信号控制信息的内外传输以及控制电源的连接，包括倒计时器及外部设备接口、车辆检测器接口、各进口电力输出连接接口等。某款信号控制机的输入/输出接口示意图如图2-4所示。

5）电源配置

电源为信号控制提供电力。《道路交通信号控制机》（GA 47—2002）规定信号机主电源额定电压为AC（220±20%）V，频率为50Hz±2Hz，信号器电源输入端应安装电源滤波器。图2-5为某款信号机的电源配置示意图，包括电源插座、信号机电源开关。

6）机柜

信号机机柜能够保护信号机的内部结构，根据《道路交通信号控制机》（GA 47—2002）规定,信号机机柜内部空间应足够大,应有利于信号机的散热和安装、使用、维修,应能够防雨并且尽可能降低灰尘及有害物质的侵入,机柜和安装机箱的设计还要防止顶面积水等。

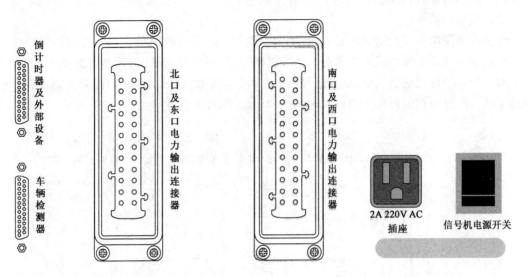

图 2-4　某款信号控制机的输入/输出接口示意图　　　　图 2-5　电源配置

信号机外箱机柜由主箱体、侧边执勤手动小门、外围控制缆线与信号机接线板三大部分组成。图 2-6 为信号机外箱机柜正视图。图 2-7 为外箱机柜背视图。图 2-8 为外箱机柜侧视图。图 2-9 为侧边执勤手动小门示意图,可以进行手动变换灯信号、闪烁灯信号、四面全红或信号灯关闭等操作。

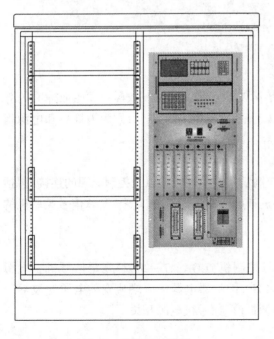
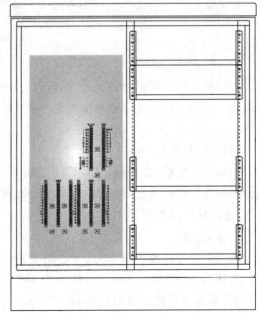

图 2-6　外箱机柜正视图　　　　　　　　图 2-7　外箱机柜背视图

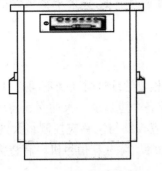

图2-8 外箱机柜侧视图　　图2-9 侧边执勤手动小门

2.1.2 交通信号控制机分类

1)定周期信号机

定周期信号机按照预先设定好的时间表进行工作。在功能上,它具有固定的周期和预置的相位。这类信号机设备比较适合安装在可以预估交通流量和交通类型的地区,如一些商业区。因为定周期控制不能识别和适应交通需求的短期波动变化,当交通流变化比较明显的时候,可能引起严重的延误。

定周期信号机可以在不同的时间段提供相应的固定配时方案,能够依据时间表进行一天内或者一周内的配时方案选择,能在一定程度上适应时间段的变化。

定周期信号机的特性包括:

①信号机机箱可以提供附加的物理空间。

②配时方案易于调整。

③电子设备易于维护;硬件设备不易损坏,但是维护复杂。

④易于纳入信号控制系统。

2)感应信号机

感应信号机可以通过道路上的车辆检测器和行人检测器,适应交通流量的实时变化而提供感应配时方案。感应信号机可以提供的感应控制模式包括:半感应控制、全感应控制以及流量-密度控制。

(1)半感应控制

半感应控制模式通常可以纳入信号控制系统。半感应控制模式必须保证非感应相位(通常为主路)的绿灯时间在 25~30s 范围内。通行权在感应相位(通常为支路)接收到感应请求时转变。当有车辆通过时,感应相位继续放行,直到通行时间结束或者达到最长绿灯时间。

半感应控制模式的特性包括:

①检测器只需埋设在次要道路上。

②主要相位具有最短绿灯时间。

③主要相位绿灯延长,直到次要相位收到感应请求。

④如果主要相位已经达到最短绿灯时间,次要相位在接受感应请求后转变为绿灯。

⑤次要相位具有最短绿灯时间。

⑥感应请求将延长次要相位绿灯时间,直到达到最长绿灯时间。

⑦当次要相位达到最长绿灯时间时，如果仍有感应请求，该请求将被保留，并且会在主要相位绿灯时间结束后转变为次要相位绿灯。

⑧每个周期都预设黄灯时间和全红时间。

(2) 全感应控制

信号机运行处于周期不断变化的模式。所有相位的绿灯时间受不同进口车道检测车辆的影响。全感应控制适用于独立运行的交叉口，并且各个进口道一天的交通需求都处于变化中。全感应控制需要在各个相位都设置检测器。全感应控制与半感应控制最大的区别在于，全感应控制不能像半感应控制那样可以进行相位自动跳跃，除非在信号机内有特殊的设置。

全感应控制模式的特性包括：

①检测器设置在全部的道路进口。

②每个相位预置最短绿灯时间，为停止车辆提供清空时间。

③最短绿灯时间结束时，每一感应请求都被延长为一个预置的单位绿灯延长时间。

④通常绿灯时间只能预设为1个（有些设备可以在每个周期提供2个最长绿灯时间）。

⑤每个周期都预设黄灯时间和全红时间。

(3) 流量-密度控制

流量-密度控制是感应信号机提供的一种比全感应控制更为复杂的运行模式，具有一系列绿灯分配标准，包括"可变初始时间"和"等候时间-间隙衰减"。流量-密度控制需要把车辆检测器安装在高速运行的车道进口，每个进口道车速非常高，一般超过56mile/h（90km/h）或64mile/h（103km/h）。流量-密度控制和全感应控制的区别在于，感应信号机增设一个最初间隔和衰减间隙。

流量-密度控制模式的特性包括：

①检测器设置在全部的道路进口。

②每一个流量密度相位具有一个最短绿灯时间。

③最短绿灯时间结束后，给每一个感应请求增加一个单位绿灯延长时间。

④当接收到冲突请求时，单位绿灯延长时间减少为最小间隔时间。

⑤每个相位都预设最长绿灯时间和单位绿灯延长时间。

⑥每个周期都预设黄灯时间和全红时间。

2.2 常用交通信号灯

2.2.1 信号灯的含义

信号灯是用于加强道路交通管理，减少交通事故，提高道路使用效率，改善交通秩序的一种重要设施。信号灯由道路交通信号控制机控制，指导车辆和行人安全有序地通行。

2.2.2 信号灯的类型

1) 按照种类划分

信号灯按照种类可以分为普通信号灯、箭头信号灯和闪烁灯。

(1) 普通信号灯

普通信号灯的灯头为圆形,显示红、黄、绿三种颜色,这种信号灯主要控制交叉口各进口道方向的所有车辆通行或停止,不能分别指示左转、直行、右转方向。

绿灯(Green)表示准许车辆、行人通行,转弯的车辆不准妨碍直行的车辆和被放行的行人通行。

红灯(Red)表示不允许车辆、行人通行,面对红灯的车辆不能超过停车线,右转车辆在不妨碍被放行的车辆和行人的情况下可以通行。

黄灯(Yellow,Amber)表示即将亮红灯,未到达停车线的车辆应该停止;已经越过停车线的车辆,须在确保安全的原则下继续通行通过交叉口。

(2) 箭头信号灯

箭头信号灯是在普通信号灯的灯头上增加指示方向的箭头,可分别指示左转、直行、右转方向。它是专为分离各种不同方向交通流,并提供专用通行时间而设计的信号灯。这种信号灯只在设有专用转弯车道的交叉口上使用。

绿色箭头灯(Green Arrow Headed Signal)表示准许车辆、行人按箭头所指示的方向通行。
红色箭头灯(Red Arrow Headed Signal)表示禁止箭头所指示方向的车辆、行人通行。

(3) 闪烁灯

闪烁灯是指普通信号灯或箭头信号灯按一定的频率闪烁,可补充其他灯色所不能表达的交通指挥含义。

① 红灯闪烁(Red Flashing)表示警告车辆不允许通行。
② 黄灯闪烁(Yellow/Amber Flashing)表示车辆可以通行,但需谨慎驾驶。
③ 行人绿灯闪烁(Flashing Don't Walk)表示不允许行人进入人行横道,但已进入人行横道的行人可以继续通行。

2) 按照排列方式划分

信号灯按照排列方式可以分为垂直排列式信号灯和水平排列式信号灯。

(1) 垂直排列式(Vertical Face Side Mount)

① 普通信号灯次序。自上而下为红、黄、绿,如图 2-10a) 所示。
② 带有箭头灯时的次序。

单排式(Single Rank):自上而下,一般为红、黄、绿直行箭头、左转箭头、右转箭头,中间可以省掉不必要的箭头灯。当同时装有直行、左转、右转三个方向的箭头灯时,可省掉普通绿灯,如图 2-10b) 所示。

双排式(Double Ranks):一般在普通信号灯的里侧加装左转箭头灯,或左转和右转箭头灯,或左转、直行、右转三个方向的箭头灯。

(2) 水平排列式(Horizontal Face Side Mount)

① 普通信号灯次序。从道路的中心线一侧以红、黄、绿的顺序向右侧路边排列,如图 2-11a) 所示。
② 带有箭头灯时的次序。

单排式(Single Rank):自外向里,一般为红、黄、绿左转箭头、直行箭头、右转箭头灯;或红、黄、绿左转箭头灯;或红、黄、绿右转箭头灯,如图 2-11b) 所示。

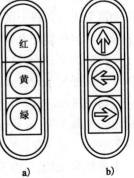

图 2-10 垂直排列式示意图
a) 普通信号灯;b) 带有箭头灯

双排式(Double Ranks):一般在普通信号灯下,自外向里,为左转箭头灯、直行箭头灯和右转箭头灯,中间可省掉不必要的箭头灯。

水平排列时,左右箭头灯所处位置,原则上可以同左、右车道的位置一致。

按照固定方式排列信号灯有两个优点:一是把红色信号灯放在最醒目的位置;二是使患有色盲的人可以根据位置来判断信号的含义。

3)按照装配方式划分

信号灯按照装配方式可以分为立柱式信号灯、跨线式信号灯和悬臂式信号灯。

(1)立柱式(Post or Pole Mounting)

立柱式信号灯是指将信号灯头单独装配到立柱上或者附着于其他线杆上,如图2-12所示。立柱式又分顶端式和侧端式。

①顶端式(Post-top Mounting)是指信号灯头在立柱的最顶端装配的方式,一般在信号灯头少于2个时采用,如图2-12a)所示。

②侧端式(Post-side Mounting)是指信号灯头在立柱的侧面装配的方式,一般在装配多个信号灯头时采用,该种装配方式比顶端式更具有稳定性,如图2-12b)所示。

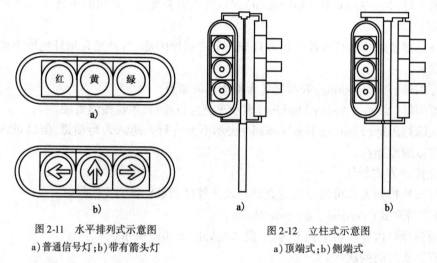

图2-11 水平排列式示意图
a)普通信号灯;b)带有箭头灯

图2-12 立柱式示意图
a)顶端式;b)侧端式

(2)跨线式(Span-wire Mounting)

跨线式信号灯是指所有或大部分的交通信号灯都是高架装配,张紧的立柱都埋设在交叉口的两角或两角以上的位置,吊缆悬挂在立柱之间,信号灯沿吊缆装配,配线也沿吊缆连接到信号灯。该种装配方式在北美地区比较常见。另外,行人指示灯跟行人按钮一同装在立柱上。

跨线式又分为两杆简单跨线式、箱式跨线式、Z形跨线式和组合跨线式。

①两杆简单跨线式(Two-pole Simple Span)。

两杆简单跨线式又称为对角线跨越式,张紧立柱埋设在主路两出口道转角的位置,吊缆成对角线方向张拉,信号灯头悬挂于吊缆上,较宽路口的信号灯悬于两侧,较窄路口的信号灯头悬于中间。立柱安装在远离右转角的主路进口或较宽进口,能够满足信号灯头到停车线的最小距离要求,如图2-13所示。

②箱式跨线式(Box Span Configuration)。

箱式跨线式的布局需要四根张紧立柱,每个转角安装一根,吊缆依次连接4根立柱,将交叉口围起形成一个"箱子",信号灯头皆装配在进口道对面上空的吊缆上,与简单跨线式相同,具有横向自由性,同样能满足信号灯头到停车线的距离要求。在狭窄街道,立柱应该后移一段距离安装,以便能够满足信号灯头到停车线的距离要求,如图2-14所示。

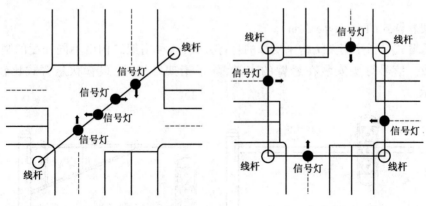

图2-13 两杆简单跨线式示意图　　　　图2-14 箱式跨线式示意图

③Z形跨线式(Z-span Configuration)。

Z形跨线式是四杆跨线装配的一种特殊形式,这种方式一般应用于有较宽中央分隔带的进口道,并且主路进口道很宽使得支路上的信号灯头到停车线的距离较远,也用于主路跨度较大的交叉口,如图2-15所示。

④组合跨线式(Span-wire Assemblies)。

组合跨线式是跨线组合结构的安装需要木材、钢筋或混凝土立柱来支撑的一种布局方式,木质立柱需要拉线来维持稳定性,钢筋混凝土立柱则不需要拉线来支撑。

(3)悬臂式(Mast-arm Mounting)

悬臂式信号灯是一种将信号灯头采用悬臂结构高架安装形式,这种结构无高架通信线缆和信号配线。连接信号灯头与控制机的通信线缆可以沿管壁结构的内侧布设,信号灯头装配在进口道正前方的悬臂结构上。这种装配方式可以有效地结合立柱式装配方式以满足清晰度的要求,如图2-16所示。

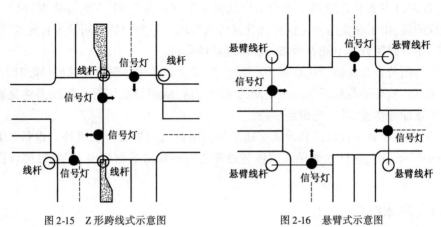

图2-15 Z形跨线式示意图　　　　图2-16 悬臂式示意图

悬臂式又分为管状悬臂式和桁架悬臂式。

①管状悬臂式(Tubular Arm)。

管状悬臂式是指利用钉子、夹子以及其他垫片将横向单根钢管或铝管牢固地附着在支撑立柱上的一种装配方式,信号灯头一般安装在横向管臂的末端,或者安装在横向管臂的任何一点。横向管臂要求有足够的刚度,并且足够长,以满足信号灯头的装配位置设置,如图2-17所示。

②桁架悬臂式(Truss-type Arm)。

桁架悬臂式是指用桁架结构来支撑的悬臂方式,这种桁架结构由不同长度的竖直立柱和斜拉条组成。信号灯头安装在悬臂的末端,除了桁架结构外,跟管状悬臂式比较类似,如图2-18所示。

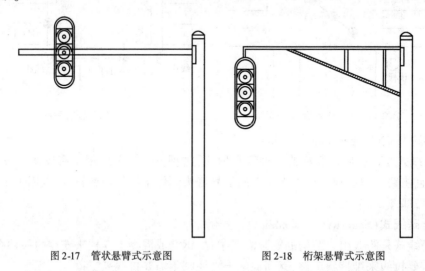

图2-17　管状悬臂式示意图　　　图2-18　桁架悬臂式示意图

2.3　控制机接口设备(CID)

各种专业控制仿真软件和独立研究的交通控制优化软件能够提供信号交叉口的最优配时方案,这些配时方案需要应用到现场交通控制机才能够发挥作用,有时还需要进行一定的修改。但在现阶段,由于在交通控制仿真优化软件与现场信号控制机之间缺少必要的通信渠道,这些软件产生的配时方案不能及时被传输给现场信号机。

为了获得既符合交通信号机逻辑与参数要求,又达到最优控制效果的信号配时方案,需要建立室内仿真实验环境与现场控制机之间的实时通信,从而使真正符合实际道路交通条件的优化配时方案能够快速、及时地得到执行。

因此,需要在控制仿真软件和现场交通信号控制机之间加载控制机接口设备CID(Controller Interface Device),这样才能保证软件与硬件之间的实时通信环境,控制机接口设备应运而生。

2.3.1　基本概念

交通控制机接口设备(CID)提供交通信号控制机与运行仿真软件的计算机之间的接口。该接口一般是基于间断的交通控制机输入和输出信号而运行的。这些间断的信号状态通常是通过电压的变化来驱动的,并且状态的变化也能够监视车辆检测器。

2.3.2 CID 在交通硬件在环实时仿真平台的应用

交通硬件在环实时仿真平台通常由交通控制机接口设备、软件接口模块和微观仿真软件组成。其中,交通控制机接口设备(CID)提供交通信号控制机与运行仿真软件的计算器之间的接口。软件接口模块用来提供 CID 和微观仿真软件之间的链接。微观仿真软件用来实现车辆发车和效果评价(MOE)功能。仿真模块不完成任何控制逻辑功能。红色、黄色和绿色的信号灯状态是从连接在计算器端的真正的信号控制机上获得的。交通信号控制机通过 CID 接收来自仿真软件的车辆请求。

通过硬件在环实时仿真平台,交通仿真软件与现场交通控制机之间可以建立实时连接。例如,一个仿真软件(如 CORSIM),通过控制机接口(CID),可以与一个实际的交通控制机连接,如图 2-19 所示。

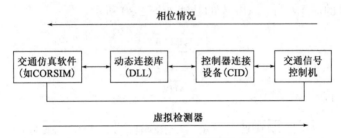

图 2-19 硬件在环系统配置

交通控制机接口设备(CID)与仿真软件之间,是通过一个动态链接库(DLL)形式的软件接口连接起来的。

由此,建立了硬件在环系统,突破了以往交通控制优化配时方案产生与现场应用执行脱节的现状,使仿真软件优化而成的配时方案及时被信号机接收,从而得到最优的控制效果。

该项技术的功能主要有以下三点:
①能够保证对信号控制机的及时且高水平的调整,这比传统的实地调节更及时、高效。
②能够对控制软件的使用效果进行验证。
③能够对新的或者修正的交通控制算法进行验证,判断其优劣。

平台的建立能够为交通控制研究提供新的有效工具,能够改变目前交通仿真与现场应用脱节的不合理状况,更好地为实现交通控制成果的有价值应用而服务。该平台不依赖于某个生产厂商的信号机,能够广泛应用于各类交通控制研究高校、交通信号控制优化研究机构,优化的方案可以实时应用于多款信号机,为进一步推动交通控制研究与应用服务提供优秀的一体化仿真环境。

2.4 先进的交通控制机(ATC)

基于新标准的发展,先进的交通控制机(ATC)将包含交通信号控制功能和其他交通系统控制和管理功能。ATC 是一个开放的架构平台,通过利用一个计算机程序编辑接口(API),同一个计算机软件可以在配置有不同的处理器和操作系统的ATC控制机中实施。这样即使使用不同的微处理器和操作系统，ATC也可以将控制软件的指令传达到交通控制机，这使得交通工程师能够交换应用不同的控制模型，同时避免了因设备落后而淘汰时重新购置整机或因设备供应商中断维护服务导致其他设备生产商无法继续维护设备的问题。

应用程序接口库即API库，这个库支持API标准并且与各生产厂商自己的控制机硬件和控制系统兼容。API标准通常是使用C语言函数描述的源代码级的接口。控制机制造商提供与自己的控制机产品相适应的且支持API标准的API库。API库的功能同操作系统的功能相同。操作系统是将应用软件同硬件进行分离，API库的功能则是将应用程序同操作系统分离。也就是说，通过API库的应用，能够做到信号控制机操作软件的跨平台使用。API库应当包括对信号相位API的定义、信号控制模式API的定义、信号控制算法API库的定义、交通特征参数API库的定义等。软件开发商利用控制机生产商提供的API库来进行二次开发和研究。各地交通管理局和信号控制系统的二次开发研究人员使用提供的API库来编辑和连接用于研究和管理交通控制机的应用程序。API库的功能如图2-20所示。

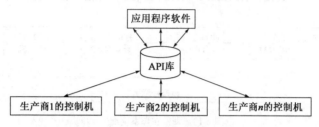

图2-20　API库的功能示意图

在我国，因各生产商的软件功能不尽相同，与外界交换信息的接口协议也各有不同，要想通过这些生产商提供的软件来进行二次开发，国内的交通信号控制机软件同样要进行API库的研究，需要经历一个软件接口标准化的发展过程。

先进的交通控制机（ATC）应用标准主要有NEMA标准、ATC标准和MODEL170标准。

目前，国内的大部分交通控制机产品都具有即插即用的模块化设计，但是这些模块化硬件单元只能和本公司的其他硬件单元协同工作，不同公司的硬件单元不能互相通信。开放式技术就是通过对信号控制系统的控制机硬件单元的功能接口进行研究，使控制机能够适应不同生产厂家的硬件单元，从而达到硬件接口的标准化。

在美国，许多经销商加入了交通控制的经营领域，激烈的竞争使得经销商不断地推出有特色的产品，从而涌现了多种交通信号控制机，由此也产生了各种控制机之间的不兼容性。为了解决这个问题，许多经销商在20世纪80年代共同起草了一个标准规范NEMA-TS1，这个规范定义了在A、B、C连接器上的操作和电气针脚以便交通控制机能够提供单独的感应控制。

NEMA-TS1标准要求控制机具备基本的特点和标准的连接器。制造商可以通过信号控制机的硬件和软件标准来竞争。这个标准对单点的交叉口感应控制是成功的，但是对更复杂的功能缺乏详细的规定，如协调感应控制和预先清空等。为了适应不断发展的需要，20世纪80年代末至90年代初，NEMA-TS1标准更新到了NEMA-TS2标准，从而提供了信号协调感应控制、预先清空信号和一种可选择的串行通信的连接方式。

与NEMA标准的发展近乎并行的是美国加利福尼亚州交通部和纽约州交通部联合提出的一种用来提供标准连接器和便携式软件的标准。这个标准与NEMA标准的区别在于它为普通的交通信号控制微处理器提供了一种精确的规范。这个规范定义了微处理器、内存、输入/输出地址、串行接口和电子连接。从理论上讲，任何人通过 Motorola6800 的程序，把程序烧录进一个 EPROM 中，然后插到一个 MODEL170 控制机上，就可以运行软件。这可以让信号控制软件和 MODEL170 的控制机硬件分离。NEMA 标准和 MODEL170 控制机标准的优缺点比较见表 2-1。

NEMA 标准和 MODEL170 控制机标准对比分析　　　　表 2-1

NEMA 标准	
优点	缺点
(1) 可以检测制造商软件； (2) 单元内部的基本 2 相位和 8 相位可以相互转换； (3) 可以应用在不同的信号机界面上； (4) 对软件的依赖较小； (5) 功能说明书标准	(1) 每个制造商的机柜标准不同； (2) 随机记忆模块都需要电池； (3) 一般比 MODEL170 的控制单元要大一些； (4) 很难适应特殊的控制需求，如匝道控制等； (5) 需要占用大量空间
MODEL170 控制机标准	
优点	缺点
(1) 机柜通信及设置标准； (2) 控制机能够处理任何控制模型； (3) 多于 5 相位的费用成比例增加； (4) 减少了占用空间	(1) 软件费用较高； (2) 对软件的依赖性较大； (3) 随机记忆模块都需要电池； (4) 键盘界面不能够很好地设置和展示信息； (5) 少于 5 相位时效果不理想； (6) 制造商之间缺乏沟通； (7) 软件只在两种来源下有效； (8) NY/CA 单元不能够相互转变； (9) 软件不能够在单元间协调

MODEL170 经进一步发展，出现了 MODEL2070 控制机，它指定控制机硬件和内部子部件的所有细节，但在机能上却并不指定任何的适用软件。它要求使用 OS-9 操作系统、最小 4MB 的动态随机存储器、512kB 的静态随机存储器和 4MB 的闪存。这种控制机是一种开放式的控制机，它能够很容易地安装到 NEMA 控制机柜、ITS 等控制机柜上。美国 EAGLE 公司生产的 MODEL2070 信号机实体如图 2-21 所示。

图 2-21　美国 EAGLE 公司生产的 MODEL2070 信号机

现如今，先进的交通信号控制机必须结合前沿电子科技，并且符合行业标准规格。图 2-22 为新型交通信号控制机 Cobalt ATC，提供组合 ATC 控制机开放架构功能与最新的手持技术和应用。

图 2-22 交通信号控制机 Cobalt ATC

Cobalt 是 Econolite 推出的新一代交通控制机。Cobalt 是首个在通信和用户界面中设计新平台以适应移动计算环境的控制机,其全新的用户界面使其操作和访问功能直观、使用轻松。Cobalt 采用先进的技术,旨在将控制机与最新手持技术组合起来。此外,Cobalt 支持专用短距离通信来连接车辆,实现交通数据的收集、汇总及使用。

Cobalt 控制机与传统控制机相比具有以下特点:该控制机采用开放式架构,可以实时进行多任务操作;车辆连接器随时准备就绪;备用的基于 Web 浏览器的用户界面允许远程编程和状态观察;采用23cm(7寸)彩色液晶显示触摸屏,户外可读性更好。

为方便操控 Cobalt,提高使用性,Econolite 公司开发了一款适用于 Cobalt 的平板电脑应用程序 Cobalt®Mobile。Cobalt®Mobile 是一款使用 Wi-Fi 连接的遥控应用程序,可使用户连接和编程 Cobalt 控制机,而无须使用控制机的前面板键盘/显示器。工作人员可以直接从车辆或远离柜体的其他位置进行操作,保证了舒适性和安全性。Cobalt®Mobile 复制了控制机的触摸屏可操作性,还允许通过通用的平板电脑触摸手势选择菜单项、编程条目(数字、是/否、启用/禁用等)或从下拉列表中选择用户。Cobalt®Mobile 提供与控制机功能的直观交互,使得交通管理编程和对 Cobalt 控制机的访问更快更容易。

我国有许多交通信号控制机生产厂家,从普通的基于微处理器的交通信号控制机到符合 ITS 机柜标准的高性能交通信号控制机,各自的电气标准和内存、输入/输出数据地址等各不相同。因此,我国的交通信号控制机同样存在着相互之间无法兼容的问题。应当尝试从硬件单元要求、CPU 单元要求和电源以及微处理器操作系统、信号输入/输出要求等方面进行我国交通信号控制机的开放式技术研究。

第 3 章
交通信号控制概述

调查统计发现,将城市道路相互连接起来构成道路交通网的城市道路平面交叉口,既是造成车流中断、事故增多、延误严重的问题所在,也是城市交通运输的瓶颈。一般而言,交叉口的通行能力要低于路段的通行能力,因此,如何利用交通信号控制保障交叉口的交通安全和充分发挥交叉口的通行效率引起了人们的高度关注。

本章主要对建立交通信号控制模型所涉及的基本概念、基本理论与基本方法,以及交通信号控制的理论基础进行较为全面的、深入的阐述。

3.1 交通信号控制的基本概念

交通信号控制是指利用交通信号灯,对道路上运行的车辆和行人进行指挥。也就是说,交通信号控制是以交通信号控制模型为基础,通过合理控制路口信号灯的灯色变化,以达到减少交通拥挤与堵塞、保证城市道路通畅和避免发生交通事故等目的。其中,交通信号控制模型是描述交通性能指标(如延误时间、停车次数等)随交通信号控制参数(如信号周期、绿信比和信号相位差)、交通环境(如车道饱和流量等)、交通流状况(如交通流量、车队离散性等)等因素变化的数学关系式,它是交通信号控制理论的研究对象,是交通工程学科赖以生存和发展的基础。

城市道路平面交叉口是道路的集结点、交通流的疏散点,是实施交通信号控制的主要场所。根据交叉口的分岔数,可将平面交叉口分为三岔交叉口、四岔交叉口与多岔交叉口;根据交叉口的形状,可将平面交叉口分为T形交叉口、Y形交叉口、十字形交叉口、X形交叉口、错位交叉口以及环形交叉口等。

交通信号控制相关参数具体如下。

(1) 信号相位

在一个信号周期内,一股或几股车流在任何时刻都获得完全相同的信号灯色显示,那么就把它们获得不同灯色显示的连续时序称作一个信号相位。

可以看出,信号相位是根据交叉口通行权在一个周期内的更迭来划分的。一个交通信号控制方案在一个周期内有几个信号相位,则称该信号控制方案为几相位的信号控制。图3-1就是一个采用四相位信号控制的控制方案。一个路口采用几相位的信号控制应由该路口的实际交通流状况决定,十字路口通常采用2~4个信号相位。如果相位数设计得太少,则不能有效地分配路口通行权,路口容易出现交通混乱,导致交通安全性下降;如果相位数设计得太多,虽然路口的交通秩序与安全性可以得到改善,但由于相位之间进行转换时会损失一部分通行时间,过多的相位数会导致路口的通行能力下降,延长驾驶员在路口的等待时间。

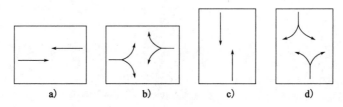

图3-1 四相位信号控制方案示例
a)第一相位;b)第二相位;c)第三相位;d)第四相位

(2) 控制步伐

为保证信号相位的安全切换,通常需要在两个相邻的信号相位之间设置一段过渡过程。如图3-1所示的信号控制方案,从第一相位切换到第二相位,可以设置东西向绿色直行箭头灯闪烁、东西向黄灯亮、路口所有方向红灯亮等过渡过程。在某一时刻,由路口各个方向的各交通信号灯所形成的灯色状态组合称为控制步伐,不同的灯色状态组合对应不同的控制步伐。因此,一个信号相位通常包含一个主要控制步伐和若干过渡性控制步伐。控制步伐持续的时间称为步长,一般而言,主要控制步伐的步长由放行方向的交通量决定,过渡性控制步伐的步长取值为2~3s。

(3) 信号阶段

交叉口的"通行权"轮流分配给各个相位,"通行权"的每一次转换称为一个信号阶段。一个信号周期内通行权交接几次,就是几个信号阶段。

信号相位与信号阶段示意图如图3-2所示,由图3-2可以看出,有2个机动车相位和2个行人相位以及8个信号阶段。阶段4和阶段8为全红阶段,阶段4是相位1的全红,阶段8是相位2的全红。相位1绿灯时间由阶段1到阶段4组成,相位2绿灯时间由阶段5到阶段8组成。相位1绿灯时间和相位2绿灯时间之和就是周期长度。

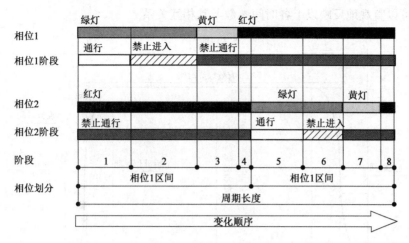

图 3-2 信号相位与信号阶段示意图

(4) 信号周期时长

信号周期时长是指信号灯按设定的相位顺序显示一轮所需的时间,即一个循环内各控制步伐的步长之和,用 C 表示。信号周期时长是决定交通信号控制效果优劣的关键控制参数。如果信号周期设置得太短,则难以保证各个方向的车辆顺利通过路口,导致车辆在路口频繁停车、路口的利用率下降;如果信号周期设置得太长,则会导致驾驶员等待时间过长,大大增加车辆的延误时间。一般而言,对于交通量较小、相位数较少的小型路口,信号周期取值在 70s 左右;对于交通量较大、相位数较多的大型路口,信号周期取值则在 180s 左右。

(5) 损失时间

由于信号在相位变换时不可避免地会造成时间损失(如绿灯刚启亮时驾驶员的反应迟钝,绿灯将要结束时驾驶员放缓车速停车等候),在这个时间内任何车辆都不能通行,这个时间称为损失时间。

损失时间是指由于交通安全及车流运行特性等原因,在整个相位时间段内没有交通流运行或未被充分利用的时间,用 l 表示。损失时间等于绿灯时间与绿灯间隔时间之和减去有效绿灯时间,等于绿灯间隔时间与后补偿时间之差加上前损失时间,也等于部分损失时间与全红时间之和,如式(3-1)所示。

$$l = t_G + I - t_{EG} = I - t_{BC} + t_{FL} = t_G + I - (t_G + t_Y - t_L) = t_L + t_R \quad (3\text{-}1)$$

式中:t_G——绿灯时间;

I——绿灯间隔时间;

t_{EG}——有效绿灯时间;

t_{BC}——后补偿时间;

t_{FL}——前损失时间;

t_Y——黄灯时间;

t_L——部分损失时间;

t_R——全红时间。

对于一个信号周期而言,总的损失时间是指所有关键车流在其信号相位中的损失时间之和,用 L 表示。

图3-3可以直观地反映以上各时间参数及其相互关系。

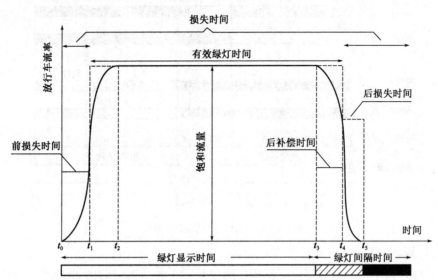

图3-3 获得通行权的车流在其相位期间通过交叉口的流量图示

图中,t_0对应绿灯启亮时刻,t_1对应前损失时间节点,t_2对应放行车流率达到饱和流量的时刻,t_3对应黄灯启亮时刻,t_4对应后损失时间节点,t_5对应红灯启亮时刻。在t_0至t_2时间段,即放行车流率未达到饱和流量期间,放行车流率曲线与时间轴围成的面积等于该时间段内通过交叉口的车辆数,可以等效于以饱和流量放行时在t_1至t_2时间段内通过交叉口的车辆数,即等于以t_1至t_2为底、以饱和流量为高所构成的虚线框的面积,因此图中t_0至t_1的线段长为前损失时间。类似可以推知,t_3至t_4的线段长为后补偿时间,t_4至t_5的线段长为后损失时间。

(6)有效绿灯时间

在实际显示的绿灯时间内必然有一段损失时间,而实际用于车辆通行的那段时间即有效绿灯时间。

某信号相位的有效绿灯时间是指将一个信号周期内该信号相位能够利用的通行时间折算为被理想利用时所对应的绿灯时长。有效绿灯时间与最大放行车流率(饱和流量)的乘积应等于通行时间内最多可以通过的车辆数。有效绿灯时间等于绿灯时间与黄灯时间之和减去部分损失时间,也等于绿灯时间与前损失时间之差再加上后补偿时间(后补偿时间等于黄灯时间减去后损失时间),即:

$$t_{EG} = t_G + t_Y - t_L = t_G - t_{FL} + t_{BC} = t_G - t_{FL} + t_Y - t_{BL} \quad (3-2)$$

式中符号意义同式(3-1)。

(7)绿信比

绿信比是指一个信号周期内某信号相位的有效绿灯时间与信号周期时长的比值,用λ表示。

$$\lambda = \frac{t_{EG}}{C} \quad (3-3)$$

式中:t_{EG}——有效绿灯时间。

绿信比是进行信号配时设计最关键的时间参数,它对于疏散交通流、减少车辆在交叉口的等待时间与停车次数都起着重要的作用。某信号相位的绿信比越大则越有利于该信号相位车辆的通行,但不利于其他信号相位车辆的通行,这是因为所有信号相位的绿信比之和必须小于1。

(8) 最短绿灯时间

最短绿灯时间是指对各信号相位规定的最小绿灯时间限值,用 G_m 表示。规定最短绿灯时间主要是为了保证车辆行车安全。如果绿灯信号持续时间过短,停车线后面已经起动且正在加速的车辆会无法及时制动或者使驾驶员在缺乏思想准备的情况下紧急制动,这都是相当危险的,易引发交通事故。

在定时信号控制交叉口,需要根据历史交通量数据确定一个周期内可能到达的排队车辆数,从而决定最短绿灯时间的长短;在感应式信号控制交叉口,则需要根据停车线与车辆检测器之间可以容纳的车辆数确定最短绿灯时间的长短。

(9) 绿灯间隔时间

绿灯间隔时间是指一个相位绿灯结束到下一相位绿灯开始的这段时间间隔,用 I 表示。设置绿灯间隔时间主要是为了确保已通过停车线驶入路口的车辆,均能在下一相位的首车到达冲突点之前安全通过冲突点,驶出交叉口。绿灯间隔时间,即相位过渡时间,通常表现为黄灯时间或黄灯时间加上全红时间。全红是指路口所有方向均显示红色信号灯,设置全红时间是为了保证相位切换时不同方向行驶的车辆不发生冲突,并清除交叉口内剩余车辆。

为了避免前一相位最后驶入路口的车辆与后一相位最先驶入路口的车辆在路口发生冲突,要求它们驶入路口的时刻之间必须存在一个末、首车辆实际时间间隔,这个时间间隔由基本间隔时间和附加路口清空时间两部分构成。其中,基本间隔时间是由车辆的差异性和运动特性决定的时间量,其大小一般取值为 2~3s;附加路口清空时间则是由路口特性决定的时间量,其大小可以根据两股冲突车流分别从各自停车线到达同一冲突点所需行驶时间之差来确定。在定周期控制中,绿灯间隔时间可取为末、首车辆实际时间间隔;而在感应控制中,如果在停车线前埋设了检测线圈,则该线圈可以测量前一相位最后车辆离开停车线与前一相位绿灯结束之间的时间差,从而得到绿灯间隔的可压缩时间,此时的绿灯间隔时间可取为末、首车辆实际时间间隔与绿灯间隔可压缩时间之差。

(10) 黄灯时间

黄灯时间是指警示驾驶员注意前方即将发生的路权变化时黄灯的持续时间,其值包括两部分,即驾驶员的感知反应时间和安全停车或通过交叉口的时间。

(11) 红灯清空时间

红灯清空时间是指前一个相位黄灯结束和后一个相位绿灯启动之间的时间间隔,又称为全红时间,用来清空在黄灯时间内进入交叉口的车辆,以便不影响下一相位的放行。

(12) 延时

延时是以一个固定的数值来增加检测器的感应时间的一个检测器参数。

(13) 间隙递减

间隙递减是指感应控制模式中每个相位的绿灯可延长时间结束前,单位延长时间逐渐缩小的特征。起初,感应中的间隙为单位绿灯延长时间,然后在一段时间(即间隙缩减之前的时间)之后,间隙逐渐减小到最小间隙。这个过程主要包括三个参数:递减之前的时间、递减时间和最小间隙,如图3-4所示。

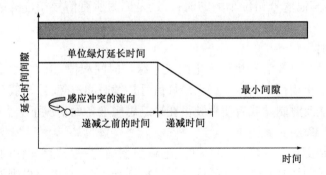

图3-4　密度-流量中改变绿灯延长时间图

(14)持续时间

持续时间是指信号周期中所用灯色显示保持不变的时间长度,包括绿灯持续时间、绿灯时间间隔、行人持续时间。感应控制中与持续时间相关的常用参数包括最短绿灯时间、最长绿灯时间、黄灯时间、红灯清空时间、行人绿灯时间和行人绿闪时间,如图3-5所示。

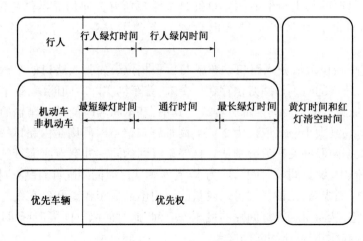

图3-5　感应控制下持续时间的相关参数

(15)延续输出

延续输出是指车辆离开检测区时,检测器仍认为车辆没有离开而继续输出一个设定的单位绿灯延长时间的状态。

(16)延迟输出

延迟输出是指车辆到达检测区时,检测器仍认为车辆没有到达而滞后输出一个设定的单位绿灯延长时间的状态。

(17)叠加相位

叠加相位是指在某相位结束前,提前启动另一个相位的一股或多股车流,或者在某相位开始前提前结束其前一相位的一股或多股车流。也就是说,两个相位之间存在着部分叠加,这样就在信号周期增加了一种特殊的"小相位"。叠加相位又称为"信号的迟起与早断"。

(18) 间隙时间

间隙时间是指连续行进的两辆车,第二辆车的前保险杠与第一辆车的后保险杠经过同一点所需要的时间之差,用 s 表示,如图 3-6 所示。

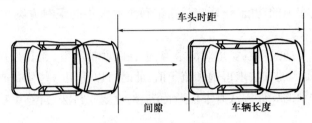

图 3-6　间隙时间示意图

(19) 临界间隙

临界间隙是指在主路上连续的车辆之间,支路上车辆能够穿越的最短时间,单位为秒(s)。

(20) 可接受间隙

可接受间隙是指支路车辆可接受的能穿越主路车流的时间。

(21) 行人绿灯时间

行人绿灯时间是指行人离开路缘石进入人行横道的时间,其值包括两部分:启动反应时间和行人离开路缘石进入人行横道的通过时间。最短行人绿灯时间通常为 4~7s;当每周期行人少于 10 位时,其值应小于 4s。

(22) 行人绿闪时间

行人绿闪时间又称为行人绿灯持续时间,是保证在对向机动车获得绿灯显示前,行人有足够的时间从一侧路缘石行走到对侧最远车道中线的时间。在行人绿闪时间内没有进入人行横道的行人不允许再进入人行横道,而已经进入人行横道的行人可以继续通过人行横道或者到达安全岛。行人绿闪时间具有清空行人的作用,使在行人绿灯时间末尾离开路缘石进入人行横道的行人在冲突车流获得绿灯显示以前可以通过冲突点。

(23) 行人相位时间

行人相位时间等于行人绿灯时间与行人绿闪时间之和,又称为行人有效绿灯时间。

(24) 流向

流向是指一种对放行信号反应的运动方向,典型的流向可以分为左转流向、直行流向、右转流向。

(25) 进口道

进口道是指在一个指定的交叉口包括左转、直行、右转的一系列车道。

(26) 交通流量

交通流量是指单位时间内到达道路某一截面的车辆或行人数量,用 q 表示。到达交叉口的交通流量是指单位时间内到达停车线的车辆数,其主要取决于交叉口上游的驶入交通流量,以及车流在路段上行驶的离散特性。交通流量通常随时间随机变化,且变化规律比较复杂,既包括规律性的变化,又包括非规律性的变化,换而言之,交通流量在不同的时间段内将围绕某一平均值上下波动。

(27) 饱和流量

饱和流量是指单位时间内车辆通过交叉口停车线的最大流量,即排队车辆加速到正常行驶速度时,单位时间内通过停车线的稳定车流量,用 S 表示。饱和流量取决于道路条件、车流状况以及配时方案,但与配时信号的长短基本无关。具体而言,影响道路饱和流量大小的道路条件主要有车道的宽度、车道的坡度等,影响道路饱和流量大小的车流状况主要有大车混入率、转弯车流的比率、车道的功能等,影响道路饱和流量大小的配时方案主要指信号相位的设置情况。

饱和流量值应尽量通过现场实地观测求得,但在某些情况下,尤其是在设计一个新的交叉口时,由于无法使用实测的方法求得饱和流量值,此时可以使用一些公式或图表来近似求得道路的饱和流量值。常用的计算方法有韦伯斯特法、阿克塞立科法、折算系数法、停车线法、冲突点法等。

(28) 通行能力

通行能力是指在现有道路条件和交通管制下,车辆以能够接受的行车速度行驶时,单位时间内一条道路或道路某一截面所能通过的最大车辆数,用 Q 表示。其中,"现有道路条件"是指道路的饱和流量,"交通管制"是指交叉口的绿信比配置,而"能够接受的行车速度"对应于饱和流率。通行能力与饱和流量、绿信比之间的关系可以用式(3-4)表示:

$$Q = S \cdot \lambda = S \cdot \frac{t_{EG}}{C} \tag{3-4}$$

综上所述,交叉口各方向进口道的通行能力是随其绿信比的变化而变化的,是一个可以调节的参量,具有十分重要的实际意义。加大交叉口某信号相位的绿信比就相当于加大该信号相位所对应的放行车道的通行能力,使其在单位时间内能够通过更多数量的车辆。值得注意的是,某一信号相位绿信比的增加势必造成其他信号相位绿信比的下降,从而导致其他信号相位所对应的放行车道的通行能力相应下降。

(29) 车道交通流量比

车道交通流量比是指道路的实际流量与饱和流量之比,用 y 表示。

$$y = \frac{q}{S} \tag{3-5}$$

可以看出,车道交通流量比是一个几乎不受信号配时影响的交通参量,它在一定程度上反映了道路的拥堵状况,是进行信号配时设计的一个重要依据。

(30) 临界车道组交通流量比

临界车道组交通流量比又称为相位交通流量比,是指某信号相位中车道交通流量比的最大值,即关键车流的交通流量比。将信号周期内所有相位所对应的关键车流的交通流量比累加,即交叉口的总交通流量比,用 Y 表示。交叉口的总交通流量比与临界车道组交通流量比是影响信号配时设计的两个重要因素,前者决定信号周期大小的选取,后者决定各相位绿灯时间的合理分配。

(31) 饱和度

道路的饱和度是指道路的实际流量与通行能力之比,用 x 表示。

$$x = \frac{q}{Q} = \frac{q}{S} \cdot \frac{C}{t_{EG}} = \frac{y}{\lambda} \tag{3-6}$$

由式(3-6)可以看出:

①当道路具有足够的通行能力,即 $Q > q$ 时,其饱和度 $x < 1$;当道路不具有足够的通行能

力,即 $Q \leq q$ 时,其饱和度 $x \geq 1$。兼顾路口通行效率与绿灯时间利用率,通常在交叉口的实际设计工作中为各条道路设置相应的可以接受的最大饱和度限值,又称为饱和度实用限值,用 x_p 表示。饱和度实用限值一般设置在 0.9 左右。实践表明,当饱和度保持在 0.8~0.9 之间时,交叉口可以获得较好的运行条件;当交叉口的饱和度接近 1 时,交叉口的实际通行条件将迅速恶化。

②加大交叉口某信号相位的绿信比就是降低该信号相位所对应的放行车道的饱和度。当然,某一信号相位绿信比的增加必然造成其他信号相位绿信比的下降,从而将会导致其他信号相位所对应的放行车道的饱和度相应上升。因此,研究整个交叉口的总饱和度很关键。

交叉口的总饱和度是指饱和程度最高的相位所达到的饱和度值,并非各相位饱和度之和,用 X 表示。对于某一确定的信号周期,当调节各个信号相位的绿信比使得各股关键车流具有相等的饱和度时,交叉口的总饱和度将达到最小值,此时式(3-7)成立:

$$X = x_1 = \frac{y_1}{\lambda_1} = x_2 = \frac{y_2}{\lambda_2} = \cdots = x_n = \frac{y_n}{\lambda_n} = \frac{\sum_{k=1}^{n} y_k}{\sum_{k=1}^{n} \lambda_k} = \frac{Y}{\frac{C-L}{C}} \tag{3-7}$$

式中:x_1、x_2、$\cdots$、x_n——各关键车流的饱和度。

从交叉口总饱和度的定义可以推知,如果交叉口的总绿信比小于交叉口的总交通流量比,则说明该交叉口的总饱和度大于 1,不具备足够的通行能力。

3.2 单点信号控制方式

尽管从整体控制效果上来看,包含多个交叉口在内的干道协调控制与区域协调控制应比各个交叉口的单点信号控制(以下简称"点控")更具优势,但针对影响我国城市交叉口信号控制的关键因素,结合道路交通控制理论的发展状况,点控方式还是需要引起足够的重视。首先,我国城市交叉口的情况较为复杂,混合交通流十分严重,路口之间间距较大、相互影响不甚明显,路口适宜采用点控方式;其次,点控方式是路口交通信号控制的基本控制形式,是实现线控与面控的基础;再次,点控具有设备简单、投资最省、维护方便等优点和现实意义;最后,点控的研究正在逐步深入,利用现代智能控制技术已取得引人关注的研究成果。

3.2.1 单个交叉口信号控制方式

单个交叉口信号控制根据控制策略的不同主要可以分为定周期控制方式、感应控制方式与智能控制方式。

①交叉口交通信号控制机按事先设好的配时方案运行,称为定周期控制(Pre-timed Control)。一天只用一个配时方案称为单段式定周期控制;一天中按不同时段的交通量采用几个配时方案称为多段式定周期控制。定周期控制具有工作稳定、可靠,便于协调相邻交叉口的交通信号,设施成本较低,安装、维护方便等优点,适用于车流量变化规律、车流量较大(甚至接近饱和状态)的情况,但存在灵活性差、不适应于交通流迅速变化等缺点。

②感应控制是根据车辆检测器检测到的交叉口交通流状况,使交叉口各个方向的信号显

示时间适应于交通需求的控制方式。感应控制对车辆随机到达的适应性较强,可使车辆在停车线前尽可能地少停车,从而达到保证交通畅通的效果。感应控制的优点是实时性较好、适应性较强,适用于车流量变化大而不规则、主次相位车流量相差较大、需要降低主干道干扰的情况,但存在协调性差、不易实现联机控制等缺点。例如,对于检测线圈埋设在次干道的半感应控制,次干道的车辆可能会影响到主干道的绿波协调控制。

③智能控制是一种具有学习、抽象、推理、决策等功能,并能根据环境的变化作出恰当适应性反应的控制技术,其中基于某些控制规则的模糊控制,具有较强的实时性、鲁棒性和独立性,设计简单实用,便于结合人的思维与经验,为交通信号控制提供了一条切实可行的途径。但是,智能控制的控制策略较为复杂,需要配套相应的检测装置。

3.2.2 感应控制方式

定周期控制是根据交叉口以往的交通情况,预先设定信号周期和相位绿灯时间等参数。这种预先设定的参数在整个时间段内都是固定不变的。也就是说,定周期控制的配时参数是不会随着实际情况变化而改变的,只有当实际交通状况与设计时采用的交通状况相符时,才能取得预期的控制效果。然而在现实中,这种条件并不是经常存在,从而造成定周期控制不能适应实际交通的要求,其结果是在有些情况下车辆延误时间增大,或造成某些相位绿灯放行时,其对应的放行车道较长时间内无车辆通过,而另一些相位红灯禁止通行时,却有大量车辆在排队等候。

为了使信号控制能够根据交叉口的实际交通状况作出反应,出现了感应控制方式。感应控制是根据车辆检测器检测到的路口车辆到达状况,使路口各方向的信号显示时间适应于交通需求的控制方式,其工作原理如图3-7所示。感应控制对车辆随机到达的适应性较强,可使车辆在停车线前尽可能地少停车,从而达到交通畅通的效果。

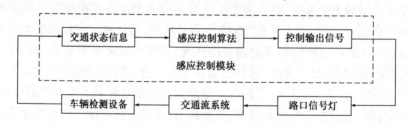

图3-7 感应式信号控制工作原理框图

由此可见,感应信号控制是一个反馈控制过程,从理论上讲,这种控制应取得良好的控制效果。但实践表明,如果主要道路和次要道路上的交通流量都很大,甚至接近饱和状态时,感应控制的控制效果不如定周期控制。

1) 根据车辆检测方式划分

感应控制根据车辆检测方式可分为单个车辆检测控制与车队检测控制。

单个车辆检测控制的基本工作原理是:绿灯启亮时,先给出一段最短绿灯时间,在这一段最短绿灯时间结束前,如果检测到有车辆到达,则相应延长一小段绿灯时间;如果其后又检测到有车辆到达,则再相应延长一小段绿灯时间,依此类推,直到当绿灯时间累计达到预定的最长绿灯时间或在绿灯时间内没有车辆到达时,才切换到下一信号相位。

车队检测控制的基本工作原理是：检测交叉口存在的车队情况，即只有当一个预定长度的车队被检测到时，该进口道才启亮绿灯和延长绿灯时间。一旦车队消失，便切换到下一信号相位。

当然，单个车辆检测控制与车队检测控制对于检测器埋设位置的要求各有不同。

2) 根据控制实施方式划分

感应控制根据控制实施方式可分为半感应控制和全感应控制。半感应控制是在路口部分入口处设置车辆检测器的感应控制方式。全感应控制是在路口全部入口处设置车辆检测器的感应控制方式。

下面将对这两种感应控制方式进行深入阐述。

(1) 半感应控制

半感应控制(Semi-actuated Control)是指只在支路进口道上设置检测器的控制方式，主要适用于主、次道路相交且交通量变化较大的信号交叉口，如图3-8所示。

半感应控制适用于主干道与次干道车流量相差较大，且次干道车流量波动明显的路口。半感应控制根据车辆检测器的埋设位置不同又可以分为次路检测半感应控制和主路检测半感应控制两种。

对于将检测器埋设在次路上的次路检测半感应控制，次路通行的信号相位称为感应相，而主路通行的信号相位称为非感应相。次路通行绿灯时间由次路上车辆的到达情况决定，其余绿灯时间将分配给主路通行。次路检测半感应控制实质上是

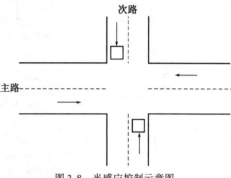

图3-8 半感应控制示意图

次路优先，只要次路有车辆到达就会打断主路车流，因此其主要用于某些有特殊需要的地方，如消防队、医院等重要机关出入口处。此外，这种控制方式特别不利于次路上非机动车辆的通行，因为当次路机动车很少时，次路非机动车往往需要等待很长时间，直到有机动车到达时，才能随之通过交叉口。

对于将检测器埋设在主路上的主路检测半感应控制，主路通行的信号相位称为感应相，而次路通行的信号相位称为非感应相。主路通行绿灯时间由主路上车辆的到达情况决定，次路通行绿灯时间则固定不变。主路检测半感应控制可以避免主路车流被次路车辆打断，且有利于次路上非机动车辆的通行。

下面以一种次路检测半感应控制方法(图3-9)为例，说明其控制流程以及相关时间参数的确定方法。

从图3-9可以看出，半感应控制的信号周期与相位绿灯时间并非固定不变，它们将随感应相(次干道)的车辆到达情况而变。在次路检测半感应控制中，主、次干道信号灯配时参数包括：初始绿灯时间、主干道最短绿灯时间、次干道最短绿灯时间、次干道单位延续绿灯时间和次干道最长绿灯时间。这些时间参数的确定方法具体如下。

①初始绿灯时间

初始绿灯时间是给每个相位预先设置的最短绿灯时间，在此时间内，不管是否来车，本相位必须显示绿灯。初始绿灯时间的长短，取决于检测器的位置及检测器到停车线可停放的车辆数。随检测器位置而定的初始绿灯时间见表3-1。

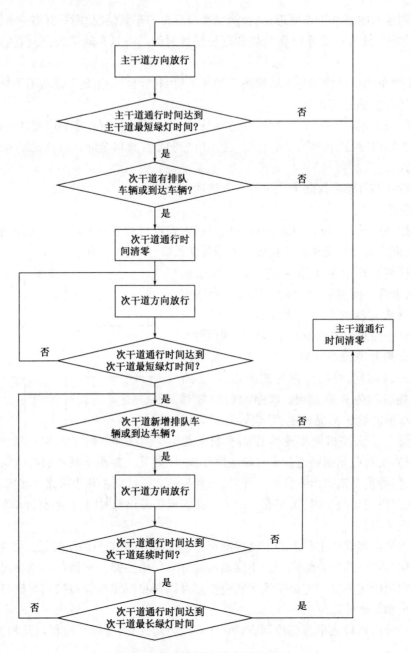

图 3-9 次路检测半感应控制流程图

随检测器位置而定的初始绿灯时间　　　　　　　　　表 3-1

检测器与停车线间距(m)	初始绿灯时间(s)	检测器与停车线间距(m)	初始绿灯时间(s)
0~12	8	25~30	14
13~18	10	31~36	16
19~24	12		

②主干道最短绿灯时间

主干道最短绿灯时间由交叉口的交通情况确定。对于次干道车流量较小,而主干道不是交通比较繁重的城市道路,可以选取较短的最短绿灯时间,如 25~40s,以便有利于次干道车辆的通行;对于次干道车流量较大或主干道是交通比较繁重的城市道路,应选取较长的最短绿灯时间,如 40~75s,以便有利于主干道车辆的通行。

③次干道最短绿灯时间

次干道最短绿灯时间与车辆检测器到停车线的距离和行人安全过街所需时间有关。因为车辆检测器到停车线的距离决定了系统可以检测到的停放车辆数,而次干道最短绿灯时间要保证停在检测器与停车线之间的全部车辆经过加速起动后,都能顺利通过交叉口,同时,次干道最短绿灯时间还要保证换相时行人能够安全过街。

④次干道单位绿灯延长时间

次干道单位绿灯延长时间的设定与车辆检测器到停车线的距离有关。如果车辆检测器与停车线之间的距离较大,则次干道单位绿灯延长时间取车辆从检测器行驶到停车线所需时间,此时可以根据两者距离与平均行驶车速求出,以保证已经越过车辆检测器的车辆能够顺利驶过停车线;如果车辆检测器与停车线之间的距离很小,则次干道单位绿灯延长时间取车队相邻车辆之间的空间时距,以保证连续行驶的车辆能顺利驶过停车线。

次干道单位绿灯延长时间对于感应控制的控制效果起着决定性的作用。从理论上讲,次干道单位绿灯延长时间应尽可能地短,够用即可,以降低绿灯损失时间,提高运行效率。但是从实际情况和交通安全角度考虑,次干道单位绿灯延长时间不宜设置太短。因为车辆的行驶速度存在一定差异,如果次干道单位绿灯延长时间设置太短,可能导致某些已经越过车辆检测器的车辆无法穿过停车线,不能保证取得良好的控制效果,甚至引发紧急制动的现象,存在交通安全隐患。单位绿灯延长时间的应用如图 3-10 所示。

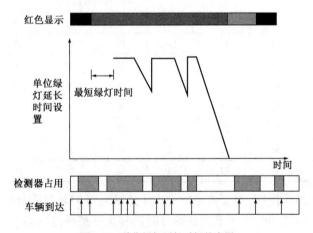

图 3-10　单位绿灯延长时间的应用

注:单位绿灯延长时间在最短绿灯时间结束之后开始。单位绿灯延长时间结束,进行相位切换,若此时有行人相位请求,则继续延长一个单位绿灯时间。

⑤次干道最长绿灯时间

为了防止感应相(次干道)绿灯时间无限制延长,对于次干道绿灯时间的累计长度要有一定的限制,这就是次干道最长绿灯时间。由于次干道最长绿灯时间的最佳值受次干道单位绿灯延长时间影响较小,因此次干道最长绿灯时间可以按照定时配时设计方法确定,即先计算分配给次干道感应相的绿灯时间,再将这一时间乘以 1.25~1.50 的系数,所得时间就是次干道最长绿灯时间,如图 3-11 所示。针对次干道在不同时段具有不同交通量的特点,还可以为感应相设计与之相应的次干道最长绿灯时间,以满足不同时段次干道的交通需求,提高其交通安全。在一定流量和周期下的最长绿灯时间见表 3-2。

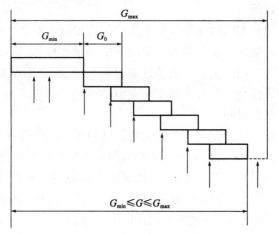

图 3-11 最长绿灯时间示意图

G_{min}-初始绿灯时间;G_0-单位绿灯延长时间;G_{max}-最长绿灯时间;G-实际绿灯时间

在一定流量和周期下的最长绿灯时间　　　　表 3-2

每车道流量 [veh/(h·ln)]	周期长度(s)							
	50	60	70	80	90	100	110	120
	最长绿灯时间(s)							
100	15	15	15	15	15	15	15	15
200	15	15	15	15	16	18	19	21
300	15	16	19	21	24	26	29	31
400	18	21	24	28	31	34	38	41
500	22	26	30	34	39	43	47	51
600	26	31	36	41	46	51	56	61
700	30	36	42	48	54	59	65	71
800	34	41	48	54	61	68	74	81

对于主路检测半感应控制,需要确定的主次干道信号灯配时参数包括:主干道最短绿灯时间、主干道单位绿灯延长时间、主干道最长绿灯时间和次干道绿灯时间。其控制流程以及相关参数的确定方法与次路检测半感应控制基本类似。

半感应控制的一些其他概念包括:

①间隙信号切换(Gap Out)

间隙信号切换是指在感应控制模式下,单位绿灯延长时间内没有车辆到达时,停止此相位绿灯时间,切换到下一相位的操作方式。

②临界信号切换(Max Out)

临界信号切换是指在感应控制模式下,单位绿灯延长时间达到最长绿灯延长时间时,不管是否有车辆到达,停止此相位绿灯时间,切换到下一相位的操作方式。

③路段行人半感应信号控制

路段人行横道采用的半感应控制包括行人检测半感应信号控制与机动车检测半感应控制两种形式。

行人检测半感应信号控制需要设置按钮信号灯,行人过街时只需按灯杆上的按钮,过街方向的信号灯就会变成绿灯;如果没有行人过街请求,信号灯将预留更多的通行时间给机动车,提高其通行效率。

机动车检测半感应控制是在人行横道前一定距离内设置车辆检测器。机动车相位开始时,预设一个"初始绿灯时间",当初始绿灯结束时,如果在一个预置的时间内(可用行人过街最短绿灯时间)无后续车辆到达,则可更换行人相位;如果检测器检测到后续车辆到达,则每测得一辆车,绿灯延长一个预置的"单位绿灯延长时间"。如果在单位绿灯延长时间内,车辆中断,则更换行人相位;如果连续有车,则绿灯继续延长,直至延长到一个预置的"最长绿灯时间",即使后面连续有车,也要中断机动车相位,变更为行人相位。这种方法实质上是机动车优先方式,当机动车交通量较大时,机动车绿灯时间经常取"最长延长时间",从而近似于定时信号配时。

(2)全感应控制

全感应控制适用于相交道路优先等级相当、交通量相仿且变化较大的路口。根据实际路口的不同交通流状况,可以采用与之适应的全感应控制方式与控制算法。

①基于车辆到达的步进式全感应控制适用于具有多条主干道,且主干道车流量变化较大的路口,其控制流程如图 3-12 所示。

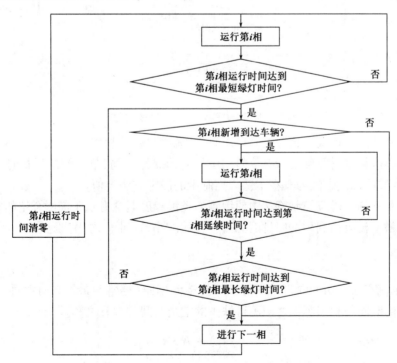

图 3-12　基于车辆到达的步进式全感应控制流程图

基于车辆到达的步进式全感应控制可以看作车辆检测器埋设在主干道的半感应控制的一种扩展。这种感应控制需要确定所有信号相位的初始绿灯时间、单位绿灯延长时间和最长绿灯时间,这些参数的确定方法与其在半感应控制中的确定方法类似。

②基于类饱和度的全感应控制适用于具有多条主干道,且主干道车流量较大的路口,其控制流程如图 3-13 所示。

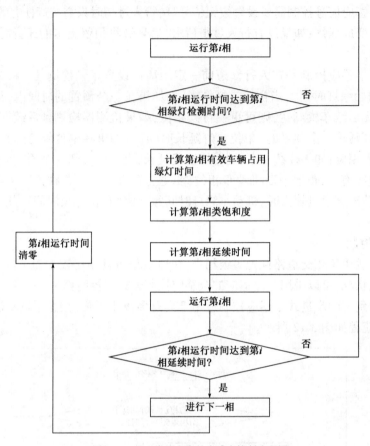

图 3-13　基于类饱和度的全感应控制流程图

基于车辆到达的步进式全感应控制可以看作车辆检测器埋设在主干道的半感应控制的一种扩展。这种感应控制需要确定所有信号相位的初始绿灯时间、单位绿灯延长时间和最长绿灯时间,这些参数的确定方法与其在半感应控制中的确定方法类似。

基于类饱和度的全感应控制算法中使用到的类饱和度概念有别于前面介绍的饱和度。类饱和度 x' 是指被车流有效利用的绿灯时间 t_{VO} 与绿灯检测时间 t_G 之比,即:

$$x' = \frac{t_{VO}}{t_G} \tag{3-8}$$

其中,被车流有效利用的绿灯时间等于绿灯检测期间(通常为最短绿灯时间 t_{min})内有车辆通过检测器的时间与相邻车辆之间不可缺少的空当时间的累计之和。

$$t_{VO} = t_O + N \cdot \tau = (t_G - t_E) + N \cdot \tau = t_G - (t_E - N \cdot \tau) \tag{3-9}$$

式中:t_O——有车辆通过检测器的时间;

t_E——无车辆通过检测器的时间;

N——空当个数;

τ——相邻车辆之间不可缺少的空当时间。

通过记录检测器(感应线圈)信号脉冲的宽度和个数,可以获取 t_O、t_E 与 N。值得注意的是,对于这种感应控制,检测器应埋设在停车线略后方。

基于类饱和度的全感应控制是利用检测到的类饱和度进行全局一次性延时,其延续时间 t_C 的计算公式可以表示为:

$$t_C = \begin{cases} 0 & (x'-\alpha) \cdot \Delta t < 0 \\ (x'-\alpha) \cdot \Delta t & 0 < (x'-\alpha) \cdot \Delta t < t_{max} - t_{min} \\ t_{max} - t_{min} & (x'-\alpha) \cdot \Delta t \geq t_{max} - t_{min} \end{cases} \quad (3-10)$$

式中:α——类饱和度阈值;

Δt——绿灯延长时间系数;

t_{max}——感应相最长绿灯时间;

t_{min}——感应相最短绿灯时间,亦为绿灯检测时间。

③基于车辆到达的跳相式全感应控制适用于主相位与次相位车流量相差较大,且次相位数目较多的路口,类似于一个扩展的半感应控制。

3.2.3 定周期控制与感应控制相结合的混合控制方式

定周期控制方式稳定可靠,便于协调相邻路口的交通信号,适用于车流量变化规律及车流量较大(甚至接近饱和状态)的情况,但是灵活性差,不能适应交通流的迅速变化。感应控制实时性好、适应性强,适用于车流量变化大而不规则、主次干道车流量相差较大、需要降低主干道干扰等的情况,但是协调性差,不易实现联机控制,不适合于大流量控制。采用混合控制策略将定周期控制与感应控制有机地结合起来,可以互相取长补短,从而获得良好的实时控制效果。

有相关人员对郊外道路交叉口在不同交通流状况下,最有效的控制策略以分块图的形式进行了研究,某路口二相位控制策略选取参考图如图3-14所示。实际上,该控制策略选取参考图同样适用于城市路口的信号控制研究,并为混合控制策略的实现提供保障。采用混合控制策略,首先,必须根据每个路口的具体路口特性,绘制出相应的控制策略选取参考图;其次,根据控制策略选取参考图确定控制方式切换条件,即控制策略切换线;最后,信号控制机通过车辆检测器实时采集到的路口各相位交通流数据,利用反映路口特性的控制策略选取参考图与控制策略切换线,通过信号控制机的运算、处理、判断,进行控制策略的实时选择,从而达到提高路口信号控制灵活性与增强路口实际通行能力的目的。例如,通过信号控制机对检测数据的处理,当检测到各相位交通流量较小(见图3-14中的区域①),或交通流量较大但分布很不

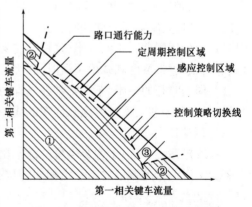

图3-14 二相位信号控制策略选取参考图

注:区域①代表交通流量较小的情况,可采取全感应控制;区域②代表交通流量较大,但二相分布很不均衡的情况,此时随机影响较大,可采取半感应控制;区域③代表交通流量较大,且二相分布较为均衡的情况,可采取定周期控制。

均衡(见图3-14中的区域②),或前后时间段内某一方向的交通流量波动变化较大时,信号控制机将采用感应控制策略;当检测到各相位交通流量较大且分布较为均衡(见图3-14中的区域③),或交通流量较大且基本稳定时,信号控制机将采用定周期控制策略。

3.3　干道信号协调控制

城市交通中,当交通流量大时,各相邻交叉口往往相互关联,相互影响,只关注某一个交叉口的交通控制不能够解决城市主干道的交通问题。同时,在城市道路网中,交叉口相距很近,如各交叉口分别设置单点信号控制,车辆经常遇到红灯,时停时开,行车不畅,也会导致环境污染加重。为使车辆减少在各个交叉口上的停车时间,特别是使干道上的车辆能够畅通行驶,人们将一条干道上一批相邻的交通信号连接起来,加以协调控制,就出现了干道交叉口交通信号协调控制系统(简称线控系统,又称为绿波系统)。实际中,城市路网中的交通干道是城市交通运输的大动脉,它们常常要承受巨大的交通压力,因此提高干道的控制效果对改善整个城市的交通状况具有重要意义。

3.3.1　干道信号协调控制的基本知识

在干道信号协调控制中要考虑三个最基本的参数:公用周期时长、绿信比和相位差。公用周期时长与绿信比两个基本参数同单点信号控制中的确定方法稍有不同,下面主要介绍它们在干道信号协调控制中需要特别注意的地方。

1) 公用周期时长

在线控系统中,为使各交叉口的交通信号取得协调,各交叉口的周期时长必须相等。为此,必须先按单点定时信号配时方法,根据系统中各交叉口的渠化及交通流向、流量,计算出各交叉口所需周期时长,然后从中选出最大的周期时长作为这个线控系统的公用周期时长。同时,把周期时长最大的这个交叉口称为关键交叉口。在实际的控制系统中,存在一些交通量较小的交叉口,其实际需要周期时长接近于公用周期时长的一半,这时可以把这些交叉口的周期时长定为公用周期时长的一半,这样的交叉口叫作双周期交叉口。设置双周期交叉口是为了增加车队通过带宽度和减少延误时间(尤其是次要街道),但由于双周期交叉口的周期时长仅为公共周期时长的一半,车队常常在这样的交叉口被截断成两部分,可能破坏绿波效果。一般来说,只有对某些交叉口实施双周期的线控方案优于其他方案时,才会作此选择。

2) 绿信比

在线控系统中,由于各个信号的绿信比是根据各交叉口各方向的交通流量比来确定的,因此各交叉口信号的绿信比不一定相同,但在线控系统设计时,为增加绿波带宽度,要对绿信比进行调整。

3) 相位差

相位差又叫作时差或绿时差,通常用 O 表示,相位差有绝对相位差和相对相位差之分。

相位差是线控系统最重要的参数,它决定了系统运行的有效性。在线控系统中,通常使用绝对相位差的概念,即以一个主要路口的绿灯起始时间为基准,来确定其余路口的绿灯启亮时刻。线控系统配时方案通常用时间-距离图(又称为时距图)来描述,如图3-15所示。

(1) 绝对相位差

绝对相位差是指各个交叉口主干道协调方向的信号绿灯(红灯)的起点或终点相对于某一个交叉口(一般为关键交叉口)主干道协调方向的信号绿灯(红灯)的起点或终点的时间之差,如图 3-15 所示的 O_C(相对于 A 交叉口,A 为基准交叉口)。

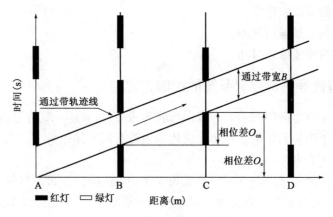

图 3-15 线控系统时间-距离图

(2) 相对相位差

相对相位差是指相邻交叉口主干道协调方向信号绿灯(红灯)的起点或终点之间的时间之差。相对相位差等于两个交叉口绝对相位差之差,如图 3-15 所示的 O_{CB}(相对于 B 交叉口)。

图 3-15 中还给出了其他重要的概念,具体如下。

① 通过带

在时间-距离图上画两条平行的车辆行驶轨迹线,并尽可能使两根轨迹分别靠近各交叉口该信号绿灯时间的起点和终点,则两条轨迹线之间的空间称为通过带(或绿波带)。无论在哪个交叉口,只要车辆在通过带内的时刻到达,并以通过带速度行驶,都可以顺利地通过各个交叉口。

② 通过带速度

通过带速度即车辆行驶轨迹的余切,它表示沿交通干道可以顺利通过各交叉口的车辆的平均行驶速度。

③ 通过带宽度

上述两根平行轨迹纵坐标之差即通过带宽度,它表示可供车辆使用以通过交叉口的时间。

④ 带宽有效率

带宽有效率是指带宽与公用信号周期的比率。

$$E = \frac{B_A + B_B}{2C} \times 100 \tag{3-11}$$

式中:E——带宽有效率,%;

C——公用信号周期;

B_A——A 方向的绿波带宽度;

B_B——B 方向的绿波带宽度。

⑤ 带宽利用率

带宽利用率是指在干线协调控制系统中,用来衡量关键路口绿波带宽度对有效绿灯时间的利用程度的参数。

$$A = \frac{B_A + B_B}{G_A + G_B} \times 100 \tag{3-12}$$

式中：A——带宽利用率，%；
B_A——A 方向的绿波带宽度；
B_B——B 方向的绿波带宽度；
G_A——A 方向的最短绿灯时间；
G_B——B 方向的最短绿灯时间。

3.3.2 干道信号协调控制系统的控制方式

由于城市各交叉口之间距离不等和双向行驶等缘故，只有在一些特定的交通条件下，才有可能实现最理想的干道协调控制。在实际应用中主要有以下几种情况。

1）单向干道协调控制

单向干道协调控制是指以单方向交通流为优化对象的线控方式。单向干道协调控制常用于单向交通、变向交通或两个方向交通量相差悬殊的道路，因其只需顾及单方向的交通信号协调，所以相位差很容易确定。相邻各交叉口间的相位差可按式(3-13)确定：

$$O = \mathrm{mod}\left(\frac{s}{v}, C\right) \tag{3-13}$$

式中：O——相邻交叉口的相位差，s；
s——相邻交叉口停车线间的距离，m；
v——线控系统中车辆可连续通行的车速，m/s；
C——信号交叉口周期时长，s。

2）干道双向协调控制

干道双向协调控制又包括同步式、交互式和续进式干道协调控制。

(1) 同步式干道协调控制

在同步式干道协调控制中，连接在一个系统中的全部信号，在同一时刻对干道协调相位车流显示相同的灯色。当车辆在相邻交叉口间的行驶时间等于信号周期时长整数倍时，即相邻交叉口的间距符合式(3-14)时，这些交叉口正好可以组成同步式干道协调控制，车辆可连续地通过相邻交叉口。

$$s = nvC \tag{3-14}$$

式中：n——正整数；
其余符号意义同前。

当相邻交叉口间距相当短，而且沿干道方向的交通量远大于相交道路的交通量时，可把相邻的交叉口看成一个交叉口，绿灯启亮时刻也相同，组成一个同步式协调控制系统，改善干道的车辆通行；当干道流量特别大，高峰小时交通量接近通行能力，下游交叉口红灯车辆排队有可能延长到上游交叉口时，将这些交叉口组成同步式协调系统，可避免多米诺现象的发生。当然，这种系统本身在使用条件上也有很大的局限性，并且由于前方信号显示均为绿灯，驾驶员通常加速赶绿灯信号，降低了交通安全性。

(2) 交互式干道协调控制

交互式干道协调控制系统与同步式干道协调控制系统恰好相反，即在交互式干道协调控制系统中,连接在一个系统中的相邻交叉口干道协调相位的信号灯在同一时刻显示相反的灯色。当车辆在相邻交叉口间的行驶时间等于信号周期时长一半的奇数倍时,即相邻交叉口的间距符合式(3-15)时,采用交互式干道协调控制。

$$s = \frac{mvC}{2} \tag{3-15}$$

式中:m——奇数;

其余符号意义同前。

(3)续进式干道协调控制

续进式干道协调控制系统是根据道路上的要求车速与交叉口的间距,确定合适的相位差,用以协调干道各相邻交叉口绿灯的启亮时刻,使在上游交叉口绿灯启亮后驶出的车辆,以适当的车速行驶,可正好在下游交叉口绿灯期间到达,以使进入该控制系统的车辆可连续通过若干个交叉口。

续进式干道协调控制可分为以下两种类型:

①简单续进式干道协调控制系统。

简单续进式干道协调控制系统只使用一个公用周期时长和一套配时方案,使得沿干道行驶的车队可在各交叉口间以设计车速连续通行。该系统存在一些弊端,如在为干道信号系统确定配时方案时,往往会遇到交通流变化的问题,一个给定的配时方案只能适应特定的交通条件,当这些条件发生变化时,这个配时方案就不再适用。

②多方案续进式干道协调控制系统。

多方案续进式干道协调控制系统是简单续进式干道协调控制系统的改进系统,可对应不同的交通条件给出不同的协调方案,以适应交通流的变化。

3.3.3 干道信号协调控制系统的连接方式

为使线控系统各信号灯在灯色显示时间上能按系统配时方案取得协调,必须把设定在系统各控制机中的配时方案,用一定的方式连接起来。按连接是否需用电缆,可分为无缆连接和有缆连接两类。

1)无缆连接

无缆连接是指在线控系统中,线控系统各信号控制机配时方案间的连接,不用电缆作为信息传输的介体。

(1)通过同步电动机或电源频率连接

这种方式是指从第一个控制机开始,由人工根据各控制机间的计算时差,按先后次序逐一把各机的配时方案设置到信号控制机中。设定的各控制机间的时差关系,通过控制机中的同步电动机或电源的频率来保持。

这是线控系统各信号控制机间在时间上取得协调的一种最简单的连接方式。其设施简单、安装维护费用低,但这样的连接方式无法在各控制机中设置分时段的不同配时方案,只限于用在只有一种配时方案的系统,而且当有信号失调或电源频率不稳定时,很容易导致整个系统失调。系统失调后,就必须由人工到现场重新调整,所以这种方法只能是在无其他方法可用时采取的一种权宜措施。

(2)通过时基协调器连接

这种方式是用一个叫作时基协调器(Time-based Coordinator)的十分精确的数字计时和控

制设施,把各控制机的配时方案连接起来,实现各机间的时间上的协调。系统中每个控制机的机箱内都需装一个时基协调器,保持系统中各交叉口之间的正确时差关系。

时基协调器本身也要与当地电源连接,但在供电发生问题时,自备电池可使它继续保持精确的时间。时基协调器可执行每天各时段和每周各天的不同配时方案,所以可用在多时段配时的线控系统中。在配时方案有改变时,也必须由人工到现场逐一对各控制机进行调整。

(3) 通过石英钟连接

在信号控制机内装有准时的石英钟和校时设施,设定在线控系统各控制机的配时方案就通过各控制机内的石英钟连接、协调。

2) 有缆连接

有缆连接是指在线控系统中,线控系统各信号控制机配时方案间的连接,使用电缆作为信息传输的介体。

(1) 采用主控制机的控制系统

在一个定周期信号控制机的线控系统中,主控制机每周期发送一个同步脉冲信号,并通过电缆传输给各下位机,时差被预先设定在各下位机内,各下位机均在各自的时差点上转换周期,所以下位机从主控机接到同步脉冲信号后会在各自的时差点上转换周期,因此可保持各控制机间正确的时差关系。这是一类使用十分广泛的控制系统,其特点是主控机在每个周期都能自动地对其各下位机进行时间协调。

传输脉冲信号的电缆既可以是专用电缆,也可利用沿路的公用电缆。用电话线时,在传送信号的瞬间,自动切断电话通话,传送信号结束后立即恢复正常通话。因传送信号的时间极短,所以对正常通话不会产生不良影响。由于现代交通控制系统中传输的信息量很大,多采用专用的光纤线网。

这种系统可执行多时段的配时方案,配时方案的数目视各下位机而定。在主控机中可设置一个由定时时钟操纵的配时方案的转换点,当时间达到这个转换点时,主控机发出一个转换信号,指定系统中各下位机同时相应地改变配时方案。

这种系统的一种改进方式,是把主控机改为一台同信号控制机完全分开的系统协调机,这台系统协调机并不控制某个交叉口的信号灯,而只是用来发送同步脉冲信号和配时方案的改变指令。这台系统协调机既可以安装在某个交叉口上,也可以安装在交通工程师的办公室、信号维修站或其他合适的地点。

主控机或独立的系统协调机还可以做成可编程序式的、具有存储功能的设施,可将各种配时方案及各方案转换点以程序的方式存储其中。这种方式可以简便地在一个地方集中改变全系统各个控制机的配时方案,但其安装费用随所需使用电缆的长度增加而增加。

(2) 逐机传递式系统

在逐机传递式系统内,各控制机中设有时差控制设施,对各控制机分别预先设定各控制机的配时方案及时差,用电缆将系统中的各控制机逐一连接。开始运转后,当第一交叉口绿灯启亮时,发一个信号传给下一个交叉口的控制机;第二个控制机接到信号后,按预先设置的时差推迟若干秒改亮绿灯,再按预置显示绿灯时间改变灯色,并发一个信号传给下一个交叉口的控制机,这样依次把信号逐个传递到最后一个控制机。第一个交叉口的绿灯再启亮时,信号仍按次逐个传递一遍,以保持各个控制机间的时差关系。

3.4　区域信号协调控制

随着城市道路交通量的增长和路网密度的增强,交叉口之间的相关性日益明显。在一个区域或整个城市中,一个交叉口交通信号的调整往往会影响到相邻若干个交叉口交通流的运行状况,一个交叉口的拥堵可能会随着时间的推移逐步波及周边数个交叉口乃至所在区域内的所有交叉口。因此,城市对交通信号控制的要求变得越来越高,以某个区域或者整个城市作为研究对象的区域信号协调控制方法也越来越受到研究人员的重视。如何从整个系统的战略角度出发,将区域内的所有交叉口以一定方式联结起来作为研究对象,同时对各个交叉口进行有效的区域信号协调控制设计,以提高整个控制区域内的交通运输效率,解决城市交通容量不足、交通拥堵与交通污染等问题,已成为城市交通控制发展的新要求。

3.4.1　区域信号控制的概念

区域信号控制的概念可分为狭义和广义两种。狭义上的区域信号控制是将关联性较强的若干个交叉口统一起来,进行相互协调的信号控制,即区域信号协调控制。广义上的区域信号控制是指由一个指挥控制中心监控管理区域内的全部交叉口,是对单个孤立交叉口、干道多个交叉口和关联性较强的交叉口群进行综合性的信号控制。

在城市交通管理控制中心,设计者必须从区域信号控制的广义概念出发,构建整个区域信号控制系统。建立这样的区域信号控制系统,首先,能有效地实现区域的整体监视和控制,能在较短的时间内将任何地点发生的交通问题和设备故障检测出来,并从整个路网上实时收集所需的各种交通状态数据;其次,可根据区域内各交叉口的实际情况,因地制宜地为它们选取最适合的控制方式;最后,能方便实现交叉口所采用的信号控制方式的转变,能有效地适应城市信号控制未来发展的需要。

3.4.2　区域信号控制系统的分类

1) 按控制策略分类

区域交通信号控制系统按其控制策略的不同,可分为定时式脱机控制系统和自适应式联机控制系统。

(1) 定时式脱机控制系统

定时式脱机控制系统是利用交通流历史及现状统计数据,进行脱机优化处理,得出多时段的最优信号配时方案,存入控制机或控制计算机内,对整个区域的交通实施多时段的定时控制。这种控制系统具有简单可靠、效益投资比高的优点,但不能及时响应交通流的随机变化,特别是当交通量数据过时、控制方案老化后,控制效果将明显下降,此时,需要消耗大量的人力重新进行交通调查,以制订新的优化配时方案。

(2) 自适应式联机控制系统

自适应式联机控制系统是一种能够适应交通量变化的"动态响应控制系统"。这种控制系统通过在控制区域交通网中设置检测器,实时采集交通数据,再利用配时优化算法,实现区域整体的实时最优控制。它具有能较好地适应交通流随机变化、控制效益高的优点,但其结构复杂、投资较大、对设备可靠性要求较高。

自适应式联机控制系统在实际应用中的效果有时并不如定时式脱机控制系统,造成这种局面的主要原因是目前的自适应式联机控制系统不能做到完全实时地、迅速地对交通变化作出反应,优化算法的收敛时间过长,交通量的波动性与优化算法计算时延可能致使实际控制效果很不理想。

2) 按控制方式分类

区域交通信号控制系统按其控制方式的不同,可分为方案选择式控制系统和方案生成式控制系统。

(1) 方案选择式控制系统

方案选择式控制系统通常需要根据几种典型的交通流运行状况,事先求解出相应的最佳配时方案,并将其存储在计算机内,待到系统实际运行时再根据实时采集到的交通数据,选取最适用的控制参数,实施交通控制。这种控制系统具有设计简单、实时性强等优点。

(2) 方案生成式控制系统

方案生成式控制系统则根据实时采集到的交通流数据,利用交通仿真模型与优化算法,实时计算出最佳信号控制参数,形成配时控制方案,实施交通控制。这种控制系统具有优化程度高、控制精度高等优点。

3) 按控制结构分类

区域交通信号控制系统按其控制结构的不同,可分为集中式控制系统、分布式控制系统和多层分布式控制系统。

(1) 集中式控制系统 (Centerlized Control System)

集中式控制结构中,由一台中心计算机直接控制每个信号控制机。计算机把控制指令直接传递到控制机,一般每秒钟一次。这样每个信号交叉口只需要一个标准的信号控制机和接口单元,不需要执行任何软件的功能。集中式控制系统结构图如图 3-16 所示。

(2) 分布式控制系统 (Distributed Control System)

分布式控制系统一般是交叉口的信号控制机对控制的方案起决定作用。分布式控制系统从小的闭合系统到大规模的系统有许多形式。根据是否有控制中心,分布式控制系统又分为有区域控制中心的分布式控制结构和没有区域控制中心的分布式控制结构。分布式控制系统结构图如图 3-17 所示。

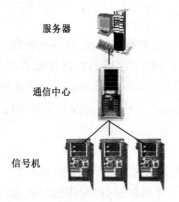

图 3-16 集中式控制系统结构图

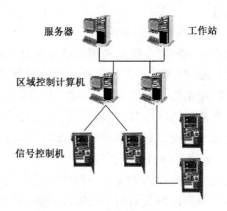

图 3-17 分布式控制系统结构图

（3）多层分布式控制系统（Multilayer Distributed Control System）

多层分布式控制系统中，系统的各个子系统的控制作用是由按照一定优先级和从属关系安排的决策单元实现的。同级的各个决策单元可以同时平行工作并对下级决策单元施加作用，同时它们要受到上级决策单元的干预，子系统可通过上级决策单元相互交换信息。因此，城市交通信号控制多层分布式结构同样遵循这种层次关系。

无论是集中式的交通信号控制系统还是分布式的交通信号控制系统，都有一台中心服务器作为高级控制中心，或者有一个通信中心作为各路口控制机的协调控制中心。交通信号控制机既可以直接连接到其系统中心服务器上，也可以通过一台区域控制计算机或通信中心与中心服务器保持联系。另外，还有许多单点交通信号控制机，这种多个控制层次需求并存、多种控制方式并存的情况，迫切地需要一个结构合理的交通信号控制系统来进行统一的管理和控制工作，从而使这些控制系统不但能够独立完成本系统的交通信号控制工作，而且也能够接受统一的控制命令。多层分布式交通信号控制系统就是为了适应多种控制层次的要求和多种控制方式并存的情况而提出的。

与传统的三层交通信号控制系统不同，多层分布式交通信号控制系统可以在三层到多层不等的层次上进行控制。就整体而言，可以将系统分为三个大的层次：中心控制层、分中心控制层、协调控制单元层。

中心级控制平台是整个控制系统的战略制订者。它负责对整个城市交通路网状况以及控制状态进行监测、控制和管理，具有最高的决策权力，并能在该层次上进一步与智能运输系统中的其他系统（如专家决策系统、诱导系统、GPS定位系统等）进行协作，共同完成城市交通系统的管理。该控制层所制订的宏观控制战略方案，应通过交通信号控制系统的网络被各个已有的交通信号控制系统所接受，并转换成自己系统内部相应的控制命令来执行。在该层应安装有制订宏观战略的系统软件，应能接收从下级控制平台传来的交通统计信息。

按照区域控制的思想，多层分布式交通信号控制系统应建立分中心级的控制平台，负责管理所辖区域内已有的交通信号控制系统和交通信号控制机。该控制层负责将某个区域范围内的路口统一协调控制，或负责两个，或负责多个区域范围内的路口统一协调控制，它是区域间控制策略的协调者和路口控制单元策略的制订者。一方面，该层和已有的信号控制系统交换信息，从已有的信号控制系统的中心服务器中得到交通流数据，这些交通流数据转化为统一的数据格式，用于分中心的控制策略的制订。宏观的控制策略也发送给已有信号控制系统的中心服务器，通过中心服务器转化为其系统内部能够执行的控制命令格式。另一方面，该层还可以直接同一些基于微处理器的单点交通信号控制机相联系，根据这些单点控制机传来的交通流信息，经过分中心的控制策略程序分析后，将控制策略下发给这些单点信号控制机，能够起到同一控制策略下的点控、线控甚至面控的效果。此外，该分中心控制层具有系统扩展的功能，可以在该层上添加控制和诱导综合优化的算法模块，能够与路侧可变情报板、GPS车辆定位系统、广域双向无线通信系统（目前可实现GSM）、交通广播等建立通信连接，可以进行自动降级控制，最大限度地避免了局部故障造成的损失。在控制分中心或部分信号传输线路失效时，控制权力能够被原有的信号控制系统接管。

分中心控制层下的各个控制协调单元（包括已有的交通信号控制系统和一些基于微处理器的信号控制机），通过已有的交通信号控制系统的中心服务器或直接通过信号控制机的微处理器和分中心控制层的服务器进行信息的交换。这些控制协调单元既可以是已有的交通信号控制系统,也可以是已有的信号控制系统的通信中心或控制分中心,还可以是连接到一台计算机上的多个交通信号控制机,甚至是多个基于微处理器的单独的交通信号控制机。

如果进一步细分,还可以根据控制协调单元的组成把该层继续分为协调单元控制中心、协调单元控制分中心、协调单元路口层。如果控制协调单元是某控制系统的中心服务器,那么控制层次最多可以达到五层;如果控制协调单元是某控制系统的通信中心,那么控制层次是四层;基于微处理器的信号控制机直接作为控制协调单元,控制层次则为三层结构。

协调单元路口层作为整个多层分布式控制系统中最基本的控制单元,是区域控制系统的控制策略执行者。该层主要的硬件设备是信号控制机和一些辅助信息提供设备,如可变情报板、可变限速标志等。信号控制机可以是任何生产商的产品,无论是基于微处理器的信号控制机还是普通的信号控制机。

协调单元控制分中心负责将该协调控制系统中某个区域范围内的路口统一协调控制,是路口控制单元的策略制订者和控制中心的控制策略的执行者。该层应该具有实时统计、分析处理所管辖路口的交通流量等参数的功能,同时该层汇总了区域控制和诱导综合优化的算法,能够与路侧可变情报板、GPS车辆定位系统、广域双向无线通信系统(目前可实现GSM)、交通广播等建立通信连接,可以进行自动降级控制,最大限度地避免了局部故障造成的损失。

协调单元中心控制层是某个已有控制系统的战略制订者。它负责对所有管辖区域的交通路网状况以及控制状态进行监测、控制和管理,具有较高的决策权力。

可用式(3-16)~式(3-18)表达如下:

$$\text{UTCDS} = \sum_{i=1}^{m} \text{SCS}_i \tag{3-16}$$

$$\text{SCS}_i = \sum_{j=1}^{n} \text{ASC}_j \tag{3-17}$$

$$\text{ASC}_j = \sum_{k=1}^{N_j} \text{ICS}_{jk} + \sum_{k=1}^{N_j} \text{EU}_{jk} \tag{3-18}$$

式中: UTCDS——中心级控制平台,即城市交通控制决策系统;

$\text{SCS}_i (0 \leq i \leq M)$——分中心级控制平台;

$\text{ASC}_j (0 \leq j \leq N)$——各区域控制系统;

ICS_{jk}、$\text{EU}_{jk} (0 \leq j \leq N, 1 \leq k \leq N_j)$——第$j$个区域控制系统所辖的第$k$个路口控制系统和执行单元;

N_j——第j个区域控制系统所辖的路口控制系统总数;

EU_{jk}——由信号控制机和若干检测器及一组信号灯构成。

需要指出的是,ASC_j是为简化和方便系统组织管理而设定的,是城市交通路网中所有孤立路口控制系统组成的虚拟区域控制系统。

多层分布式交通信号控制系统的结构图如图3-18所示,该结构不仅能够将大部分城市现有的多个交通信号控制系统进行统一管理,而且能够自成体系,可以集成体系自身的交通硬件设备和控制算法以及控制策略、控制软件等组件。无论是国产的交通信号控制系统还是国产的交通信号控制柜或是国外的交通信号控制系统和控制设备等,都可以集成到多层分布式交通信号控制系统中,既能兼容多个交通信号控制系统,又能发挥交通信号控制系统的功能。

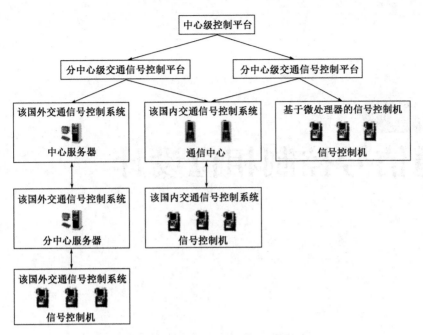

图 3-18 多层分布式交通信号控制系统的结构示意图

第 4 章
交通信号控制相位设计

交通信号控制逻辑是设计整个交通信号控制方案的基础,主要包括信号控制机标准的应用及信号相位相序的设计。合理的信号控制逻辑是信号配时优化的保障,是信号交叉口空间资源和时间资源合理利用的基础,它直接影响到信号配时效果及交叉口的运行效率。

本章从信号控制机标准及信号相位相序设计两方面进行探讨。其中,控制机标准参考了美国的 NEMA 标准,相位相序主要对左转机动车相位的设计和组合相位相序的设计进行介绍。

4.1 NEMA 标准

NEMA 的全称为"National Electrical Manufactures Association",即"美国电气制造商协会"。NEMA 成立于 1926 年,由美国 560 家电气制造厂商组成,主要是发电、输电、配电和电力应用的各种设备和装置的制造商。标准制定的目的是消除电气产品制造商和用户之间的误解,并规定这些产品应用的安全性。下面主要介绍 NEMA 对交通信号控制机硬件单环控制单元和双环控制单元的一些标准。

1)控制环(Ring)

控制环是用以描述一系列冲突相位以一个既定顺序依次启动的术语。控制环可以是单环控制、双环控制和多环控制。

2) 单环控制单元(Single-ring Controller Unit)

单环控制单元是指控制单元包含两个或者多个以时间顺序排列的相位,它们之间相互独立且相互冲突,在设定的顺序下有序的运行,一个闭环的相位排序如图4-1所示。

3) 双环控制单元(Dual-ring Control Unit)

双环控制单元是指控制单元包含两个控制环,每个控制环上有不同的相位排列。两个控制环上的相位可以同时运行,但是它们受到控制单元隔离线的约束。两个闭环的相位排序如图4-2所示。在介绍双环控制单元的运行标准前,对路口的NEMA编号进行介绍,如图4-3所示。NEMA规定用奇数表示每个进口道的左转,从南进口开始,顺时针依次为1、3、5、7;用偶数表示每个进口道的直行,从北进口开始,顺时针依次为2、4、6、8。通常情况下,2、6表示主路方向的直行,4、8表示次路方向的直行。

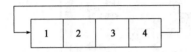

图4-1 单环控制单元相位顺序图

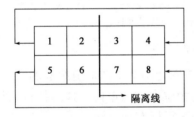

图4-2 双环控制单元相位顺序图

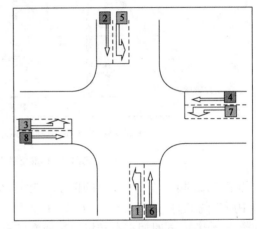

图4-3 NEMA相位编号

4) 隔离线(Barrier Compatibility Line)

隔离线是指在一个周期中代表每个控制环上的某个相位结束时的参照点的位置,所有的控制环必须同时穿过隔离线。隔离线的存在,可以避免隔离线两侧不同控制环上的冲突相位在同一时刻同时启动(图4-2)。在隔离线两侧,从两个控制环之间选择合理相位的原则如下:

①在同一个控制环上的相位是互相冲突的,不能同时运行。

②隔离线一侧的不同控制环上的相位可以同时运行。

如图4-4所示,可以同时运行的相位包括:1&5、1&6、2&5、2&6、3&7、3&8、4&7、4&8。不能同时运行的相位包括:1&2、1&7、1&4、2&3、…

如图4-4所示,相位的时间序列可以使用控制环和与隔离线示意图来描述。图中提供了一些在交叉口中常见的相位组合,其中假定了提前左转相位和独立的左转相位。

①1、2、3、4相位分配在控制环1内,5、6、7、8相位分配在控制环2内。

②1、2、5、6相位分配在隔离区1内,3、4、7、8相位分配在隔离区2内。

相位对是指在同一个控制环和隔离区内不能同时显示的两个相位。相位对包括:1&2、5&6、3&4和7&8。在一个相位对内,相位可以互相调换顺序(如2&1、6&5等),但同在一个隔离区内的相位对必须同时结束。例如,相位对1&2和5&6必须在隔离区1边界的位置同时结束,相位对3&4、7&8也必须在隔离区2边界的位置同时结束。相位对1&2可以与相位对5&6

同时运行,相位对 3&4 可以与相位对 7&8 同时运行。

通常的一种做法是把相位 2 和相位 6 分配给主要道路上的流向,而把隔离线另一侧的相位分配给次要道路上的流向。另一种做法则是根据方向确定相位,如相位 4 经常被指定为北进口流向。

相位的顺序是按照它们发生的时间从左至右显示的。图 4-4 中显示相位 1 和相位 5 可以在同一时间结束,但它们既可以独立运行,也可以在不同的时间结束。当前相位结束,其后的相位(相位 2&6)就可以开始运行。当越过隔离线后,相位 3&7、4&8 依次运行。相位 4&8 结束时,本周期结束。

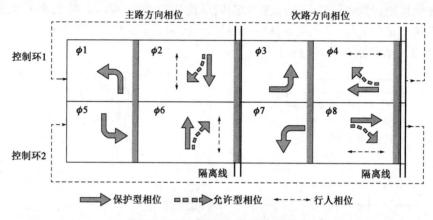

图 4-4 标准控制环与隔离线示意图

为了方便理解,举一个简单的例子,如图 4-5 所示。该图为两个单向街道组成的交叉口,街道中所有的流向(如机动车、自行车、行人等)在各自的相位中均为单向。这时把行人相位分配给直行流向,同时假定右转机动车或右转自行车必须让行行人。

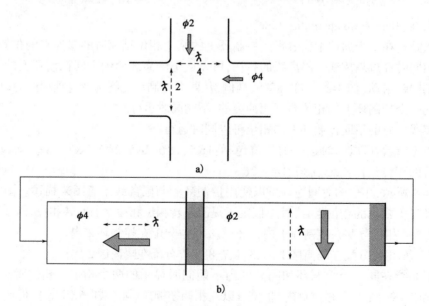

图 4-5 两个单向交通交叉口控制环与隔离线示意图
a)相位图;b)控制环与隔离线示意图

4.2 相位相序设计原则及方案

信号控制相位相序设计是信号控制逻辑设计的重要组成部分,是联系交叉口交通组织渠化与信号配时优化的桥梁。以下主要对相位相序设计原则、交叉口左转相位、右转相位、行人相位以及组合相位的设计进行介绍。

4.2.1 设计原则

1) 安全性原则

安全性原则是指相位内部交通流冲突应尽可能少,非冲突的交通流可以在同一相位中放行,除了共用信号的转弯交通流外,冲突的交通流应在不同的相位放行。

2) 效率性原则

效率性原则是指相位设计要提高交叉口的时间和空间资源的利用率。过多的相位数会导致相位切换次数增加,即损失时间增加,从而降低交叉口的通行能力和交通效率;反之,相位数过少,也会使交叉口因混乱而降低效率。

3) 均衡性原则

均衡性原则是指相位设计需兼顾各流向车流之间的饱和度均衡,如果将巨大的通行权提供给没有车流量的流向则没有任何意义。应保证相位内部之间各流向的流量比相差不大,才能不浪费绿灯时间。

4) 连续性原则

连续性原则是指一个流向在一个周期中只能获得一次连续的绿灯时间;一个进口的所有流向要在连续相位中放行完毕;如果几股车流共用车道,它们必须同步放行,如直行和左转交通流共用一个车道的情况。

5) 习惯性原则

习惯性原则是指设计要符合驾驶习惯,方便驾驶员理解。

4.2.2 左转相位(Left-turn Phasing)

左转机动车既是交叉口信号控制的难点,也是信号控制非常重要的设计对象。左转相位主要包括左转机动车的许可型左转相位、保护型左转相位、保护许可型左转相位、单进口通行和禁止左转通行等。

相位设计会对信号系统产生重大的影响。其中,许可型左转相位可以减少交叉口的延误,但可能会影响交叉口的安全,因为它需要驾驶员选择可接受间隙来穿过交叉口;保护型左转相位可能会减少左转车辆的延误,但有可能会增加整个交叉口的延误;保护许可型左转相位同时考虑并权衡了交叉口的安全和效率;单进口通行方式通常与共享车道一起使用,但当这种方式与行人相位一起使用时,可能会增加协调控制的周期长度;禁止左转可以有选择地使用,以减少在交叉口的冲突。

1) 许可型左转相位(Permissive only Left-turn Phasing)

许可型左转相位要求驾驶员在车辆左转时让行相冲突的直行车辆和行人交通流。在这种模式下,左转流向同与之相邻的直行流向同时放行。左转和对向直行流向都用一个绿色圆形信号控制。因此,在这种控制模式下,不需要用单独的绿色箭头表示。许可型相位的控制环与隔离示意图如图 4-6 所示。

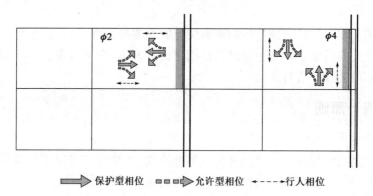

图 4-6　许可型相位的控制环与隔离线示意图

2) 保护型左转相位(Protected only Left-turn Phasing)

保护型左转相位为左转机动车提供通行权,并且只准许机动车在左转绿色箭头显示时通过。这种方式为左转流向提供了有效的服务,但是增加的左转相位会增加信号周期的损失时间,同时增加了其他流向的延误。如图 4-7 所示,该交叉口具有专用左转车道,同时配有左转专用相位。该左转相位是由绿色箭头表示。这种类型被认为是最安全的左转形式。

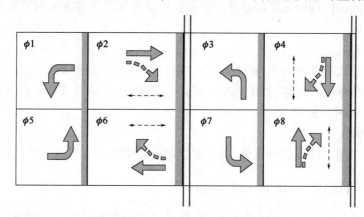

图 4-7　保护型左转相位的控制环与隔离线示意图

对提前左转和滞后左转进行的比较分析,见表 4-1。

表 4-1　提前左转和滞后左转的比较分析

提 前 左 转	
优点	缺点
(1) 在没有专左车道的情况下,与二相位交叉口相比通行能力增加; (2) 开始阶段清空交叉口左转车,可以使左转车与直行车冲突最小化; (3) 与滞后启动左转相比,驾驶员反应速度更快	(1) 当对向车辆停止运行时,左转车容易比对向直行车先占据路权; (2) 当绿灯启亮时,可能会造成对向车辆误启动

续上表

滞 后 左 转	
优点	缺点
(1)两个方向的直行车辆同时起动; (2)符合正常驾驶员的操作行为; (3)提供了机动车与行人的分离,行人通常会在绿灯启亮时通行; (4)当设置行人信号时,行人能够在左转相位绿灯之前通过交叉口; (5)减少相邻交叉口车队尾部的影响	(1)当直行车没有预期停止时,左转车可能会困在左转黄灯间隔; (2)易于在绿灯间隔产生冲突,驾驶员要选择是通行还是停止; (3)如果没有左转专用车道,在开始的绿灯时间内将阻碍直行车; (4)对固定配时以及一些特殊形式的感应控制不利

3)保护许可型左转相位(Protected-Permissive Left-turn Phasing)

保护许可型左转相位是保护型相位和许可型相位的组合,如图4-8所示。左转机动车在保护型左转相位时具有通行权。当同向直行流向得到绿色圆形信号时,机动车也允许左转。这个模式通常适用于交叉口中具有较大左转交通量的情况。它不会明显增加其他流向的延误,而且可以提高左转车辆的效率。

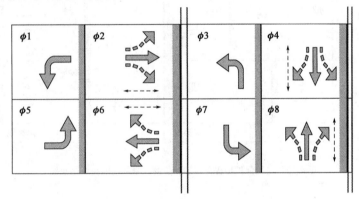

图4-8 保护许可型相位的控制环与隔离线示意图

4)单进口放行相位(Split Phasing)

单口放行是指轮流对进口道的所有流向分配通行权的方式,如图4-9所示。当交叉口局部冲突的机动车较多或道路交叉口几何形式对左转机动车具有较大影响时,可以采用这种放行模式。单进口放行模式避免了对向左转车辆的冲突。同样,如果交叉口具有较大的左转和直行流量,可以选用左转和直行共享车道来提高交叉口的通行效率,这种情况下也可以选择单进口放行相位。

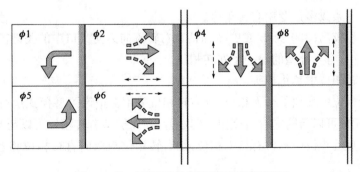

图4-9 单口放行相位的控制环与隔离线示意图

这种控制方式的效率较低于其他左转相位类型。它通常会增加周期长度,如果周期的长度是固定的,会减少交叉口道路的可利用时间。

5) 禁止左转(Prohibition of Left-turn)

为保持交叉口的机动性,在某些情况下可以采用禁止左转的做法,同时减少对交通资源的占用。在这种情况下,应当安装"禁止左转"的交通标志。在某些情况下,禁止左转只适用于一天的某些时段(在这些时段内,车辆无法利用交通间隙通行或者采用许可型相位可能导致事故)。

左转相位相序选择的方法如下:

在某些情况下,改变左转和直行相位的顺序是比较有利的,如图4-10所示的相位1是滞后于相位2的。具体地说,相位2和相位6在一个周期内开始、结束的时间都不相同。在协调控制中,为了适应不同时间每个方向到达的车辆队列,可以采用这种独立的直行相位。

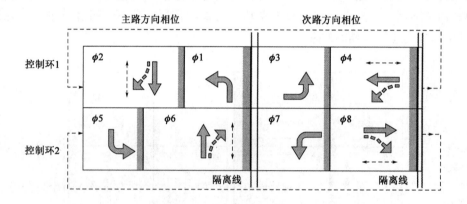

图 4-10 左转保护型提前滞后相位的控制环与隔离线示意图

4.2.3 右转相位(Right-turn Phasing)

右转相位的第一种类型是在一个信号周期之外额外增加一个相位,这种相位专门服务于一个或者多个右转流向。这种类型的右转相位很少会被用到。如果考虑运用这种相位,那么应该对它的运行或安全利益进行评估。

右转相位的第二种类型是把右转流向和左转流向一起放行。当下列条件得到满足时,应该使用这种类型的右转相位:

①交叉口有一条或多条专用右转车道。

②当右转流量较高(300辆/h或更高)时,且右转流向为交叉口中的关键流向。

③在交叉口中,有互补型的保护型左转相位。

④互补型左转相位中禁止掉头。

如果在直行相位中增加了行人相位,则右转相位采用保护许可型模式运行。如图4-11所示,许可型右转相位可以与同向直行相位一起运行,而保护型右转相位可以与互补型左转相位一起运行。如果直行相位中不含有行人相位,则右转相位与双向直行相位和互补型左转相位以保护型模式运行。

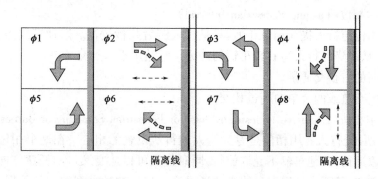

图 4-11　右转叠加相位的控制环与隔离线示意图

4.2.4　行人相位(Pedestrian Phasing)

在一个交叉口中,行人相位通常与同向的直行相位一起运行。行人相位的控制环与隔离线示意图如图 4-12 所示。在许可型左转相位的模式下,采用行人相位会产生行人与左转和右转机动车的冲突。可以采用一些具体的措施来减少这种潜在冲突,主要有以下三种。

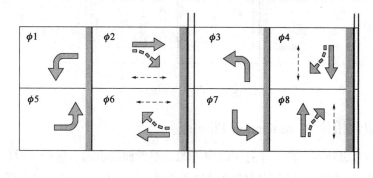

图 4-12　行人相位的控制环与隔离线示意图

1)行人提前相位(Leading Pedestrian Interval)

行人提前相位是指行人在同向直行机动车相位开始前提前放行,这样可以减少行人与转向机动车的冲突,如图 4-13 所示。这种模式适用于有大量行人和机动车冲突的交叉口,可以增加行人在交叉口的可见度,提高行人的安全性。

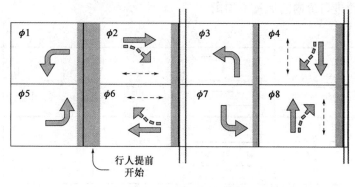

图 4-13　行人提前相位

2) 行人滞后相位(Lagging Pedestrian Interval)

行人滞后相位与行人提前相位相似,只是行人滞后几秒放行。这种模式需要行人等待右转车辆的清空,从而降低行人与右转车辆的冲突。它适用于以下交叉口:

① 具有较高的右转交通量。

② 右转专用车道或两个单向街道相交。

3) 行人专用相位(Exclusive Pedestrian Phase or Pedestrian Scramble or Barnes Dance)

如图 4-14 所示,行人专用相位是专为行人通行所设置的相位。在这个相位中,只有各个方向的行人可以通行,其他车辆不允许放行,同时行人可以从交叉口的任意方向穿过交叉口,到达其他任意方向,甚至允许以对角线方式通过交叉口。这种类型的相位可以减少右转车辆和行人之间的冲突,但与此同时,降低了车辆的通行能力,增加了周期长度。这种独特的行人专用相位不常使用,但可以应用在某些城市的中央商务区。

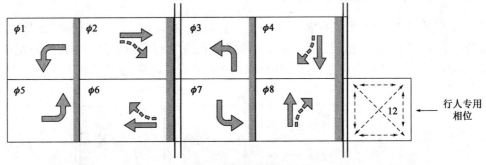

图 4-14 行人专用相位

4.2.5 组合相位(Combination Phasing)

组合相位是考虑到不均衡车流对于时空资源的浪费而提出的。这种不对称性体现在两个方面:一方面是进口道内部不同流向的流量比不均衡;另一方面是进口道之间的流量比不均衡。在现场,通常是同一相位的两股或多股车流中一个方向的流量相对较多,这样就会出现该方向车辆在同一相位中最后放完,而其他相位的车流为此等待无法通行,造成交叉口时间和空间资源的浪费。所以,合理地设置组合相位可以极大限度地提高交叉口运行效率。

1) 进口道内部流量比不均衡

进口道内部流量比不均衡,是指同一进口道内部直行车流量比与左转车流量比相差过大。如图 4-15 所示,西进口道内的流量不均衡。

相位序号	1	2	3	4	5
机动车相位	↱→	↱↓ ←	← ↲	↳	↓
行人相位	←--→	←--→ ←--→	←--→		↕ ↕

图 4-15 进口道内部流量比不均衡组合相位

2) 进口道之间流量不均衡

进口道之间流量不均衡是指不同进口道之间的车流流量比相差过大。如图4-16所示,以东进口道与西进口道之间流量不均衡为例。

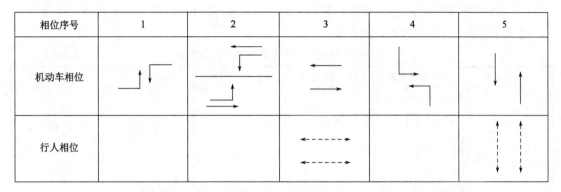

图4-16 进口道之间流量不均衡组合相位

4.3 车道渠化方案与信号相位方案的设计

1) 车道渠化方案设计

在设计交叉口进口道时,应根据进口道各向车流的设计交通量确定各流向的车道数。在进口道车道数较少的情况下,应避免为流量较小的右转(或左转)车流设置右转(或左转)专用车道,可采用直右(或直左)合用车道,以提高进口道的利用率。此外,由于车辆在交叉口行驶的速度较低,所以交叉口进口道的宽度可略小于路段上车道的宽度,一般情况下可取3.0~3.25m。

在设计交叉口出口道时,应注意同时考虑信号相位设计,最好保证在同一相位中,进口道数目与出口道数目匹配。在某一相位中,如果通行车流所对应的进口道车道数大于其出口道车道数,则可能引起交叉口内的车辆拥堵,降低交叉口的通行效率;如果通行车流所对应的进口道车道数远小于其出口道车道数,则某些车道的利用率将偏低,车道功能的划分明显缺乏合理性。

2) 信号相位方案设计

交叉口信号相位方案需要设计者以交叉口特征及其交通流运行状况为基础,在综合考虑交通流运行效率、交叉口交通安全以及交通参与者交通心理等因素后,进行精心细致的设计。信号相位方案设计虽然不拘泥于某些定式,但可以参照以下几条准则:

①信号相位必须同进口道车道渠化(即车道功能划分)同时设计。例如,当进口道较宽、左转车辆较多、需设左转专用相位时,应该设置左转专用车道;当进口道较窄、无左转专用车道时,则不能设置左转专用相位。

②有左转专用车道,且平均每个信号周期内有3辆以上的左转车辆到达时,宜设置左转专用相位。

③在同一信号相位中,各相关进口道左转车每周期平均到达量相近时,宜采用双向左转专用相位(对向左转车流一起放行),否则宜采用单向左转专用相位(对向左转车流分别放行)。

④当信号相位中出现不均衡车流时,可以通过合理设置搭接车流(相当于设置交通信号的早断与迟起),最大限度地提高交叉口的运行效率。

对于新建的交叉口,在缺乏交通量数据的情况下,对车道功能划分应先采用试用方案,然后根据通车后实际各流向的交通流量调整车道划分及信号相位方案。对于新建的十字交叉口,建议先选取表4-2所列的试用方案。

新建的十字交叉口建议试用车道划分方案　　　　　　　　表4-2

进口车道数	车道划分方案	信号相位方案	进口车道数	车道划分方案	信号相位方案
5		四相位	3		四相位
4		四相位	2		二相位

4.4 常见的信号交叉口相位相序设计

交叉口作为城市道路交通控制的关键点,其效果的优劣直接关系到道路的通行效率。在交叉口控制方案当中,怎样根据交叉口几何特性、交叉口渠化和交通流特性等因素,寻求合理的相位相序成为信号控制方案的关键。本节重点讨论不同条件下的相位相序设计方法。

4.4.1 交叉口几何特征对相位相序的影响

在信号控制设计当中,由于左转车流量较大,容易导致左转车流与对向直行车流之间相互冲突严重而需要将二者分开,这就存在着先直行再左转还是先左转再直行的问题,在实际当中这两种放行方法均有应用。从理论分析上可知,选取哪一种放行方法不仅取决于渠化设计的要求,还与交叉口的几何特性有关。下面通过具体分析常规交叉口车辆的行驶过程来确定相序的选取方法,如图4-17所示。

为了便于分析研究,假设先放行左转车流,再放行直行车流。当左转相位转为直行相位时,左转尾车(B车)与对向直行首车(A车)同时驶出停车线,并将于点C处发生冲突,要使左转尾车(B车)顺利通过交叉口,则须满足:

$$T_{BC} < T_{AC} \qquad (4-1)$$

式中:T_{BC}——表示B车从停止线到达C点的时间;

T_{AC}——表示A车从停止线到达C点的时间。

当$T_{BC} > T_{AC}$时,左转尾车势必受到对向直行车辆的影响而滞留在路口中间无法快速通过交叉口,从而引起交通拥堵并带来安全隐患。

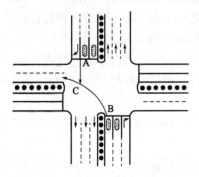

图4-17　左转与对向直行车冲突过程

同理，若先放行直行车流，再放行左转车流时，则须满足：

$$T'_{AC} < T'_{BC} \quad (4\text{-}2)$$

式中：T'_{AC}——直行车流尾车从停车线行驶到冲突点的时间；

T'_{BC}——对向左转车流首车从停车线行驶到冲突点。

通过上面的分析可以看出，左转车与对向直行车之间的放行顺序主要取决于可能产生冲突点的本向左转车流首车（尾车）和对向直行车流尾车（首车）各自从停车线行驶到冲突点的时间间隔。当 $T_{BC} < T_{AC}$ 时，宜先放行左转车流；当 $T'_{AC} < T'_{BC}$ 时，宜先放行直行车流。

4.4.2 设置有左转待转区交叉口的相序设计

在交叉口车辆通行当中，左转车对交叉口的影响是最大的。为了最大限度地减少左转车通过交叉口的时间，提高交叉口通行能力，在部分交叉口渠化设计当中，往往设置左转弯待转区。设置左转弯待转区主要是利用直行车通行期间，在不影响直行车通行的情况下让左转车提前进入左转弯待转区，这样就相当于左转车已经完成了部分左转，大大降低了车辆在左转绿灯期间的左转通行时间，如图 4-18 所示。

从整个通行过程来看，这种交叉口一般采用四相位控制方案，并且直行相位必须在左转相位之前，左转车辆充分利用直行车辆通行期间实现部分左转，这种方法设置简单，使用方便，对提高交叉口通行能力效果显著，并在多个大、中城市都有普遍应用。

4.4.3 交叉口交通流组织对相位相序设计

在城市道路交叉口组织管理当中，为了满足车辆掉头的需求，一般有两种方式：

第一种方式是在路段上拆离部分绿化带供车辆掉头，但这种方式，掉头车辆对路段上快速运行的车辆干扰较为严重，且对于没有中间绿化带（或者绿化带不满足开口掉头要求）的道路则无法实施。

第二种方式是在交叉口进口处设置掉头车道（图 4-19），这种交叉口一般设有专用左转相位，在左转相位通行时允许车辆掉头（当然在侧向交通流通行时也可以掉头）。如果先放行直行车辆，在直行相位转为左转相位时，则直行相位的部分尾车势必与掉头的首车发生冲突，影响交叉口快速通行并带来安全隐患，显然这种情况更适应先左转再直行的放行方式。

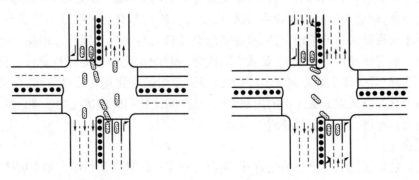

图 4-18 设置左转待转区车辆运行过程　　图 4-19 左转车流与掉头车辆共用车道

4.4.4 自行车流通行相位设计

在城市道路交叉口中，自行车流与机动车流同时进入交叉口时，由于车辆行驶方向不同而产生分流,与此同时,自行车连续不断地通过交叉口,从而影响车辆进入交叉口的通畅性。分流方向越多,干扰就越严重。另外,来自不同方向的直行、左转自行车流与机动车右转车流在交叉口内交叉形成冲突点;车辆通过冲突点时有相互挤、碰、冲撞的可能。冲突点越多,对交通安全及道路通行能力的影响越大,如图 4-20 所示。自行车流与机动车流的冲突是亟待解决的一个交通难题。

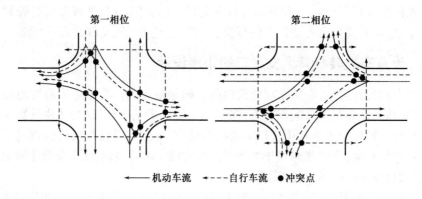

图 4-20　自行车流与机动车流冲突点

不同类型的交叉口,交通流冲突点个数不同。在城市道路中,四路交叉口最为常见。针对四路交叉口在两相位的情况下,自行车流与机动车流的冲突进行分析,在此交叉口中,左转自行车两次过街。由图 4-20 可以看出,在四路两相位交叉口,自行车流与机动车流的冲突点个数为 28 个,机动车流与机动车流的冲突点个数为 4 个。其中,在每个相位,自行车流与机动车右转车流的冲突点个数为 6 个,自行车流与机动车左转车流的冲突点个数为 4 个,自行车流与机动车直行车流的冲突点个数为 4 个。

综上所述,自行车流与机动车流的冲突点个数是机动车流与机动车流的冲突点个数的 7 倍,可见自行车流对机动车流的通行造成了很大的干扰。自行车流对机动车右转车流影响最大,其次是直行车流和左转车流。

为了减少自行车流与机动车流的冲突点,对信号交叉口自行车优先通行方法进行了分析。由于不同类型的交叉口,具有的几何特性与交通特性不同,因此信号交叉口实施自行车优先通行需要一些条件,即交叉口处于商业步行区,或交叉口机动车交通量明显小于自行车交通量,主要以自行车交通量为主的街道,可以考虑实施交叉口自行车优先通行。根据上述自行车流与机动车流特性与相互冲突分析,主要从空间优化与时间优化两方面进行设计。空间优化主要包括左转弯候车区、停止线提前法、双向人行横道等组织渠化优化设计方法;渠化设计是从空间上为各种交通方式划分交叉口的内部空间,是空间优化和时间优化的基础。其中,时间优化主要指对自行车进行专用信号控制。

1)空间优化

空间优化是指通过组织优化渠化设计,使得自行车在信号交叉口中占据空间优势,从而消除与机动车之间的冲突。

(1)左转弯候车区(图 4-21)

由图 4-21 可以看出,这种设计可以消除左转自行车流对机动车的干扰,适用于交叉口范围较大者,并减少了左转自行车流与直行机动车流的冲突点,有利于交通安全。

(2)停止线提前法(图4-22)。

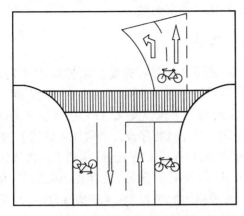
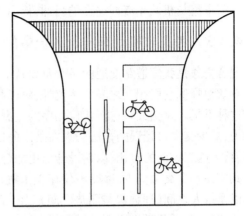

图4-21 左转弯候车区示意图　　　图4-22 停止线提前法示意图

由图4-22可以看出,自行车流停车线在机动车停车线的前面,当绿灯亮起时,自行车流先进入交叉口,但是这种方适用于范围较小的交叉口。这种方法可以降低自行车流对机动车流的干扰,提高交叉口的通行能力与交通安全,并适用于左转弯自行车流量较大的情况。

2)时间优化

从时间优化方面考虑,可以采用设置自行车专用信号相位、绿灯时禁止机动车右转弯、对右转机动车实行延时启动控制、自行车绿灯提前启动控制等方法,实现信号交叉口自行车优先。自行车优先信号控制是在确定机动车信号相位相序的前提下,根据自行车道和人行横道渠化设计方案,通过计算行人和自行车的绿灯时间,确定自行车的信号相位及通行时间。

以四路交叉口两相位为例,将自行车空间优化与时间优化相结合。由图4-20的分析可知,自行车流对机动车右转车流影响最大,其次是直行车流和左转车流。通过设置自行车相位尽量避开自行车流对机动车右转车流、直行车流和左转车流的冲突,如图4-23所示。图4-23中将自行车空间优化与时间优化相结合,设置了自行车相位,第一相位与第二相位中禁止自行车直行与左转,允许自行车右转与行人通行。按照此相位设置,自行车流与机动车流的冲突点为8个,比之前减少了20个。每个相位中,自行车流与机动车右转车流和左转车流的冲突点个数分别为2个,降低了对机动车右转车流和左转车流的影响,并且对机动车直行车流无影响。

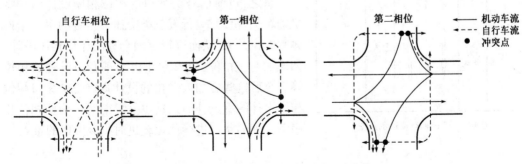

图4-23 优化后自行车流与机动车流冲突点

设置相位方案时,应根据实际交通状况进行修改,根据各种交通方式的比重,可以考虑将第一相位与第二相位合并,实施交叉口机动车混行。各相位中自行车流的设置应根据实际交叉口的具体交通状况而定，可以考虑实施自行车左转专用相位以及行人专用信号灯，从而实现降低自行车流与机动车流冲突点的目的，提高交叉口的交通安全性。

4.4.5 考虑非机动车与行人流量的相序选择

混合交通是我国道路交通的一个重要特征，机非相互干扰难以避免。除了通过物理设置可以有效地降低它们相互之间的干扰外，对于某些信号控制路口，还可以通过合理设置相序来缓解这种干扰。对交叉口进行相位相序的控制其实就是一个减少交叉口冲突，增加交叉口通行能力，减少交叉口延误的方法。现在采用的信号交叉口相位相序设计必须加入机动车、非机动车、行人这三方面的对比，以期设计出更加合理的交叉口相位相序设计，达到系统最优的结果。其实在一个交叉口中，冲突不仅存在于机动车之间（强势与强势）更存在于机动车、非机动车以及行人之间（即强势与弱势之间）。由于空间的原因大多数（在无违法现象时）冲突其实无法体现（如非机动车占用机动车道），而这之间的关键问题是行人非机动车与右转机动车之间的冲突。

根据冲突交通流的时空资源占用关系，可将信号交叉口的冲突分为第1类冲突和第2类冲突。当行人非机动车与右转机动车流量较小时，两者冲突可看作第2类冲突，通过优先规则分配冲突交通流的通行权和通行时间。但行人非机动车与右转机动车流量均较大时，优先规则失效，右转机动车延误增加，行人受阻于道路中央并与下一相位机动车发生第1类冲突，此时行人非机动车与右转机动车的冲突上升为第1类冲突，必须通过信号控制手段解决。

行人、非机动车与右转车辆之间的冲突主要有三类：
①右转机动车与侧向行人同相位放行导致两者冲突。
②在绿灯末期过街或步速较慢的行人与下一相位右转机动车发生冲突。
③允许右转机动车红灯时通行而导致的右转机动车与同进口过街行人的冲突。

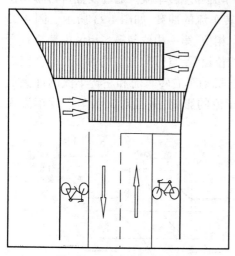

图 4-24　双向人行横道示意图

考虑到行人过街流量较大的情况，可以设置双向人行横道。由图 4-24 可以看出，该设计并列设置两道人行横道，使斑马线虚实段相互交错，并辅以方向箭头指示行人靠左右分道过街。在行人过街交通量较大的交叉口，可采用双向人行横道，如商业步行街。

总之，目前信号交叉口的相位相序设计已经将机动车、非机动车、行人三类交通参与者的每一个群体都考虑进去，从而进行更加合理的相位相序设计，如增加右转相位，行人和非机动车专门设置的相位等。今后这些更加人性化的设计肯定是交叉口相位相序设计的重点，同时，这也是目前对于一些相位相序不合理的路口进行优化改进时应该考虑的重点。

第 5 章
交通信号控制策略

本章主要对交通信号控制策略进行介绍,依次介绍单个交叉口、干线、区域交通信号控制策略,同时介绍行人信号相位交通控制策略、公交优先信号交叉口交通控制策略等。

5.1　城市道路交叉口信号控制策略

5.1.1　城市道路交叉口传统信号控制策略

传统意义上的交叉口信号控制策略主要有定时控制、感应控制和自适应控制。它们各具优缺点与适用性,针对路口不同的交通流状况,它们所发挥的作用和实施效果也存在着显著的差异。

1) 低饱和交通状况下路口信号的感应控制

感应控制是根据车辆检测器检测到的路口交通流状况,使路口各个方向的信号显示时间适应于交通需求的控制方式。感应控制实时性较好、适应性较强,适用于车流量变化大而不规则、主次相位车流量相差较大、需要降低主干道干扰的情况。

实践证明当主要道路和次要道路上的交通流量都比较大,甚至接近饱和状态时,感应控制不但会蜕化成为一种简单的定时控制,而且其控制效果也比不上一般的定时控制。因此,路口是否使用感应控制以及使用何种感应控制方式都完全取决于路口的交通流状况,路口信号使用感应控制方式的一个基本前提就是要求路口处于低饱和的交通状态。当路口交通流量比较大、处于或接近饱和状态时,路口信号选取定时控制会取得较好的控制效果。

2) 饱和交通状况下路口信号的定时控制

定时控制是指根据以往的交通状况,预先设定信号周期和绿灯时间的信号控制方式。定时控制不但工作稳定可靠、适用于车流量规律变化的情况,而且在路口车流量较大、处于饱和状态时的控制效果明显优于感应控制。

路口信号是应该选取感应控制方式还是定时控制方式与路口所处的交通流状况密切相关,设计者只有在弄清了路口交通流状况的前提下才能选择好最恰当的信号控制策略。

3) 城市道路信号交叉口最优控制策略

当路口交通流量较高、处于饱和状态并存在大量排队车辆时,假设在研究时间段内路口各个方向的车辆到达率与车道通行能力稳定,并忽略排队车辆消散的非均匀性,此时完全可以考虑使用经典的最优控制方法对交叉口实现最优的信号配时。为了方便阐述最优控制策略的基本原理,假设路口采取两相位的控制方式。选取东西向关键方向的排队车辆数 q_1 和南北向关键方向的排队车辆数 q_2 作为状态变量,选取一个信号周期内东西相的有效绿灯时间 g_1 和一个信号周期内南北相的有效绿灯时间 g_2 作为控制变量,建立十字路口在饱和交通状况下的状态方程,如式(5-1)所示:

$$\begin{bmatrix} q_1 \\ q_2 \end{bmatrix} = \begin{bmatrix} a_1 - \dfrac{v_1 \cdot g_1}{g_1 + g_2 + L} \\ a_2 - \dfrac{v_2 \cdot g_2}{g_1 + g_2 + L} \end{bmatrix} \tag{5-1}$$

式中: a_1 ——东西向关键方向的车辆到达率;

a_2 ——南北向关键方向的车辆到达率;

v_1 ——东西向关键方向的容许最大车流量(饱和车流量);

v_2 ——南北向关键方向的容许最大车流量;

L ——一个信号周期内总的损失时间。

在饱和交通状况下,根据路口信号控制系统的不同控制要求和性能指标,应建立不同的最优控制模型。在饱和交通状况下,路口信号配时最优控制要求系统由东西向关键方向有排队车辆 q_{10}、南北向关键方向有排队车辆 q_{20} 的初始状态,经过一段时间 t_i 的信号配时控制,达到彻底清除各方向排队车辆的末端状态(路口的通行能力必须略大于通过路口的交通流量,否则排队车辆不可能消失),并且在时段 $[0 \sim t_i]$ 内,关键车流方向排队车辆的总延误时间最少。

路口信号配时最优控制策略可进一步描述为:

当东西向关键方向的容许最大车流量与南北向关键方向的容许最大车流量相当时,东西向的有效绿灯时间与南北向的有效绿灯时间均取最大值;当东西向关键方向的容许最大车流量远大于南北向关键方向的容许最大车流量时,东西向的有效绿灯时间取最大值,而南北相的有效绿灯时间取最小值;反之,当南北向关键方向的容许最大车流量远大于东西向关键方向的容许最大车流量时,南北向的有效绿灯时间取最大值,东西向的有效绿灯时间取最小值。

5.1.2 城市道路交叉口智能信号控制策略

现代意义上的交叉口信号控制策略主要是指模糊控制、神经网络控制等智能控制策略以及一些包含现代控制思想的控制策略。其中,模糊控制在交通信号控制中所发挥的作用是非常大的,它是智能控制应用在交通信号控制中的典型代表;而最优控制也为交通信号控制提供了一种先进的控制方法,取得了显著的控制效果。然而,任何一种控制策略都有其适用范围和使用条件,模糊控制与最优控制同样如此。当把它们应用在交通信号控制上时,决定它们控制效果好坏的因素是路口所处的交通流状况。

模糊控制是指根据由精确量转化来的模糊输入信息,按照总结手动控制策略取得的语言控制规则进行模糊推理,给出模糊输出判决,再将其转化为精确量,作为反馈送到被控对象的控制方式。实际上,模糊控制可以理解为一种高级的感应控制方式,只不过它的控制算法比传统意义上的感应控制要复杂得多,控制方式也更为灵活、智能化。

近年来,不少国内外专家学者利用模糊控制技术在城市路口信号控制上已经取得了引人瞩目的研究成果。特别值得注意的是,模糊控制在交通流量较低,路口处于低饱和状态时,其控制效果可能不错,但是当交通流量较高,路口处于饱和状态、存在大量排队车辆时,模糊控制的控制效果可能就会很不理想。这是因为,大多数的模糊控制选取反映十字路口交通拥挤状况的当前绿灯方向通过车辆数 a 和当前红灯方向排队车辆数 q 作为模糊控制器的输入变量(与之相对应的模糊控制器输入语言变量定义为当前绿灯方向通过车辆 A 和当前红灯方向排队车辆 Q);选取当前相位延长时间 e 作为模糊控制器的输出变量(与之相对应的模糊控制器输出语言变量定义为当前相位延长时间 E)。而大多数模糊控制策略所采用的模糊控制规则一般归纳为以下一组模糊条件语句。

1. If A = Few and Q = Few Then E = Short;
2. If A = Few and Q = A few Then E = Very short;

    ⋮

13. If A = Too many and Q = Few Then E = Very long;
14. If A = Too many and Q = A few Then E = Long;
15. If A = Too many and Q = Many Then E = Medium;
16. If A = Too many and Q = Too many Then E = Short。

可以看到,当路口处于饱和交通状况,东西向的排队车辆数和南北向的排队车辆数都很多时,模糊控制器根据上述的第 16 条模糊控制规则计算出的当前相位延长时间将会较短,然而此时当前相位延长时间的适当取值并非可以利用如此简单的一条模糊控制规则加以确定,而是与路口信号控制系统的控制要求、路口不同方向的饱和车流量等因素密切相关,其值既可能取到最小值(Very short),也可能取到最大值(Very long)。因此,当路口处于饱和交通状况且存在排队车辆时,路口的信号控制应立刻调整控制策略,采取其他更为有效控制方法。这也是许多学者使用模糊控制技术进行交叉口信号控制时,由于没有考虑到路口交通状况而存在的一个盲点,导致一旦路口出现饱和交通状态,因此交叉口的信号控制效果就会很不理想。

5.1.3 城市道路交叉口信号控制策略比较

从四个方面对不同交通流状况下的交叉口传统信号控制策略和不同交通流状况下的交叉

口现代信号控制策略进行阐述和分析。各控制策略比较见表 5-1。

控 制 策 略 表　　　　　　　　　表 5-1

	感应控制	定时控制	模糊控制	最优控制
子分类	半感应控制 全感应控制	单段固定配时 多段固定配时		根据路口信号控制系统的不同控制要求、性能指标,应建立不同的最优控制模型
优点	实时性较好 适应性较强	工作稳定可靠	控制方式更为灵活、智能化	控制效果最优
基本控制方法	根据车辆检测器检测到的路口交通流状况,使路口各个方向的信号显示时间适应于交通需求	根据以往的交通状况,预先设定信号周期和绿灯时间	由精确量转化来的模糊输入信息,按照总结手动控制策略取得的语言控制规则进行模糊推理,给出模糊输出判决,并再将其转化为精确量,作为馈送到被控对象的控制方式	当某一方向的允许最大车流量与另一方向的允许最大车流量相当时,该方向的有效绿灯时间与另一方向的有效绿灯时间均取最大值
适用范围	适用于车流量变化大而不规则、主次相位车流量相差较大、需要降低主干道干扰的情况	适用于车流量规律变化的情况,而且在路口车流量较大、处于饱和状态时的控制效果明显优于感应控制	交通流量较低,路口处于低饱和状态时	路口交通流量较高、处于饱和状态、并存在大量排队车辆

5.2　干线协调信号控制策略

　　定时干线协调控制定周期控制根据交叉路口历史交通量数据预先确定配时方案,是实际交通中可以实现的一种最基本控制方式。在定时干线信号控制中,配时方案包括周期长度、绿信比和相位差,它们都是根据历史交通数据事先确定的。定时控制适用于交通流量比较稳定的交叉路口。

　　定时干线协调控制是在单点定时控制的基础上,通过计算相邻交叉口间的相位差,来调整干线上各交叉口信号灯间的相位变换起始时刻,形成有效的绿波带,进而实现干线上连续交叉口的协调控制。

　　利用人工计算和图解分析来确定线控系统的信号配时参数,即利用干线道路历史数据,通过一系列计算方法来进行信号基本参数的求解,并使用时空-距离图等加以辅助分析,得到定时协调配时方案。

　　在确定定时干线信号协调控制的配时方案前,首先要进行准备资料工作调查干线上相关路口的道路交通数据;然后根据这些数据选择合适的交叉口,确定线控范围;最后具体计算线控范围内各交叉口的信号系统控制所需的配时方案。

干线协调配时设计所需的道路交通数据主要包括以下四个方面：

①干线上交叉口及路段的基本道路信息，干线上各交叉口及路段的几何尺寸，路段车道布局等。

②干线上的交通流数据，干线上交通流的方向、流量及变化规律等。

③车速及延误，各路段的容许车速或实际行驶车速及对应控制方式下的车辆平均延误。

④道路交通组织管理规则，干线上交叉口及路段上的限制转弯、限速及限制停车等规定。

设计定时干线信号控制的配时方案的基本步骤如下：

①根据调查得到的交通数据划分时段并确定配时方案数。

②根据各时段交通流量数据，按单点定时控制的配时方法，确定各交叉口相应时段最佳周期长度及绿信比。

③以所需周期长度最大的交叉口为关键交叉口，以此周期长度为干线控制系统的备选系统周期长度。系统周期长度大于非关键交叉口所需周期长度时，非关键交叉口一律改用系统周期长度，其各相位绿灯时间都随着增加。

④根据调查得到的干线上实际行驶车速，考虑路线特征、交叉口特征、各路段的非机动车和行人干扰情况以及流量-车速关系等因素，选取不同的设计车速，再根据设计车速确定不同时段的相位差。一般采用图解法或数解法协调干线控制系统相邻信号间的相位差。

5.3 区域信号协调控制策略

城市区域交通信号控制是指将一个城市区域里若干个有关联的交叉口和它们之间的道路视为是一个完整的系统，对其交通信号进行协调控制。这种控制方式是以区域内多个交叉口车辆总延误的加权和最小为优化目标，又称为"面控制"。

5.3.1 过饱和区域信号协调控制策略

在过饱和交通状况下，对不同交通流采用不同的控制方式，拥堵区域的交通流以集散为主，保证这部分交通流的"通"；对于驶离拥堵区域的交通流，以"通畅"为主，加快这部分交通流的离开；而对于进入拥堵区域的交通流，则实施"不通不畅"的控制方式，避免加剧区域交通拥堵状况。以主动控制理念为指导思想，过饱和状态下区域信号协调控制策略可以总结为："外控内疏，延误最小"。策略可分为多个层面，首先，通过对区域范围进行确定，将区域划分为内部和外部；其次，对区域范围内交叉口进行战略归类，"外控内疏"，即区域外部的交叉口对进入拥堵区域的交通流实施红波信号控制，保证该部分交通流的有序进入，同时对驶离拥堵区域的交通流采用绿波协调控制，保证这部分交通的畅通行驶；最后，"延误最小"，对于拥堵区域内部的交通流以集散为主，实施通而不畅的控制方式，以区域交叉口延误最小为信号优化目标。交通控制策略示意图如图5-1所示。

控制子区的划分对于过饱和区域信号协调控制同样重要，是保证协调控制策略实施的重要保证。区别于未饱和区域控制子区划分，过饱和区域控制子区划分的规模范围更大，主要依靠主干道、关键交叉口、交叉口之间的距离等作为划分依据，且不以周期作为凭据。过饱和区域一般划分为区域内部和区域外部两部分。

图 5-1　交通控制策略示意图

过饱和区域交通信号控制子区的划分应遵循以下几点。

(1) 主干道

在过饱和状况下,主干道不仅作为路网大动脉,承担着区域大部分交通流的集散,而且是连接区域与外部的通道及区域的重要延伸,对区域交通有重要影响,是确定交通整体区域范围的重要依据。

(2) 关键交叉口

在过饱和交通状况下,区域的一些交叉口对于区域内、外部而言起着"关口"作用,这些交叉口称为关键交叉口。关键交叉口是车辆进出区域的重要位置,将关键交叉口之间连线作为控制区域内外的边界。关键交叉口一般为两条重要主干道的相交节点。

(3) 交叉口之间的距离

由于主动控制作用是均衡路网的交通压力,就要求路网交叉口之间能够容纳一定的交通量,同时考虑驶离车辆的协调,交叉口之间的距离既不能过短,也不能过长。过短容易造成交通"死锁",过长则影响交叉口协调。

"外控内疏"策略具体如下:

(1) 红波控制思想

交通流的调控方式分为卸载、截流和分流等,调控对象既是某一拥堵点,也是路网干道的某一流向。卸载是指加大交叉口拥堵流向的通行时间,达到快速疏散该流向滞留车辆的目的,这种调控方式虽然缓解该交叉口的交通压力,但把交通压力转移到了下游交叉口和路段,同时也会致使该交叉口其他流向进口道排队长度变长。截流是指通过设置调控流向交叉口的相位差或者减小通行时间,减小上游输入下游的交通量,分散下游交叉口交通压力。截流调控方式体现的是一种路网交通压力均分的理念,截流虽然会增加截流方向的停车次数,但是可以控制该流向交通的有序通行,该方式实质上并不增加总体延误时间,整体而言,效果是利大于弊。

(2) 绿波控制思想

绿波控制是为了让车队通过多个交叉口时尽可能地遇到绿灯,保证交通流通行的连续,对于下游交叉口而言,加速了交通流的积累速度。红波控制则是与绿波控制思维相反的信号交通控制方式,控制核心思想是截流,让车队通过交叉口时遇到红灯,对交通流时空分布进行强制调控,把交通量均匀的控制在上游交叉口,减慢交通流在下游的快速积累,从而达到缓解下游交通压力的目的。

5.3.2 未饱和区域信号协调控制策略

路网的结构主要分为闭环路网和开环路网两种形式。从数学角度来看,开环路网和闭环路网两种路网结构的区分主要看是否存在闭合的几何图形。结构中有闭合的几何图形,称为闭环路网;反之则称为开环路网。从交通角度出发,以一个道路节点来看,如果可以不重复的经过路网中的道路和其他道路节点回到起点道路节点的,这样的路网称为闭环路网;反之则为开环路网。开环路网和闭环路网如图5-2所示。

1)简单路网分析

在路网结构中,闭环路网是常见的形式。对闭环路网模型进行分析,建立一个简单的闭环路网模型(两横两纵):路网由4条干道 S_1、S_2、S_3、S_4 和4个交叉口 I_1、I_2、I_3、I_4 组成,假设各条干道的协调方向都是直行,对路网模型进行协调优化,如图5-3所示。

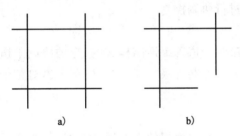 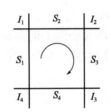

图5-2 闭环路网和开环路网拓扑结构　　图5-3 简单闭环路网模型
a)闭环路网;b)开环路网

路网按照顺时针方向进行协调,S_1、S_2、S_3 协调后 I_1、I_2、I_3、I_4 的相位差分别为 $\varphi_{1,2}$、$\varphi_{2,3}$、$\varphi_{3,4}$、$\varphi_{4,3}$,由于任何一个路口在路网中相位具有唯一性,所以 I_4、I_1 组成的干道 S_4 "自动"完成协调,但是 $\varphi_{1,4}$、$\varphi_{4,1}$ 不一定是干道 S_4 的最佳相位差。交叉口各流向的起点差值为 $\varphi_{1,2}$,如果四条干道实现连接,各个交叉口的相位差和各流向起点差值的总和为周期的倍数,则闭环约束公式如下:

$$\varphi_{1,2} + \omega_{1,2} + \varphi_{2,3} + \omega_{2,3} + \varphi_{3,4} + \omega_{3,4} + \varphi_{4,1} + \omega_{4,1} = nC \quad (5-2)$$

反向也有相同形式的闭环约束公式。在实际应用的过程中,闭环拓扑结构的路网模型在大多数情况无法求解最优解,而且随着交叉口数的增加,闭环也不断增加,上述的闭环约束条件不断变多,使得求解十分困难,实施信号协调控制过程时,尽量避免出现闭环的路网拓扑结构。因此,进行区域路网信号协调时,路网协调道路以干道树的形式呈现,整个路网不形成闭环。

2)非协调路段处理形式

为了避免出现闭环,在进行协调控制设计过程中,需要对不协调的路段进行处理,可以按照以下方式进行处理。假设 I_i、I_j 为两个具有相位差属性的交叉口,且中间不包含其他路口,由这两路口组成的路段 $S_{i,j}$ 不进行协调,形象地称为"断线",如图5-4所示。

I_i、I_j 为两个具有相位差属性的交叉口,且中间包含不具有相位属性的交叉口 I_n,比较路段

S_{i-n}, S_{j-n} 的交通流量、绿波带宽,确定 S_{i-n}, S_{j-n} 的交通流量、绿波带宽,确定 S_{i-n}, S_{j-n} 协调的优先次序,如果 S_{i-n} 优先级别高于 S_{j-n},则对 S_{j-n} 进行"断线",如图 5-5 所示;反之则对 S_{i-n} 进行"断线"。

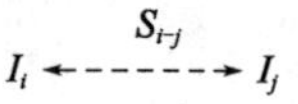

$$I_i \xleftarrow{\quad S_{i-j}\quad} I_j \qquad\qquad I_i \xleftarrow{\quad S_{i-n}\quad} I_n \xleftarrow{\quad S_{j-n}\quad} I_j$$

图 5-4 断线形式 1 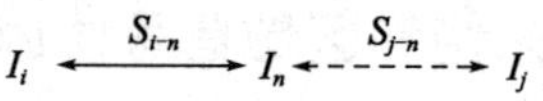　　　　　　图 5-5 断线形式 2

若具有相位差属性交叉口之间包含多个交叉口,按照上述相同原理进行"断线"。

3)干道优先级别设定

由于路网干道协调的优先次序决定路网协调控制效果的好坏,因此进行区域信号协调控制时应确定干道的优先级别。干道优先级别取决于协调干道在路网中的重要程度,对协调干道重要程度的影响主要有以下几方面因素。

(1)组成交叉口数

协调干道最终取得的协调效果是车辆以尽量少的停车次数连续通过协调干道上的所有路口,协调干道上停车次数越少,由干道组成的路网整体运行停车次数越少。干道上组成交叉口数越多,车辆停车的可能性越大,越需要进行协调控制。

(2)道路等级

路网中并非所有协调干道都是由城市主干道等级道路构成的,有的协调干道可能由次干道或支路等级路段构成。协调干道所构成的道路等级越高,表示协调干道对整个路网的影响程度越高。

(3)交通流量

协调干道交通流量大小体现了干道在路网中承担的交通运载情况,干道流量大说明干道承担了比较多的路网交通流,进行协调控制取得的交通改善效果对路网交通改善作用越大。

4)区域协调控制步骤和模型

通过信号控制子区划分,确定控制区域范围,对控制子区进行信号协调控制,需要明确各条道路的协调等级,根据路网道路协调等级求取区域的协调控制方式,按照以下步骤确定:

步骤一:确定各条干道的初步配时方案,首先对路网范围内交叉口进行配时,以干道为单位确定干道公共周期范围 C,各个交叉口绿信比及变化范围 G,相位相序变化等信号控制参数。

步骤二:确定区域路网干道的优先等级,通过干道在路网中的重要程度进行优先等级确定,优先等级具有唯一性,即区域内各条道路的优先等级 RK 不一样。

步骤三:选取路网中协调等级最高(RK = 1)的道路 k^1 作为协调道路,令 $k^1 = \{k^1\}$, $I^1 = \{I^1\}$ 对 k^1 进行干道协调,求取最佳协调控制方案。

步骤四:选取与 K^i 相交的协调等级(RK = i)最高的道路 k^i 作为协调道路,若 $I^1 \cap I^i = 1$,表示该道路与已确定道路只有一个相交交叉口,不进行"断线";如果 $I^1 \cap I^i > 1$,表示该道路与路网中已确定道路有两个以上相交路口,则进行"断线"。

步骤五:对干道 I^i 进行干道协调,在当前协调基础上求取最佳协调控制方案,将 K^i 纳入 K^1,将 I^i 纳入 I^1,判断是否所有道路完成协调,如果 $K^1 = K, I^1 = I$,停止;否则,进行步骤四。

步骤六:路网所有干道协调完毕,得出区域协调控制方案。对于相交干道的处理,在已协调干道的基础上,以相交节点为关键交叉口进行优化求解,保证关键交叉口优化参数的不变,通过调整新增干道其他路口交通控制参数,求解优化方案。

5.4 行人信号相位交通控制策略

为缓解人机冲突,确保慢行交通出行安全,行人过街信号控制策略主要分为两大类:一是不设置行人专用相位,即采用机动车信号兼控行人的控制策略;二是设置行人专用相位策略。

5.4.1 机动车信号兼控行人控制策略

目前,我国许多城市都已在信号交叉口安装了行人专用信号灯,然而最常采用的行人控制方式仍是行人与本向直行机动车同步通行。

1) 行人一次过街交通信号控制策略

关于行人交通控制设置方法,提出了基于混合交通流的相位绿灯间隔时间模型,为混合交通条件下科学合理地进行相位切换,提供了理论依据。

在减少人车冲突且不过度增加行人等待时间的前提下,根据高峰、低峰和平峰时段的交通量特征,分别采用不同的信号相位设计方案,如图 5-6 所示。以高峰时段的信号控制方案为例,该方案仅在机动车直行相位允许行人穿越交叉口,并相应给出了信号配时图。

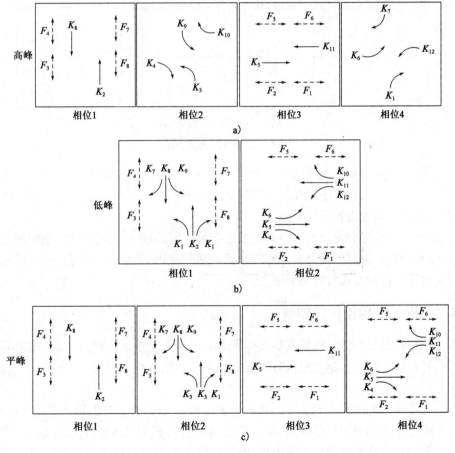

图 5-6 不同时段的相位设计方案
a) 高峰;b) 低峰;c) 平峰

2) 行人二次过街交通信号控制策略

混合交通环境下,在规模较大的交叉口(如位于主干道的交叉口、位于高架快速路下的交叉口以及进口引道渠化加宽后的交叉口等)或行人清空所需时间较长的情况,可考虑增设信号灯和等候区等设施实施行人二次过街控制,该方法能够有效地降低行人最短绿灯时间对机动车信号配时的限制,同时可使行人更有效地利用道路时空资源。

运用相位组合技术,设计行人相位与机动车相位的各种可能的组合,提出了二次过街条件下行人相位设计的新方法,新方法示意图如图 5-7 所示。在交叉口多相位控制的条件下,该方法通过二次过街改变了传统的行人只随本向直行车流相位行走的相位设计,充分利用了机动车左转相位内的时空资源,有效地缩短了行人过街最短绿灯时间,同时降低了行人平均延误。但是,该方法适用于能够设有行人过街中央驻足区的交叉口,且交叉口行人等待区域必须要保持相当的服务水平。

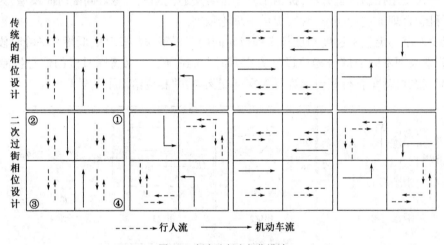

图 5-7 新方法行人相位设计

德国交通信号指南(RiLSA)给出了三种二次过街的控制方法,即两段同步控制、绿波控制和分别控制,并分析了各种方法存在的问题和适用情况。采用何种二次过街控制方法应结合安全岛容量、机动车信号设置等因素确定。

总之,用机动车信号灯兼控行人的策略虽然简单易行,但是行人所需的清空时间长于机动车,根据机动车确定的绿灯间隔通常不能满足行人通行要求,就机动车而言,根据行人计算的绿灯间隔又将导致机动车通行时间的损失。

5.4.2 行人专用相位控制策略

行人专用相位是指在信号周期内某人行横道上的行人获得通行权,而与之冲突的车流均被禁行的信号相位。这种控制方法从时间上将行人与车辆分离,是解决人车相互干扰的一种有效措施。

根据行人通行方式的不同,行人专用相位分为两种:一种是单进口的行人专用相位,即在这个进口行人通行时,与其相冲突的车流禁行;反之,相冲突的机动车通行时,行人禁行如图 5-8a)所示。另一种是整个交叉口的行人专用相,即交叉口 4 个进口的行人在 1 个独立的相位里同时通行,机动车全部禁行;反之,机动车通行时,所有流向的行人禁行如图 5-8b)所示。

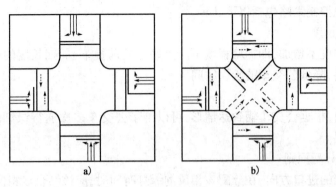

图 5-8 交叉口行人专用相位设置形式
a)单进口方向行人专用相位;b)交叉口行人专用相位

为解决未饱和状态下绿灯末期机动车与慢行交通之间的冲突,针对道路等级相差较大的两相位信号控制交叉口,在机动车信号灯兼控行人方案的基础上,对行人专用相位进行修改:即行人和自行车等慢行交通除了在行人专用相位内可以通行外,在机动车绿灯时间内也允许同相位的行人穿越交叉口。

行人专用相位的交叉口三相位设计方案如图 5-9 所示。

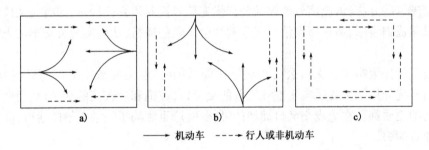

── 机动车　----▶ 行人或非机动车

图 5-9 行人专用相位的交叉口三相位设计方案
a)相位 1;b)相位 2;c)相位 3

5.5 公交优先交通控制策略

5.5.1 公交信号优先控制策略

公交信号优先控制策略主要可以分为被动优先策略、主动优先策略和实时优先策略。

1) 被动优先控制策略

实施被动优先控制策略时,因道路上无须安装车辆检测器或其他检测设备,所以不能实时监测公交车辆的到达信息并给予其信号优先。被动信号优先通过分析以往的历史数据,预测未来公交车辆的到达情况,预判交叉口各相位的优先级,并在信号交叉口的信号机中设置合理的信号配时方案,根据不同的优先级选择不同的配时方案。在进行公交车辆的优化配时时,它考虑公交车辆优先通过交叉口来确定最佳信号周期、绿信比和相位差。

常见被动优先控制策略包括以下几种。

(1) 减少周期长度

在交叉口饱和度不增加,即拥堵程度不严重恶化的前提下,周期长度的减少,可以缩短交叉口车辆排队长度、降低公交车的延误时间。

(2) 重复绿灯

在一个周期内,根据公交车辆到达情形,可以给予公交车多次通行绿灯,减少公交车辆在交叉口产生的延误。

(3) 绿灯时间分配原则

对于公交车辆的进口方向,在分配该相位的绿灯时间时,应该结合该相位的公交车辆实际运行情况,分配合理的绿灯时长,降低交叉口的拥堵程度,进而减少公交车辆的延误。

(4) 相位设计方法

在相位设计的过程中,设计目标为客流量最大和人均延误最小,从而保证公交车辆优先通行。

(5) 公交运行的协调绿波

以车速较低的公交车辆作为协调控制对象,通过设置合理、有效的相位差来保证公交车辆的运行效率,降低公交车辆的运行延误。

对于上述这些方法,预设信号的被动公交优先信号控制研究比较多,即将交叉口公交车辆的进口道渠化成锯齿形,通过预设信号来限制社会车辆的通行,从而实现公交车优先在交叉口排队通过。

被动公交优先策略在交叉口公交车流量比降低的时候,会导致交叉口的运行效率降低。被动公交信号优先控制主要适应于饱和度低的交叉口,在饱和度较高的交叉口,周期和各个相位绿灯时间的更改都存在造成交叉口拥堵的可能性,严重影响了社会车辆的通行,降低了整个交叉口的通行能力。

2) 主动优先控制策略

主动优先控制策略与被动优先控制策略的区别在于:主动优先控制策略需要在公交车辆和道路上安装车辆检测器,根据车辆检测器检测到的公交车辆到达信息,实时的调整交叉口的信号配时。被动优先控制策略不实时检测公交车辆的到达情况,信息的准确性低。主动优先控制策略在保证公交车辆快速通过交叉口的同时,也减少了对其他个体交通的干扰。常用的主动公交优先控制策略包括以下三种。

(1) 绿灯延长

当公交车辆到达交叉口时,公交车所在相位的信号灯为绿灯信号,但所剩的绿灯时间不能保证公交车辆安全通过交叉口。此时,为保证公交车辆安全、快速的通过交叉口,可以延长公交相位的绿灯时间。绿灯延长控制原理如图5-10所示。

(2) 红灯早断

当公交车辆到达交叉口时,公交车所在相位的信号灯为红灯信号,为使公交车辆可以快速地通过交叉口,减少公交车辆在交叉口的等待延误,可以提前结束当前非公交相位的绿灯信号,提前切断公交相位的红灯信号。红灯早断控制原理如图5-11所示。

(3) 相位插入

当公交车辆到达交叉口时,公交车所在相位的信号灯为红灯信号,并且信号交叉口的下一个绿灯相位也不是公交车辆的运行方向所在的相位,为保证公交车辆可以尽快驶离交叉口,我们可以在当前相位后插入一个公交相位,使公交车辆提前通过交叉口。这种相位插入的方法适用于优先级别比较高的公交车辆。相位插入控制原理如图5-12所示。

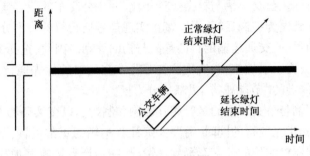

图 5-10　绿灯延长策略

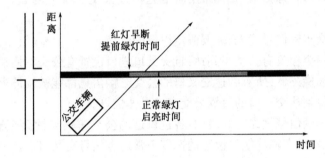

图 5-11　红灯早断策略

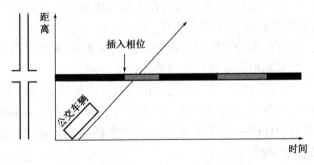

图 5-12　相位插入策略

3) 实时优先策略

实时优先策略采用的是全感应式控制方式,又称为自适应控制策略,是主动优先控制策略的升级。它是将先进的检测技术、计算机技术、智能控制技术应用到公交信号优先中。实时优先策略一般以性能指标函数的优化为目标,对方案进行优化,为公共车辆提供优先通行权。优化的性能指标一般为延误,延误可分为乘客延误、车辆延误及这些指标的组合。因为实时优先策略对道路与车辆的硬件设施要求很高,所以在快速公交系统中应用的比较多。

5.5.2　单点公交优先信号控制策略

1) 单点公交优先控制策略目标

随着科技的进步,公交优先技术不断发展,控制的实时性不断提高,控制策略逐步完善,适应性也越来越强。因此，为了实现公交车优先通行，首先应该研究单点的公交优先信号控制。同时，干线公交优先控制是在单点公交优先信号控制基础上进行设计的。

公交优先控制策略按照控制目标可以分为两类：以信号交叉口车均延误最小和交叉口人均延误最小为控制目标。公交车辆与社会车辆相比，一辆公交车的载客量是小汽车的几十倍，如果以交叉口的车均延误为控制目标，无法真正实现信号通行权的公平分配。实际上，车辆的移动不是交通运输的目的，交通运输的目的是人与物的移动。因此，选择交叉口的人均延误为控制目标，可以提高公交车辆的权重，实现公交车辆在交叉口的优先通行，提高公共交通的服务水平，为国家大力倡导的"节能减排"贡献一分力量。

道路上的社会车辆与公交车辆的运行相互影响和制约。以交叉口的人均延误最小为控制目标，在保证公交车辆优先通行的同时，需要保障社会车辆的正常运转，不能引起社会车辆的严重拥堵。根据检测器检测到的公交车辆到达情况，在不严重影响其他相位车辆通行效益的前提下，利用红灯早断和绿灯延长两种控制措施保证公交车优先通过，实现单点信号优先控制。

单交叉口的公交车辆信号优先，需要假定以下的环境：

①交叉口只有一个相位有公交车到达，且交叉口进口设置有公交专用道；公交相位的道路下面安装有公交车辆检测器，所有到达交叉口的公交车辆信息都能被检测器实时获取；信号机能够准确无误的获得到达交叉口的每辆公交车的具体信息。

②在整个公交车辆信号优先的时段内，各进口道的公交车辆与社会车辆到达交叉口的流量是趋于稳定的，且各种车辆均能以设定的速度正常通过信号交叉口。

③交叉口设计科学合理，原配时满足行人和非机动车辆安全通过交叉口的要求，不考虑行人与非机动车对交叉口运行车辆以及附近公交停靠站的影响。

公交信号优先控制需要满足以下约束条件：

①在同一个信号周期内，不能同时执行两种公交优先策略，即如果在当前信号周期内，已执行过绿灯延长策略，则不再执行红灯早断等公交优先策略。

②在每个周期的最后一个相位，不允许公交优先相位执行绿灯延长策略。

③在一个信号交叉口，交叉口相交道路的排队长度、各相位最短绿灯时间、行人安全过街时间等，如果无法满足其中任何一项要求，对任何公交车辆都不能提供公交优先。

2）单点公交优先控制流程

当公交车通过交叉口车辆检测器时，记录公交车辆的到达时间，根据距离与车速预测到达交叉口停车线所需时间。根据公交车辆到达停车线时，公交相位的信号灯为绿灯还是红灯，从而确定采用哪种优先策略，即绿灯延长策略或红灯早断策略。

①当公交车到达交叉口车辆检测器时，公交相位的信号灯为绿灯，此时需要确定公交相位绿灯的结束时间。假定公交车辆从检测器位置到达信号交叉口停车线的时间为 t_j，通过对比公交相位剩下的绿灯时间 t_g 与公交车辆从检测器位置到达信号交叉口停车线的时间 t_j，如果 $t_g \geq t_j$，则信号交叉口的配时保持不变，公交车辆顺利通过交叉口；如果 $t_g < t_j$，需要判断是否需要对公交相位的绿灯信号进行延长。假定公交相位的最长绿灯延长时间为 t_y，需要判断公交相位剩余绿灯时间 t_g 与公交相位的最长绿灯延长时间 t_y 之和与公交车辆在检测器位置到达信号交叉口停车线的时间 t_j 的大小关系，如果 $t_g + t_y < t_j$，则表示公交车辆在公交相位的最长绿灯延长时间内无法安全通过信号交叉口，不对该公交优先请求响应，公交车辆停在停车线等

待下一周期通过；如果 $t_g + t_y \geq t_j$，计算公交相位绿灯延长时间 t_p，判断此时信号交叉口的评价指标是否得到优化，如果没有得到优化，公交车辆停车等待下一周期通过，否则公交相位绿灯延长，公交车辆通过交叉口。

②当公交相位的检测器检测到有公交车辆到达时，此时若公交相位的信号灯为红灯，首先需要确定公交相位红灯的结束时间。通过对比公交相位剩下的红灯时间 t_r 与公交车辆从检测器位置到达信号交叉口停车线的时间 t_j，当 $t_r \leq t_j$ 时，则信号交叉口的配时保持不变，公交车辆顺利通过交叉口；当 $t_r > t_j$ 时，需要判断是否需要对公交相位的红灯信号进行早断。假定公交相位的最长红灯早断时间为 t_z，需要判断公交相位剩余红灯时间 t_r 与公交相位的最长红灯早断时间 t_z 的差值与公交车辆在检测器位置到达信号交叉口停车线的时间 t_j 的大小关系。当 $t_r - t_z > t_j$ 时，表示公交车辆在公交相位的最长红灯早断时间内无法到达信号交叉口的停车线，不对该公交优先请求响应，信号周期不变，等待下一周期通过；当 $t_r - t_z \leq t_j$ 时，计算公交相位红灯早断时间 t_q，判断此时信号交叉口的评价指标是否得到优化，如果没有得到优化，公交车辆停车，等待下一周期通过，否则公交相位红灯早断，公交车辆通过交叉口。

3）单点公交优先控制优化模型

为保障公交车在交叉口优先通行，减少其在交叉口的延误，除在交叉口设置公交专用道等公交优先措施外，还需要采取有利于公交车优先通行的控制策略。由于公交车辆和社会车辆的载客数存在巨大差异，所以交叉口公交优先信号控制能够有效地降低交叉口的人均延误。因此，公交优先控制目标为交叉口的人均延误。

单点公交优先控制目标函数的建立方法如下。

根据实际调查的交通数据，利用韦伯斯特延误计算模型，第 i 相位平均车辆延误表达式为：

$$d_i = \frac{(1-\lambda_i)^2}{2(1-y_i)} + \frac{x_i^2}{2q_i(1-x_i)} - 0.65 \left(\frac{C}{q_i}\right)^{1/2} \times x_i^{(2+5\lambda_i)} \tag{5-3}$$

式中：d_i——第 i 相位的车辆平均延误，s；

　　　C——交叉口的信号周期长度，s；

　　　λ_i——第 i 相位的绿信比；

　　　y_i——第 i 相位的流量比；

　　　x_i——相位 i 的饱和度；

　　　q_i——第 i 相位关键车道的车辆到达率，标准量/s。

公式共分为三项，其中第一项为车辆以恒定到达率到达交叉口的正常相位延误，即均衡延误；第二、三项为车辆以不恒定、随机波动的到达率到达交叉口的延误附加值，即随机过饱和延误。如果交叉口的饱和度较低，第二、三项占的比例很小，基本可忽略。但是对于饱和度大的情况，第二项和第三项对结果的影响相对较大，计算的时候不能忽略。

y_i 的计算公式如下：

$$y_i = \frac{q_i}{s_i} \tag{5-4}$$

式中：q_i——第 i 相位关键车道的车辆到达率，标准量/s；

　　　s_i——第 i 相位关键车道的饱和流量。

λ_i 的计算公式如下：

$$\lambda_i = \frac{g_i}{C} \tag{5-5}$$

式中：g_i——第 i 相位的绿灯时间。

x_i 的计算公式如下：

$$x_i = \frac{y_i}{\lambda_i} = \frac{y_i C}{g_i} \tag{5-6}$$

4) 单点公交优先控制目标函数的决策变量

在交叉口公交优先信号控制的设计中，利用检测器感应技术，针对不同时间到达交叉口的公交车，采取不同的公交优先策略，主要有绿灯延长策略和红灯早断策略。

当对信号交叉口实施公交优先策略时，公交相位绿灯延长时间 t_G 或红灯早断时间 t_R 的变化，会引起关键相位 i 的绿灯时间 i_g 和交叉口的信号周期 C 变化，从而使绿信比 i 发生变化。i 的变化将导致 i 相位车均延误 i_d 的变化，最终 i_d 的变化导致交叉口的人均延误 p_d 的变化。

5) 单点公交优先控制目标函数的约束条件

若只以人均延误为指标对交叉口进行公交优先控制，为乘客多时相位分配较多的绿灯时间，为乘客少时相位分配较少的绿灯时间，前者会因绿灯时间过长造成浪费，后者因绿灯时间过短而产生饱和现象。因此，首先应该保证各个相位不发生拥堵的前提下，为乘客多的相位分配更多的绿灯时间，而不能单纯地根据乘客数量分配绿灯时间。单点公交优先控制目标函数需要满足以下条件。

(1) 最短绿灯时间

交叉口的最短绿灯时间是指相位绿灯时间的极限最小值。在设置最短绿灯时间时，需要考虑行人的过街安全与二次排队对最短绿灯时间的影响。

①行人过街安全（行人过街的相位）。为保证行人通过交叉口的安全，在配置各相位绿灯时间时，最短绿灯时间必须大于行人过街所需时间，具体根据行人的步行速度和人行横道宽度来确定。美国与澳大利亚所用的公式分别如下：

$$G_1 = 7 + \frac{D}{V_x} - I \tag{5-7}$$

$$G_1 = 6 + \frac{D}{V_x} \tag{5-8}$$

式中：G_1——行人过街所需要的最短时间，s；

D——交叉口人行横道的宽度，m；

V_x——第 15 百分位行人过街步行速度，一般取值为 2m/s；

I——绿灯间隔时间，s。

②避免二次排队。避免二次排队是指上周期没有通过交叉口，停在检测器与停车线间的车辆在本周期的绿灯期间通过，需要考虑检测器与停车线的间距、进口的饱和流率等因素。最短绿灯时间计算公式如下：

$$G_2 = \frac{2L_0}{T} + 2 \tag{5-9}$$

式中：G_2——排队车辆通过交叉口所需时间，s；

L_0——检测器到停车线的距离，m；

T——排队车辆的平均车头间距，m。

(2) 最长绿灯时间

交叉口的信号控制中，为了保证信号交叉口各个方向运行车辆的平稳性，必须按照最佳绿信比为各个相位分配绿灯时间。为了防止某相位因为绿灯时间太长造成浪费，而其他相位因为绿灯时间短而引起车辆延误增加，必须根据最佳周期时长与绿信比算出交叉口各个相位的最长绿灯时间。如果某个相位的绿灯时间达到最长绿灯时间，必须强制此相位的绿灯结束，切换至下一相位。

(3) 临界饱和度

信号交叉口各相位的饱和度需要小于其临界饱和度。为了保证相位 i 不发生拥堵，相位 i 的最短绿灯分配时间为：

$$g_{if} = \max\left(g_{i\min}, \frac{y_i C}{x_p}\right) \tag{5-10}$$

式中：$g_{i\min}$——为相位 i 的最短绿灯时间。

5.5.3 绿波协调下公交优先信号控制策略

在城市交通控制中，绿波协调控制是一种常见的控制方式，经常采用绿波协调控制的方式来减少车辆在交叉口停车时间，保证车辆可以顺畅地通过协调干线区域。但是绿波协调控制是为了保障某种交通流的顺畅运转，会对其他车流的运行产生影响。在绿波协调控制中，一般以社会车流来优化相位差和绿波带宽度。

虽然公交车辆可以提高交通资源的利用率，在一定程度上能够缓解城市交通的拥堵现状，但是公交车辆只是城市交通的一个特殊群体，所以说公交优先控制是对城市交通信号控制的一种完善和补充措施。利用公交相位绿灯延长和红灯早断策略的公交优先控制很可能对绿波协调控制造成破坏。因此，本章在绿波协调的基础上对交叉口的公交优先信号控制算法进行研究。为了避免频繁的公交优先对绿波带造成破坏，本章提出了公交优先紧迫度的概念，只有在满足设定的紧迫度阈值的前提下，才能判断是否对请求公交优先的公交车辆采用绿灯延长或红灯早断措施提供信号优先，否则保持原有的信号配时措施不变。对于到达上游交叉口且满足设定的紧迫度阈值的公交车辆，根据人均延误模型进行优化。为判断对上游交叉口实施公交相位绿灯延长或红灯早断策略是否对下游交叉口造成影响，需建立上、下游交叉口综合延误模型，利用建立的模型对上游交叉口的公交优先相位的红灯早断时间 t_R 和绿灯延长时间 t_G 进行优化，保证上下游交叉口的综合效益。

1) 绿波协调控制方案研究

(1) 绿波协调前提假设

在城市交通绿波协调控制的研究中，干线上各个交叉口的信号周期长度是一样的，且各个交叉口的信号配时是相互关联的。"绿波带"是城市交通多交叉口控制技术的形象说法，运用计算机控制系统对干线上多个交叉口的信号灯实行统一控制。

建立绿波控制的假设：
①为研究的方便，假设车辆都停在停车线上，不计排队长度的影响。
②在研究的时段内，各种车辆的平均流量为已知的，并且恒定不变。
③协调干线的交通流必须为非饱和流，这是协调绿波控制的前提条件。
④协调干线中交叉口每个周期的相位数量和相序是固定不变的，且相位之间不设置时间间隔。

(2) 绿波协调所需基础数据

进行绿波协调优化控制前，需要获得一些基础数据，所需要的具体数据如下：
①交叉口间距。交叉口间距是指协调干线中各个交叉口之间的距离，即相邻两个交叉口停车线间的距离。
②交通规则。交通规则是指干线是否限速、交叉口是否限制转弯、是否限制停车等。
③交通流量。交通流量是指交叉口各个方向的交通流的流量和流向。
④交叉口及干线布局。交叉口及干线布局是指确定干线各个道路的宽度，交叉口各个进口道的宽度和进口道的数量等。
⑤车速。车速是指干线各个交叉口间行驶车辆的规定行驶速度或车辆的实际运行速度。
⑥延误。延误是指基础配时下的各交叉口的延误数据以及整条干线的延误数据。

2) 绿波协调方案配时步骤

(1) 绿波协调方案设计

绿波协调方案设计步骤如下：
①根据韦伯斯特最佳信号周期优化模型计算协调干线上各个交叉口的信号周期。
②根据计算出的各个交叉口的信号周期长度，选择协调干线的公共周期。
③公共周期确定的一般步骤。首先，利用韦伯斯特最佳信号周期优化模型计算出各个交叉口的周期长度。其次，找出信号周期最长的交叉口，将此交叉口定义为关键交叉口，并以关键交叉口的信号周期长度作为协调干线的公共周期。最后，根据现实交叉口的实际交通状况和相位差等参数对公共周期时长进行不断的调整，最终选择合适的公共周期。根据韦伯斯特方法计算各相位的有效绿灯时间，合理的分配各交叉口的绿信比，有效地缓解交叉口的交通拥堵状况，提高交叉口的车辆通行能力。
④通过交叉口间距和车辆平均运行速度计算初始相位差。

(2) 绿波协调方案优化

绿波协调方案可以采用 Synchro 交通仿真软件进行优化。利用 Synchro 软件对绿波协调的控制方案进行优化，Synchro 中的主要分析方法包括时差分析法、最大绿波带法和最小负效用法。

基于 Synchro 软件的绿波协调方案优化步骤如下：
①根据调查的道路基础交通数据绘制仿真底图。
②将干线中各个交叉口的交通流数据、车道数据等输入到 Synchro 仿真软件中。
③将绿波协调方案设计中的配时方案输入到 Synchro 仿真软件中。
④利用 Synchro 仿真软件对协调干线的公共周期、绿信比和相位差进行优化。
⑤参照 Synchro 软件优化方案的时距图，根据实际情况调整各交叉口的相位差，得出协调干线最优的配时方案。

3) 公交优先紧迫度

目前,很多公交优先控制策略的判定条件存在考虑不周全的问题。多数控制策略是根据公交优先是否对交叉口的非公交相位的排队长度、饱和度等造成影响决定是否采用公交优先策略。但如果不考虑公交信号优先对干线协调绿波控制的影响,容易破坏干线的绿波带。现有的策略很多是针对单个公交车辆,对于每个到达交叉口的公交车辆都判断是否满足公交优先的条件,频繁的判断会造成资源的浪费,且频繁的公交优先控制会严重影响干线绿波协调的效果。很多公交优先信号控制策略,未考虑公交车辆的运行时刻情况,不管正在运行的公交车辆是早到、晚到还是正点运行,对所有到达交叉口的公交车辆的公交优先申请给予判定,这样不符合实际情况。我们应该根据公交车辆的运行情况来判断是否给予其优先,对于早到和正点运行的公交车辆可以不给予公交信号优先,对于晚到的公交车辆根据其晚点程度来判定是否优先。

公交优先紧迫度是指对于满足设定的紧迫度阈值的公交车辆或车队判断是否提供公交信号优先;不满足的公交车辆,不给予公交信号优先,交叉口信号配时保持不变,公交车辆停在交叉口等待下一周期该相位绿灯再通过。这样既解决了公交信号优先与干线绿波协调控制的冲突,又对满足公交优先紧迫度的公交车辆提供了信号优先,使交叉口的整体效益得到了提高。

公交优先紧迫度主要由三个方面组成:

①公交车辆数目。根据布设在道路上的车辆检测器,检测到达信号交叉口的公交车辆数目。

②公交车上人数。统计到达信号交叉口的各个公交车辆的载客数,判断公交车辆的载客数量情况。

③公交车辆运行情况。判断到达交叉口的公交车辆的运行情况:早到、晚到还是正点运行。

公交优先紧迫度的表达公式如下:

$$\alpha = \beta_1 m + \beta_2 n + \beta_3 D \tag{5-11}$$

式中: α——公交优先紧迫度;

m——公交车辆数目;

n——公交平均载客人数;

D——公交车辆运行情况;

β_1、β_2、β_3——分别为 m、n、D 的权重系数。

4) 绿波协调下公交优先控制目标优化

建立公交优先综合延误模型由两部分组成,主要包括上游交叉口的车辆总延误和公交优先策略下通过上游交叉口的车辆在下游交叉口受阻产生的车辆总延误。

(1) 上游交叉口的车辆总延误

上游交叉口的车辆总延误公式如下:

$$d_x = \sum_{i=1}^{n} d_i c q_i \tag{5-12}$$

(2) 下游交叉口受阻产生的车辆总延误

下游交叉口受阻产生的车辆总延误采用符合实际交通情况的模型。本节以两个相邻的交叉口来分析车队在下游交叉口受阻产生的车辆总延误,交叉口结构示意图如图 5-13 所示。模型建立此处不具体展开。

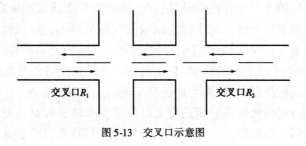

图 5-13　交叉口示意图

第 6 章
交通信号控制效率指标

效率指标(Performance Index，简称 PI)是描述交通设施或服务状态的定量参数。为全面反映信号交叉口交通系统的综合水平，选取延误、服务水平、通行能力、停车次数、排队长度、饱和度以及辅助评价指标作为交叉口运行效率指标，从而组成一个层次分明的系统整体。

6.1 延 误

1) 交叉口延误(Intersection Delay)

驾驶员、乘客或行人在交叉口受到控制措施和其他道路使用者的相互影响而产生的额外总行驶时间。

2) 控制延误(Control Delay)

延误的组成部分是指由信号控制引起的一个车道组上的车辆减速或停车延误。

控制延误包括均匀延误、增量延误和初始排队延误。每辆车的控制延误。计算公式如下：

$$d = d_1(\text{PF}) + d_2 + d_3 \tag{6-1}$$

式中：d——每辆车的控制延误，s/veh；

d_1——均匀控制延误，为假设车辆均匀到达时的延误，s/veh；

PF——均匀延误信号联动修正系数,表示信号联动控制的影响;

d_2——增量延误,假设分析开始时,车辆组内没有排队车辆,s/veh;

d_3——初始排队延误,s/veh。

3) 均匀延误(Uniform Delay)

均匀延误是车道组控制延误的第一项。在假设车流处于稳态以及车辆均匀到达的情况下车辆的延误。保护型与许可型左转运行状态下的车辆均匀延误计算公式如下:

$$d_1 = \frac{0.5C\left(1 - \frac{g}{C}\right)^2}{1 - \min(1, X) \cdot \frac{g}{C}} \tag{6-2}$$

式中:d_1——假定车辆均匀到达下的均匀延误时间,s/veh;

C——周期时间,s;在定时信号控制中取周期长度,在感应控制中取平均周期长度;

g——车道组有效绿灯时间,s;在定时信号控制中取绿灯时间,在感应控制中取车道组平均有效绿灯时间;

X——车道组 v/c 比或饱和度。

4) 增量延误(Incremental Delay)

增量延误是车道组控制延误的第二项。它是由车辆的非均匀到达、随机延误以及持续过饱和情形引起的延误。增量延误计算公式如下:

$$d_2 = 900T\left[(X-1) + \sqrt{(X-1)^2 + \frac{8kIX}{cT}}\right] \tag{6-3}$$

式中:d_2——增量延误,s/veh;假定增量延误的组成不包括分析时段开始时的初始车道组排队;

T——分析时段时长,即分析持续时间,h;

k——与控制设定有关的增量延误参数;

I——交叉口上游汇入或限流的修正参数;

c——车道组通行能力,veh/h;

X——车道组 v/c 比或饱和度。

5) 初始排队延误(Initial Queue Delay)

初始排队延误是车道组控制延误的第三项。由于前一个分析时段剩余车辆形成当前分析时段开始的初始排队而产生的延误,因此该延误是清空初始排队车辆所需的额外时间。初始排队延误计算公式如下:

$$d_3 = \frac{1800Q_b(1+u)t}{cT} \tag{6-4}$$

式中:d_3——初始排队延误,s/veh;

Q_b——分析时段 T 开始时的初始排队长度;

u——延误参数;

t——分析时段 T 内交通需求大于通行能力的时间,h;

c——修正的车道组通行能力,veh/h;

T——分析时段时长,h。

6) 随机延误(Random Delay)

随机延误是附加的延误,其值大于均匀延误,是由于车辆到达率不一致产生的个别周期出现过饱和而引起的延误。

7) 集合延误(Aggregate Delay)

集合延误是多个车道组的延误之和,一般是一条引道、一个交叉口或一条干道路线的延误之和。常用的"集合"方法是加权平均法,其中,车道组延误的权重通过车道组调整流量确定。

因此,进口道延误的计算公式如下:

$$d_A = \frac{\sum d_i v_i}{\sum v_i} \tag{6-5}$$

式中:d_A——进口道 A 的延误,s/veh;

d_i——车道组 i(位于进口道 A)的延误,s/veh;

v_i——车道组 i(位于进口道 A)的调整流量,veh/h。

8) 行人延误(Pedestrian Delay)

人行横道每位行人过街的平均延误计算公式如下:

$$d_p = \frac{0.5(C-g)^2}{C} \tag{6-6}$$

式中:d_p——人均延误,s;

g——行人的有效绿灯时间,s;

C——周期长度,s。

9) 自行车延误(Bicycle Delay)

信号交叉口自行车的控制延误计算公式如下:

$$d_b = \frac{0.5C\left(1-\dfrac{g}{C}\right)^2}{1-\left[\dfrac{g}{C}\min\left(\dfrac{v_b}{c_b},1.0\right)\right]} \tag{6-7}$$

式中:d_b——控制延误,s/veh;

c_b——单向自行车道上的自行车饱和流率,veh/h;

v_b——单向自行车道上的自行车流率,veh/h。

6.2 服 务 水 平

服务水平(Level of Service)是描述交通流内部运行状态的量化指标,通常包括使用速度、行程时间、驾驶自由度、交通间断、舒适与方便等服务指标描述。

HCM2000 中采用控制延误代替停车延误评价交叉口的服务水平。控制延误与服务水平的对应关系如下:

①小于 10s,无拥挤,服务水平 A;

②10~20s,轻微拥挤,服务水平 B;

③20~35s,无较大拥挤,服务水平 C;

④35~55s,正常情况下无拥挤,服务水平 D;
⑤55~80s,恰好拥挤,服务水平 E;
⑥大于80s,超过负荷能力,拥挤,服务水平 F。
信号交叉口机动车服务水平划分标准见表6-1。

表6-1 信号交叉口机动车服务水平划分标准

服务水平	平均停车延误(s/辆)	平均控制延误(s/辆)
A	≤5.0	≤10
B	5.0~15.0	10~20
C	15.0~25.0	20~35
D	25.0~40.0	35~55
E	40.0~60.0	55~80
F	>60.0	>80

6.3 通行能力

通行能力(Capacity)主要包括给定车道组的通行能力、人行横道行人通行能力、自行车设计通行能力及信号交叉口自行车通行能力。

1) 给定车道组的通行能力

给定车道组的通行能力是指在一定的道路、几何线形、交通、环境和管制条件下,在给定的时间段内,能够合情合理的期望人或车辆通过车道、道路中某一点或均匀断面的最大小时流率,用辆/h、pcu/h 或人/h 表示。

给定车道组的通行能力计算公式如下:

$$c_i = s_i \frac{g_i}{C} \tag{6-8}$$

式中:c_i——车道组 i 的通行能力,veh/h;
　　　s_i——车道组 i 的饱和流率,veh/h;
　　　g_i/C——车道组 i 的绿信比。

2) 人行横道行人通行能力

人行横道行人通行能力是根据行人占有空间理论,人行横道的绿灯期间的总行人空间与单位行人占有空间之比得到人行横道行人的通行能力值。单位宽度人行横道的基本通行能力计算公式如下:

$$C_{bc} = \frac{3600 V_{pc} T_{gh}}{S_p B_p} \tag{6-9}$$

式中:C_{bc}——单位宽度人行横道的基本通行能力,人/(h·m);
　　　V_{pc}——行人过街步行速度,m/s,通常取 1~1.2m/s;

S_p——行人行走时的纵向间距,m,通常取1m;
B_p——人行横道上每位行人占用的横向宽度,m,通常取0.75m;
T_{gh}——允许行人过街的绿灯时间,h。

3)自行车设计通行能力

自行车设计通行能力计算公式如下:

$$C_p = \frac{N_t}{B - 0.5} \times \frac{3600}{t} \tag{6-10}$$

式中:C_p——每米宽度内自行车连续通过断面的小时交通量,veh/(h·m);
B——自行车道的宽度,m;
t——连续车流通过的时间,s;
N_t——t时间通过观测断面的自行车数量,分为有分隔带和无分隔带两种,无分隔带的路段$N_t = 0.51$veh/(s·m),有分隔带的路段$N_t = 0.58$veh/(s·m)。

4)信号交叉口自行车通行能力

建议在假定右转机动车让行直行自行车时,多数交叉口的平均饱和流率为2000辆/h。信号交叉口自行车通行能力计算公式如下:

$$c_b = s_b \frac{g}{C} = 2000 \frac{g}{C} \tag{6-11}$$

式中:c_b——自行车通行能力,veh/h;
s_b——自行车道饱和流率,veh/h;
g——自行车道有效绿灯时间,s;
C——信号周期长度,s。

6.4 停车次数

平均停车次数(Average Number of Stops)是指车辆在交叉口区域内由于交通信号的约束而停车的次数。停车次数不仅与控制参数密切相关(尤其在线控系统,停车次数对相位差极为敏感),而且是衡量饱和程度的指标之一。

6.5 排队长度

1)排队长度的定义

排队长度(Queue Length)是指从信号交叉口停车线到排队车辆末端之间的距离。排队长度反映了在交叉口等待绿灯的车辆多少,计量指标可以采用排队的车辆数或排队的长度。排队长度长,说明交叉口的疏散能力不足,或者周期过长。在统计排队长度时,应当从红灯亮起时开始计数。

车辆到达、驶离图如图6-1所示,三角形的高是最大排队车辆数Q。由于延误较小的车辆仅减速而不停车,因此可以认为延误小于6s的车辆不属于排队车辆。进而,实际的排队车辆数 Q 应当是三角形宽为6s时对应的高。Q_2 是红灯期间到达的车辆数。

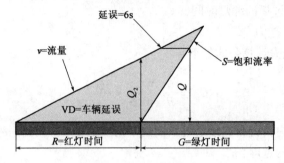

图 6-1　车辆到达、驶离图

根据图 6-1,排队长度的计算公式如下:

$$Q = \frac{v}{3600} \times (R - 6) \times \left(1 + \frac{1}{S/v - 1}\right) \times \frac{L}{n \times Fu} \tag{6-12}$$

式中:Q——排队长度,m;
　　　R——红灯时间,s;
　　　S——饱和流率,veh/h;
　　　v——到达率,veh/h;
　　　L——车辆长度,m,包括车辆间的距离;
　　　n——车道数;
　　　Fu——车道利用系数。

2) 95%位车道组流量的排队长度

首先计算95%位车道组调整流量,计算公式如下:

$$v_{95} = v \times PHF_x \times \left(1 + 1.64 \frac{\sqrt{vc}}{vc}\right) = 95\% \text{位到达率(veh/h)} \tag{6-13}$$

式中:v_{95}——95%位车道组调整流量;
　　　vc——$vc = v \times C/3600$,辆/周期;
　　　PHF_x——最小高峰小时系数或0.9。

95%位排队长度的计算使用 v_{95} 代替 v,50%位车道组流量的排队长度计算步骤同上。

3) 最大排队长度、存在排队时的平均排队长度和平均排队长度

信号交叉口中非饱和排队情况如图 6-2 所示。假设在两相位信号控制下,一个引道形成的排队;在每个周期中,到达的交通需求小于引道的通行能力;车辆等待不超过一个周期;没有多余的车辆从一个周期进入下一个周期。

图 6-2a)中的到达率在分析时段内为一常数,用辆/h 表示。服务流率有两种状态:①当信号是有效红灯时,服务流率为零;②当信号是有效绿灯时,服务流率可高达饱和流率。值得注意的是,只有存在排队车辆时,服务流率才等于饱和流率。

图 6-2b)表示随着时间累积的车辆。

图 6-2a)中的水平线对应着图 6-2b)中的斜实线,其斜率等于流率。图 6-2a)中的服务流

率,在图 6-2b)中变成不同的曲线。红灯期间,服务流率为零,在图 6-2 中服务流率是一条水平线。在绿灯开始时,仍存在排队车辆,服务流率等于饱和流率。这样形成了一系列三角形,其中到达流量累积线是每个三角形的顶边,累积服务曲线形成三角形的另外两条边。

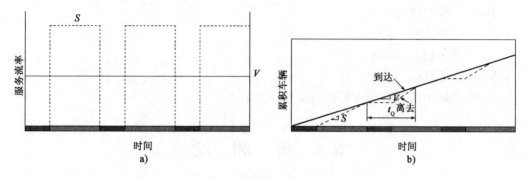

图 6-2 信号交叉口排队图

每个三角形用于分析计算一个周期的排队时间。排队时间始于红灯初期,一直持续到排队消散,其值在有效红灯时间和周期长度之间变化,可用下列公式计算:

$$vt_Q = s(t_Q - r) \text{ 或 } t_Q = \frac{sr}{s-v} \quad (6-14)$$

式中:t_Q——排队时间,s;
v——平均到达率,辆/h;
s——平均服务率,辆/h;
r——有效红灯时间,s。

三角形中的垂线距离表示排队长度。利用图 6-2 所示的关系,推导 3 个排队长度:最大排队长度、有排队时的平均排队长度和平均排队长度,可分别用下列公式计算:

$$Q_M = \frac{vr}{3600} \quad (6-15)$$

$$Q_Q = \frac{vr}{7200} \quad (6-16)$$

$$Q = \frac{Q_M t_Q}{2C} \quad (6-17)$$

式中:Q_M——最大排队长度,veh;
Q_Q——存在排队时的平均排队长度,veh;
Q——平均排队长度,veh;
v——平均到达率,veh/h;
r——有效红灯时间,s;
C——周期长度,s;
t_Q——排队时间,s。

在规划分析中,当交通需求大于通行能力时,可利用下列公式计算排队长度。

$$Q_L = \frac{T(v-c)}{Nd_s} \tag{6-18}$$

式中：Q_L——排队长度，m；
　　　T——分析时段时长，h；
　　　v——交通需求，veh/h；
　　　c——通行能力，veh/h；
　　　N——车道数；
　　　d_s——排队中的平均车辆密度，veh/(m·ln)。

6.6 饱和度

交叉口的饱和度(Saturation Degree)是进口方向车辆到达流量与进口方向通行能力的比值。一个进口方向的饱和度计算公式如下：

$$x_{ij} = \frac{q_{ij}}{c_{ij}} = \frac{q_{ij}}{S_{ij}}\frac{C}{g_i} = y_{ij}\frac{C}{g_i} \tag{6-19}$$

式中：x_{ij}——相位i的j进口方向的饱和度；
　　　q_{ij}——相位i的j进口方向的车辆到达率，pcu/s；
　　　c_{ij}——相位i的j进口方向的通行能力，pcu/s；
　　　S_{ij}——相位i的j进口方向的饱和流率，pcu/s；
　　　C——交叉口的周期时长，s；
　　　g_i——相位i的绿灯时长，s；
　　　y_{ij}——相位i的j进口方向的车辆流量比。

6.7 辅助评价指标

主要评价指标往往并不能反映阻滞作用的全部后果。为此，还应建立车辆燃油消耗，尾气排放量及安全舒适性等辅助参数的定量分析方法。

R-Akcelik 给出的辅助参数一般表达式如下：

$$E = f_1 L_s + f_2 D_s + f_3 H \tag{6-20}$$

式中：E——某项辅助参数，如燃油消耗量，L/h；
　　　f_1——正常行驶状态下的单位指标，如每辆车行驶1km 所耗燃油量，L/(veh·km)；
　　　L_s——总行程，即行驶里程与交通流率的乘积，veh·km/h；
　　　f_2——怠速状态下的单位指标，如一辆车每小时的耗油量，L/(veh·h)；
　　　D_s——全部车辆的总延误时间，h；
　　　f_3——修正后的一次完全停车状态下的额外单位指标，如额外耗油量，L/(veh·次)；
　　　H——每小时内所有车辆完全停车次数之和，veh·次/h。

6.8 不同控制对象的评价指标

交通信号控制的控制对象包括机动车、行人和非机动车。在评价交叉口的信号控制系统时,可以根据控制对象的不同将指标分类。信号控制的对象不同,相应指标的计算方式不同。

6.8.1 机动车

机动车是信号控制的主要对象。在设计信号控制系统时,主要目的是为了消除机动车与机动车、机动车与行人以及机动车与非机动车之间在交叉口产生的冲突点。

评价范畴不同,评价的指标也有所差异。对机动车而言,可以将信号控制评价指标分为单点控制评价指标、干线交通指标以及区域交通指标。

1) 单点控制评价指标

单点控制评价指标的核心是交叉口,对单一交叉口而言,评价指标主要包括交叉口通行能力、排队长度、饱和度、交叉口延误以及交叉口的服务水平。

(1) 交叉口通行能力

交叉口通行能力是交叉口各进口车道的饱和流率与绿信比的乘积之和,主要从供给侧反映了交叉口道路设施与信号控制限制下的交通疏导能力。交叉口进口道通行能力越大,说明该进口道在单位时间内的疏导能力越强。在设计交叉口时,需要根据流量或预测流量,进行交叉口渠化设计及信号配时,使得进口道的通行能力与流量需求相匹配。

(2) 排队长度

排队长度反映了车辆在交叉口的等待绿灯的车辆数,计量单位可以采用排队的车辆数或者排队长度。排队长度长,说明交叉口的疏散能力不足,或者周期过长。在统计排队长度时,应当从红灯亮起的时候开始计数。

(3) 饱和度

饱和度是交叉口流量与通行能力的比值,从供、需两方面反映了交叉口的运行情况。

(4) 交叉口延误

交叉口延误反映了车辆在交叉口的受阻情况,是结合了交叉口需求和供给两个方面的评价指标,能够综合反映交叉口服务水平。

延误的定义为实际行程时间与驾驶员期望的行程时间之差。造成延误的原因是由于交通干扰以及交通管理与控制措施。根据延误发生的原因可以分为固定延误、停车延误、行程延误、排队延误、引道延误和控制延误等。

①固定延误是指由交通控制、交通标志、交通管理等引起的延误,它与交通流状态和交通干扰无关,主要发生在交叉口。

②停车延误是指车辆由于某种原因而处于静止状态所产生的延误,等于停车时间,包括车辆由停止到启动时驾驶员的反应时间。

③行程延误是指车辆通过某一路段的实际时间与计算时间之差,计算时间为车辆在交通不拥堵的条件下以畅行车速通过该路段的时间。

④排队延误是指车辆排队时间与不拥堵条件下车辆以平均车速通过排队路段的时间差;

排队时间是指车辆从第一次停车到越过停车线的时间。

⑤引道延误是指车辆在交叉口引道上实际消耗时间与车辆畅行行驶越过引道延误段的时间之差。

⑥控制延误是指在控制设施引起的延误,对信号交叉口而言是车辆通过交叉口的实际行程时间和车辆以畅行速度通过交叉口时间之差,控制延误包括车辆在交叉口的停车延误和加减速损失时间。

根据目的不同,在评价交叉口控制系统时所采用的延误类型不同。单一交叉口控制系统主要采用控制延误作为评价指标,控制延误包含停车延误、引道延误以及车辆的启动延误。

(5)交叉口服务水平

服务水平是衡量交通流运行条件以及驾驶员和乘客所感受的服务质量的一项指标。交叉口服务水平与交叉口的交通控制方式,车辆通过交叉口所需时间、延误时间、停车时间、停车次数和频率都有很大的关系。衡量交叉口服务水平的具体指标与路段不同,因平面交叉口某个进口的通行能力不能作为交叉口的整体通行能力,只能用各进口的交通流状态指标来衡量各入口引导的服务水平。

2)干线协调控制评价指标

影响线协调控制实施效果的主要是车流到达特性,与交通流量、行程时间、延误、车速等关系较大。因此,选取行程时间(Travel Time)、行程车速(Travel Speed)、停车(Stop)次数作为评价指标。

(1)行程时间

行程时间是指车辆从某一地点行驶至另一地点所花费的总时间,在评价一条干线时,采用车辆平均行程时间。

(2)行程车速

行程车速是指车辆从起点至终点的平均车速,是行驶距离和行程时间的比值。在评价干线信号控制时,采用干线车辆平均行程速度(空间平均车速)。

(3)停车次数

停车次数是指车辆在行驶过程中,由于交通控制等因素影响,导致车辆停车的次数。停车次数越多,说明干线的服务水平越低;反之,服务水平越高。在评价干线信号控制时,采用干线车辆平均停车次数。

3)区域控制评价指标

区域交通控制实施后会导致交通流量在路网中分配方式发生改变。对其评价应考虑实施后对整体交通的影响。在进行区域控制评价时,可以采用区域路网整体适应性、区域路网负荷均匀性、区域车辆平均行程速度、区域车辆平均延误以及区域车辆平均停车次数作为评价指标。

路网整体适应性反映了控制系统对路网流量与路网能力总体平衡产生的影响。通常情况下,QC≤0.7 表示路网畅通性很好,0.7 < QC < 1.0 表示路网畅通性尚可,计算公式如下:

$$QC = \frac{\sum_{j=1}^{m} q_j S_j}{\sum_{j=1}^{m} C_j S_j} \tag{6-21}$$

式中：S_j——第 j 条路段长度或平均行程时间；
C_j——第 j 条路段容量，pcu/h；
q_j——第 j 条路段流量，pcu/h。

区域路网负荷均匀性计算公式如下：

$$\psi = \frac{1}{\eta_m}\left[\frac{1}{m}\sum_{i=1}^{m}(\eta_i - \eta_m)^2\right]^{\frac{1}{2}} \tag{6-22}$$

式中：ψ——反映路段负荷率 η_i 偏离路段平均符合率 η_m 的程度；通常，ψ 值越小，路网负荷均应性越好；
η_i——第 i 条路段的负荷率（饱和度）；
η_m——路网的平均负荷率（饱和度）。

6.8.2 非机动车和行人

在评价信号控制的交叉口时，对非机动车和行人的影响同样是衡量信号控制系统设计的是否合理的考虑因素。非机动车和行人的评价指标相仿，在 HCM2010 中均采用延误和感受度作为评价指标。

在以往的研究中，往往只采用单一指标来评价信号交叉口的服务水平。但是，经过研究表明，非机动车和行人在通过信号交叉口时会考虑很多因素，包括交叉口运行情况以及交叉口设施等方面。HCM2010 根据行人的感受程度同样制定了交叉口对于非机动车和行人的服务水平标准见表 6-2。

非机动车服务水平标准　　　　　　　　表 6-2

服 务 水 平	用户满意指标	服 务 水 平	用户满意指标
A	≤2.00	D	>3.50~4.25
B	>2.00~2.75	E	>4.25~5.00
C	>2.75~3.50	F	>5.00

行人的服务水平指标是人均延误。信号交叉口的行人服务水平划分标准见表 6-3。

信号交叉口行人服务水平划分标准　　　　　　　表 6-3

服 务 水 平	行人延误(s/人)	不服从交通规则的可能程度
A	≤10	低
B	≥10~20	
C	>20~30	中等
D	>30~40	
E	>40~60	高
F	>60	非常高

6.9　评价指标对比分析

综上所述，交通信号控制评价指标，如图 6-3 所示。

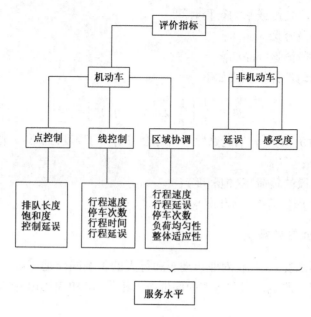

图 6-3　交通信号控制评价指标

6.9.1　机动车信号交叉口评价指标对比

车均控制延误反映了车辆通过交叉口所花费的时间与车辆以自由流速度通过交叉口所需时间之差。可以理解为车辆在该交叉口平均耽误的时间。车均控制延误作为评价指标，既直观地反映出通过交叉口所额外付出的时间，又准确地反映出该交叉口的服务水平。为此在评价交叉口服务水平时，常用交叉口延误作为度量指标。

交叉口服务水平反映了驾驶员或乘客通过交叉口的感受的质量的度量，直接地反映了人们对该交叉口的期望，它是通过定量分析而得到的定性的结论，便于理解。

对于线控和区域协调控制而言，不能通过特定一个交叉口的控制情况来反映整个干线或者整个区域的运行状况，因此采用整条干线的车均延误、平均车速等集计指标。在分析干线控制或者区域协调控制时，应当采用行程延误作为评价指标，控制延误不能完全反映整条干线或区域控制的运行情况。

对于区域协调控制而言，还可以采用路网的整体适应性和区域路网的均匀性两个指标。其中，路网的整体适应性反映了路网时空资源供给和车辆时空资源需求的协调性；区域路网的均匀性反映了路网中各路段饱和度偏离平均饱和度的情况。这两个指标都是从宏观角度来评价路网的运行情况，是一个综合性指标，信号控制对路网运行的影响是两个指标的考虑因素之一，信号控制可以影响两个指标的变化，但是两个指标的变化不能直接体现信号控制的控制效果。

6.9.2　非机动车信号交叉口评价指标对比

非机动车信号交叉口控制评价指标有非机动车延误和非机动车感受度。

非机动车由于运行速度慢，线控和区域控制对非机动车的运营没有显著的影响，因此非机动车的评价往往都是针对单一信号控制交叉口。对非机动车造成的延误主要是信号控制造成的停车延误。

非机动车感受度是通过非机动车主观感受的评价指标,从道路使用者的感性认知来评价信号控制交叉口的运行情况。

延误相较于感受度而言,是客观的定量指标;而感受度则是主观的定量指标。延误可以直接反映非机动车通过交叉口所需要的时间,而感受度则直接反映了使用者对服务的感受。由此可见,以感受度作为交叉口对非机动车服务水平的评价指标更为直接。

第7章 交通信号控制基本算法

本章主要介绍基本的交通信号控制配时算法,包括单点定周期信号配时算法、单点感应信号配时算法、行人相位配时算法及人工智能算法。

7.1 设置交通信号控制的依据标准

设置交通信号控制虽有上述理论依据,但目前尚未总结出一套公认的、行之有效的计算方法。由于世界各国的交通条件与驾驶员的心理都存在一定的差异,各国需要根据上述理论依据,在充分考虑各国的交通实际状况后,制定出各国的交通信号控制设置标准。我国于1994年颁布实施的国家标准《道路交通信号灯安装规范》(GB 14886—1994)对于信号灯的安装就作出了如下规定:

①当进入同一交叉口高峰小时及12h交通流量超过表7-1所列数值或有特别要求的交叉口可设置机动车道信号灯。

②设置机动车道信号灯的交叉口,当道路具有机动车、非机动车分道线且道路宽度大于15m时,应设置非机动车道信号灯。

③设置机动车道信号灯的交叉口,当通过人行横道的行人高峰小时流量超过500人次时,

应设置人行横道信号灯。

④实现分道控制的交叉口应设置车道信号灯。

⑤每年发生人身伤害事故 5 次以上的交叉口。

交叉口设置信号灯的交通流量标准　　　　　　　　　表 7-1

主要道路宽度(m)	主要道路交通流量(pcu/h)		次要道路交通流量(pcu/h)	
	高峰小时	12h	高峰小时	12h
小于 10	750	8000	350	3800
	800	9000	270	2100
	1200	13000	190	2000
大于 10	900	10000	390	4100
	1000	12000	300	2800
	1400	15000	210	2200
	1800	20000	150	1500

注：1. 表中交通流量按小客车计算，其他类型的车辆应折算为小客车当量。

2. 12h 交通流量为 7:00—19:00 的交通流量。

7.2　关键车流的判定

7.2.1　关键车流判定的理论基础

关键车流是指那些能够对整个交叉口的通行能力和信号配时设计起决定作用的车流。由关键车流的定义可知，只要给予关键车流足够的绿灯通行时间，满足其在通行能力上的要求，那么其他各向车流的通行要求就都自然得以满足，因此，关键车流就是交通状况相对较差的车流。关键车流主要是根据各车流所要求的必要通行时间的对比结果来判定。关键车流的确定可以等效为寻找"信号相位与车流对应关系图"中的最长闭合路径，即所谓的关键路径。

以一个 T 形交叉口为例，假设该交叉口共有 6 股不同流向的车流(分别标识为 1、2、3、4、5、6)经过，每股车流都具有一条专用车道；采用三相位(分别标识为 A、B、C)的信号控制方案。其平面结构与信号相位设计如图 7-1、图 7-2 所示。

在信号相位 A 中，获得通行权的车流有 1、2、5；在信号相位 B 中，获得通行权的车流有 1、3、4；在信号相位 C 中，获得通行权的车流有 5、6。车流 1 与车流 5 在一个以上的信号相位中获得通行权，又称为搭接车流；车流 2、3、4、6 只在一个信号相位中获得通行权，又称为非搭接车流。为了便于分析，可以将信号相位与各车流的对应关系用一张"信号相位与车流对应关系图"来表示，如图 7-3 所示。图中的圆圈表示圆圈中的序号所对应的信号相位的起始时刻，圆圈之间的箭头连线代表获得通行权的车流。

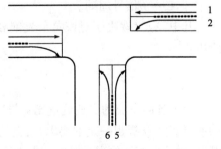

图 7-1　某 T 形交叉口的平面结构图

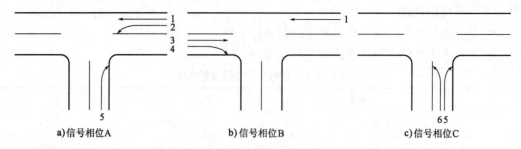

图 7-2 某 T 形交叉口的信号相位设计图示

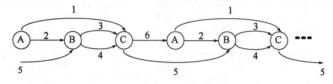

图 7-3 信号相位与车流对应关系图

由图 7-3 可以看出,一个信号周期既可以表示为各信号相位时间之和,也可以表示为"信号相位与车流对应关系图"中任意一条相邻的同一名称的圆圈之间的路径。从圆圈 A 起始到圆圈 A 结束来看,共存在 3 条不同路径(1→6、2→3→6、2→4→6),即 T 型交叉口的信号周期 = 车流 1 的通行时间 + 车流 6 的通行时间 = 车流 2 的通行时间 + 车流 3 的通行时间 + 车流 6 的通行时间 = 车流 2 的通行时间 + 车流 4 的通行时间 + 车流 6 的通行时间;从圆圈 B 起始到圆圈 B 结束来看,存在两条不同路径(3→5、4→5),即 T 型交叉口的信号周期 = 车流 3 的通行时间 + 车流 5 的通行时间 = 车流 4 的通行时间 + 车流 5 的通行时间;从圆圈 C 起始到圆圈 C 结束来看,不再存在不同路径。因此,关键车流也将在(1→6)、(2→3→6)、(2→4→6)、(3→5)、(4→5)这五组车流组合中产生。值得注意的是,各向车流的通行时间 t_i 不仅包括其绿灯显示时间 t_{Gi},还包含绿灯间隔时间 I_i;通行时间也可表示为该向车流获得的有效绿灯时间 t_{EGi} 与该向车流的损失时间 l_i 之和。

$$t_i = t_{Gi} + I_i = t_{EGi} + l_i \tag{7-1}$$

为了满足各向车流通行能力的要求,各向车流的通行时间应满足以下关系式:

$$t_i \geq t_{mini1} = t_{EGmini} + l_i = C \cdot \lambda_{0i} + l_i \tag{7-2}$$

式中:t_{mini1}——满足车流 i 通行能力要求所必要的通行时间;

t_{EGmini}——满足车流 i 通行能力要求所必要的最短有效绿灯时间;

λ_{0i}——满足车流 i 通行能力要求所必要的最小绿信比;

C——信号周期。

其中,λ_{0i} 又取决于对该向车流饱和度的实际要求,即饱和度实用限值的大小,λ_{0i} 由下式给出:

$$\lambda_{0i} = \frac{y_i}{x_{pi}} \tag{7-3}$$

由于各向车流的交通流量比 y 与损失时间 l 基本固定,通过公式可以推断,当对某向车流的通行能力 Q 提出一定的要求时,也就是对其饱和度实用限值与最小绿信比给予了一定的限制,此时该向车流的通行时间应大于某一数值。

为了满足各向车流安全通行的要求，各向车流的通行时间还应满足以下关系式：

$$t_i \geq t_{\text{mini2}} = t_{\text{Gmini}} + I_i = G_{\text{mi}} + I_i \tag{7-4}$$

式中：t_{mini2}——满足车流 i 安全通行要求所必要的通行时间；

t_{Gmini}、G_{mi}——满足车流 i 安全通行要求所必要的最短绿灯显示时间。

综合通行能力与安全通行两方面的因素考虑，各向车流的通行时间最终应满足关系式：

$$t_i \geq t_{\text{mini}} = \max\{t_{\text{mini1}}, t_{\text{mini2}}\} \tag{7-5}$$

式中：t_{mini}——综合考虑了通行能力与安全通行要求后车流 i 的必要通行时间。

对于上例，通过比较 $t_{\text{min1}} + t_{\text{min6}}$、$t_{\text{min2}} + t_{\text{min3}} + t_{\text{min6}}$、$t_{\text{min2}} + t_{\text{min4}} + t_{\text{min6}}$、$t_{\text{min3}} + t_{\text{min5}} + t_{\text{min4}} + t_{\text{min5}}$ 的大小，可以找到对于必要通行时间要求最高的一组车流，该组车流即关键车流。

此外，由式(7-5)可以看到，为满足车流通行能力要求所必要的通行时间与信号周期的大小有关，对于不同的信号周期，其所对应的关键车流有可能不同。

7.2.2 关键车流判定的通用程序

1) 进行关键车流判定必需的已知数据

对于每一股车流必须给出下列各项基本数据，以便进行关键车流的判定。

①信号相位的划分以及各向车流在各个信号相位中通行权的获得情况。
②绿灯间隔时间 I（由基本间隔时间和附加路口腾空时间构成）。
③最短绿灯显示时间 G_m（由车流状况和行人交通状况决定）。
④损失时间 l。
⑤交通流量 q。
⑥饱和流量 S。
⑦饱和度实用限值 xp（根据实际要求确定）。
⑧信号周期 C。

2) 关键车流判定的基本步骤

步骤一：编制"关键车流判定表"。

"关键车流判定表"是一张根据所有已知数据计算各向车流所需的必要通行时间的表格。

步骤二：绘制"信号相位与车流对应关系图"。

"信号相位与车流对应关系图"（图 7-3）对于迅速准确地判定关键车流是很有帮助的。其绘制方法是这样的：先根据交叉口的信号相位划分情况，用带序号的小圆圈标识出相应的信号相位起始时刻；再用箭头连线标识出各向车流的通行时间区段。例如，图 7-3 中代表车流 1 的箭头连线"1"连接圆圈 A 与圆圈 C，表明车流 1 起始于信号相位 A，终止于信号相位 C，是搭接车流；然而，当我们从上一个信号相位 A 画到下一个信号相位 A 时，虽已构成一个完整的信号周期，但仍未能将全部流向的车流包括进来（见图 7-3 中的车流 5），此时则需要补充必要的信号相位标识（圆圈 B、圆圈 C），以便能够将所有流向的车流的通行时间区段完整地反映出来。

步骤三：非搭接车流的处理。

对于每一个信号相位中所包含的非搭接车流，在求出其各自所需要的必要通行时间 t_{min} 以后，比较这些 t_{min} 值，并选择其中 t_{min} 值最大的那股车流作为该信号相位的代表性车流，同时将其余未被选中的车流淘汰。例如,在图7-3中,假如$t_{min3}>t_{min4}$时,在判定关键车流的过程中车流4可以不予考虑。将所有被淘汰掉的车流从"信号相位与车流对应关系图"中勾掉,重新绘制一张简化了的"信号相位与车流对应关系图"。如果在全部信号相位中不存在搭接车流,那么经过上述淘汰过程之后留在简化图上的所有车流即关键车流。

步骤四:搭接车流的处理。

与非搭接车流的处理方式相类似,对于具有相同通行时间区间的搭接车流,通过对其必要通行时间进行对比,找出要求必要通行时间最长的车流,其余忽略,再重新绘制一张简化的"信号相位与车流对应关系图"。

步骤五:关键车流的确定。

在简化后的"信号相位与车流对应关系图"上,列举所有相邻的同一名称的圆圈之间车流组合,再寻找出对于必要通行时间要求最高的一组车流,该组车流即关键车流。

特别需要说明的是,由于交叉口的信号配时需要事先确定好关键车流,根据关键车流的基本数据进行;而关键车流的确定又与信号周期的大小有关,因此,关键车流的确定与信号配时关系密切,需要同步进行。通常采用的思路是:先假设一个初始信号周期,试探性地确定好关键车流;再按关键车流进行信号配时,并重新校核关键车流。初始信号周期的大小既可以通过经验估计,也可以通过实用信号周期公式估算。

7.3 单点定周期配时算法

TRRL法、ARRB法、HCM法和冲突点法是典型的单点定周期配时算法。其中,TRRL法、ARRB法和HCM法以停车线为参考断面,而冲突点法以冲突点为参考断面。下面将对各种算法进行详细的介绍。

7.3.1 TRRL法

TRRL法是指以车辆阻滞延误最小为原则的算法。

根据Webster公式可知每辆车的平均延误,其表达式如下:

$$d = \frac{C(1-\lambda)^2}{2(1-y)} + \frac{x^2}{2q(1-x)} - 0.65\left(\frac{C}{q^2}\right)^{\frac{1}{3}} x^{2+5g/C} \tag{7-6}$$

式中:d——每辆车的平均延误,s/veh;

x——饱和度;

g——绿灯时间,s;

C——周期时长,s;

q——流量,veh/h;

λ——绿信比;

y——流量比,$y=q/S$。

表达式假设条件:

①车辆平均到达率在所取时间段(T)之间恒定不变。

②进口断面通行能力在相应时段内为常数。

③当 T 充分长时,交叉口引道车辆排队状态的概率趋于稳定。

④在 T 内,各个信号周期车辆到达率的变化是随机的,在某些信号周期内可能出现车辆的过剩滞留,但经若干周期后过剩滞留车队将消散,即就整个 T 而言车辆到达与离开始终保持平衡。

该法以车辆延误最小为原则,得出最佳周期时长 C_0,其表达式如下:

$$C_0 = \frac{1.5L + 5}{1 - Y} \tag{7-7}$$

式中:C_0——最佳周期时长,s;

L——每周期的总损失时间,s;

Y——组成周期的全部信号相位的各个最大 y 值之和,$Y = \sum_{i=1}^{k} \max[y_i, y_i', \cdots]$,其中 k 是一个周期的相位数。

在确定最佳信号周期时长的基础上,进行绿灯时间分配。

计算交叉口每周期的总损失时间,其表达式如下:

$$L = \sum(I + l - A) \tag{7-8}$$

式中:L——每周期的总损失时间,s;

I——绿灯间隔时间,s;

l——相位损失时间,等于起始迟滞与终止迟滞之差,s;

A——黄灯时间,s。

一个周期内总的有效绿灯时间其表达式如下:

$$G_e = C_0 - L \tag{7-9}$$

每一相位的有效绿灯时间其表达式如下:

$$g_{ei} = G_e \frac{\max[y_i, y_i', \cdots]}{Y} \tag{7-10}$$

式中:g_{ei}——相位 i 的有效绿灯时间,s。

每一相位的实际显示绿灯时间其表达式如下:

$$g_i = g_{ei} - A + l \tag{7-11}$$

式中:g_i——相位 i 的实际显示绿灯时间,s;

g_{ei}——相位 i 的有效绿灯时间,s;

A——黄灯时间,s;

l——相位损失时间,s。

TRRL 法的缺陷:

①当关键车道的流量比接近于1时,延误不合理的增加。

②关键流量比等于或大于1时不适用此公式。

③此公式无法计算饱和与超饱和条件下的延误,因为饱和状态下,车辆间的横向干扰增大。

④主要考虑的路口车流量(关键车流)是机动车,没有考虑非机动车辆对路口的影响。

⑤没有考虑次要道路的延误,如果同一相位进口道的 y 值相差悬殊,则会造成次要进口道绿灯时间的浪费而使其他相位的延误增大,交叉口的有效利用率低。

TRRL法的适用条件：
①用于计算两相位或多相位信号控制的交叉口，用于计算两相位信号控制交叉口时，有无左转专用车道均可。
②在交叉口低饱和度情况下比较有效，一般饱和度在0.6以下时可用此公式。
③一般适用于计算交通平峰时的延误。
④车辆到达服从泊松分布(车头时距服从负指数分布)。
⑤同一相位各进口道的y相差不太大的情况，Y值要适中。

7.3.2 ARRB法(R. Akcelik法)

澳大利亚学者R. Akcelik引入"停车补偿系数"，并将它与车辆延误时间结合在一起，考虑了交叉口停车线前的排队长度和停车率等指标，ARRB法可以认为是对TRRL法的修正和补充。

1) R. Akcelik假设

在交叉口之间的路段上，信号配时对于车辆自由行驶的整个行程过程没有任何影响。

当x越接近1时，Webster延误公式计算出的延误越不准确，而ARRB法考虑超饱和交通情况，将延误公式改为下式：

$$d = \frac{C(1-\lambda)^2}{2(1-y)} + N_0 x \tag{7-12}$$

ARRB法将停车次数和延误时间结合在一起，作为评价配时方案的综合指标P，其表达式如下：

$$P = D + kH \tag{7-13}$$

式中：P——运行指标；
　　　k——停车补偿系数，%；
　　　H——每小时完全停车数。

考虑停车因素和油耗因素，得到最佳周期时间，其表达式如下：

$$C_0 = \frac{(1.4+k)L + 6}{1-Y} \tag{7-14}$$

式中：C_0——单点定周期交叉口的最佳信号周期近似值，s；
　　　L——交叉口总损失时间，s；
　　　Y——交叉口关键相位流量比之和；
　　　k——停车补偿系数，%。

停车补偿系数k参考值如下：

当要求油耗最低时，取$k=0.4$；运营消费(包括机械和轮胎磨损、延误、时间损失等)最小时，取$k=0.2$；当车辆延误时间最小时，取$k=0$。

计算有效绿灯时间和实际显示绿灯时间的方法同TRRL法。

2) ARRB法的缺陷
①在低饱和度情况下比较有效，在高饱和度情况下，仍难以真正有效的解决交叉口的交通问题。
②同TRRL法一样容易造成交叉口有效利用率低。

3) ARRB 法的适用条件

基本同 TRRL 法,它是对 TRRL 法的补充和修正。

① 适用于与前后交叉口相距较远的交叉口的配时计算,因为 ARRB 法假设交叉口之间路段信号配时对车辆行驶没有影响。

② 与 TRRL 法比较,ARRB 法能适应多种信号控制要求,这是由于引入了停车补偿系数的结果。在交叉口所处的特定环境以及时间的条件下,通常要求采取不同的控制对策,比如在平均车速较高的非高峰时段的交叉口,一般以节省燃油为主要目标,这时应该减少停车次数,增加 K 值;而对于市中心交叉口的高峰时段,应以减少排队长度为目标,尤其是进口车道能容纳滞留车辆有限的交叉口,更应该以缩减排队长度为主要目标。

由于以下原因,需要采用比计算结果稍短一些的信号周期时长。

① 由于 ARRB 方法只考虑了关键相位,而没有考虑次要相位的停车次数和延误,因此,采用较小的信号周期值有利于减少次要相位的延误时间,同时减少过街行人的受阻延误。

② ARRB 计算法是基于饱和流量在绿灯期间维持常量的假定,在实际情况下,饱和流量在绿灯开始后会下降,因此应采取比计算结果稍短一点的周期时间,可以获得较好的运行效益。

7.3.3 HCM 法

设计一个可行的配时方案是个复杂和需要反复迭代的过程,一般借助计算机软件来帮助实现。

(1) 设计策略

信号配时设计的某些方面已超出了 HCM 的范围,其中一个方面就是选择配时策略。对定周期控制,有三个常用的基本配时策略。

① 平衡关键车道组的 v/c 是最简单的策略,也是唯一不需要过多迭代计算的策略,在此策略下,各个相位绿灯时间按关键车道组每个相位流率比分配绿灯时间。

② 所有车辆总延误最小化也是常用的优化信号配时方法,该方法常与停车次数和汽油消耗结合运用。许多的信号配时模型具备这种优化特点,如有的模型延用与本章介绍估计延误方法相同的程序。其实,其他方法与该方法差别不大。

③ 通过平衡所有关键车道组的服务水平来提高所有进口的服务水平与提高整个交叉口的服务水平是一致的。其他两个策略,对交叉口车辆少的流向往往会过高估计每车的延误时间,难以得到令人满意的服务水平,这种关键车道组服务水平的不平衡性对描述整个交叉口的服务水平带来了困难。

(2) 平衡饱和度程序

一旦确定了相位方案和信号类型,则信号配时可由公式估计:

$$X_i = \frac{v_i C}{s_i g_i} \tag{7-15}$$

$$X_C = \sum_i \left(\frac{v}{s}\right)_i \left(\frac{C}{C-L}\right) \tag{7-16}$$

$$C = \frac{L X_C}{X_C - \sum_i \left(\frac{v}{s}\right)_i} \tag{7-17}$$

$$g_i = \frac{v_i C}{s_i X_i} = \left(\frac{v}{s}\right)_i \left(\frac{C}{X_i}\right) \tag{7-18}$$

式中：C——信号周期长度，s；

L——每个周期损失时间，s；

X_C——交叉口的关键 v/c；

X_i——车道组 i 的 v/c（对本程序而言，X_i 缺省值是 0.90）；

$(v/s)_i$——车道组 i 的流率比；

s_i——车道组 i 的饱和流率，辆/h；

g_i——车道组 i 的有效绿灯时间，s。

计算出流率比以及期望的 v/c 之后，用上述关系式估计信号周期长度和绿灯时间。

对定时信号，绿灯时间和信号周期可用式（7-15）和式（7-16）估计；其计算程序将在下面简要计算说明。考虑式（7-15）给出的两相位信号的例子；流率比已在图 7-4 中给出，并假设损失时间等于相位转换和清空时间，用每个相位 4s 或每周期 8s。

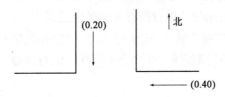

对由分析人员选定的给定 $v/c(X_C)$，可用公式（7-19）计算周期长度；为了避免过于饱和，令 $X_C = 1.00$，代入下式计算最短周期：

$$C_{(\min)} = \frac{L X_C}{X_C - \sum_i \left(\frac{v}{s}\right)_i} \tag{7-19}$$

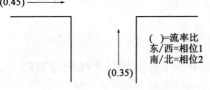

图 7-4 两相位信号设计算例

$$C_{(\min)} = \frac{8 \times 1.0}{1.00 - (0.45 + 0.35)} = \frac{8}{0.20} = 40(s)$$

在配时方案设计中，并没有直接给出上述计算的信号周期长度。然而，在车道组延误最小化或平衡各个车道组延误的程序中，常用计算的信号周期长度作迭代初始值。

如果 v/c 不超过 0.8（为所期望的），则计算结果如下：

$$C_{(\min)} = \frac{8 \times 0.80}{0.80 - (0.45 + 0.35)} = \frac{6.4}{0}（为无穷）$$

计算结果表明，在信号周期为 40s，在交叉口现有交通需求水平条件下，得不到关键 $v/c = 0.80$。可以选择任何大于 40s 的周期，如可选择周期为 60s。对所有情形，当计算周期介于 30~90s 之间时，可以取信号周期为最靠近的 5 的整数倍；当周期超过 90s 时，则取最靠近的 10 的整数倍。

当周期为 60s 时，可由下列公式求得关键 v/c：

$$X_C = \sum_i \left(\frac{v}{s}\right)_i \left(\frac{C}{C-L}\right) \tag{7-20}$$

$$X_C = \frac{(0.45 + 0.35) \times 60}{60 - 8} = 0.923$$

可应用许多不同的策略来分配绿灯时间。对两相位信号最常用的一种方法是使绿灯时间与使每个相位的关键流向 v/c 相适应。对上述的例子而言,每个相位的 v/c 为 0.923,绿灯时间可用下列公式计算:

$$g_i = \left(\frac{v}{s}\right)_i \left(\frac{C}{X_i}\right) \quad (7\text{-}21)$$

$$g_1 = 0.45 \times (60 \div 0.923) = 29.3(\text{s})$$

$$g_2 = 0.35 \times (60 \div 0.923) = 22.7(\text{s})$$

$$g_1 + g_2 = 52(\text{s})$$

损失时间:

$$60 - 52 = 8.0(\text{s})$$

另一个方法是分配次要街道进口所需要的最短绿灯时间,把其余的绿灯时间分配给主要街道进口。在这种情形下,相位 2 的 $v/c = 1.0$,并且有:

$$g_2 = 0.35 \times (60 \div 1.0) = 21.0(\text{s})$$

$$g_1 = 60 - 8 - 21 = 31.0(\text{s})$$

$$g_1 + g_2 = 52(\text{s})$$

损失时间:

$$60 - 52 = 8.0(\text{s})$$

两种配时方案都把整个周期时间 60s 完全分配给绿灯时间和损失时间。

配时程序可总结如下:

① 用公式(7-15)和 $X_C = 1.0$,估计饱和条件时的信号周期长度。

② 对期望的关键 v/c、X_C,用公式(7-15)估计信号周期长度。

③ 从两个估计的周期长度中选择较合适的信号周期;当系统约束条件对信号周期长度起决定作用时,步骤(1)和这一步可略过。

④ 用公式(7-16)、$v/c(X_i)$ 以及合适的分配策略来估计绿灯时间。

⑤ 检查分配的绿灯时间和损失时间之和是否等于周期长;重叠的绿灯时间只计一次。

7.3.4 冲突点法

冲突点法(微观方法)以冲突点为考察断面,如图 7-5 所示。

1) 冲突点法表达式

对于对向进口道没有设置左转专用车道的情

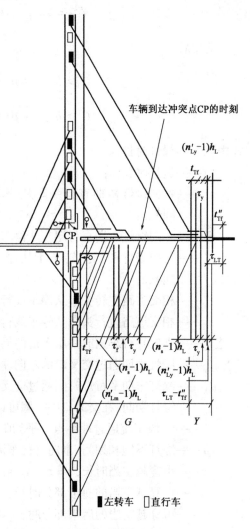

图 7-5 冲突点断面示意图

况,本向直行车、对向左转车通过冲突点以及信号换相所需各类时间的总和表达式如下:

$$t_{\text{Tf}} + \sum_{}^{\mu+1}(n_{\text{s}} - 1)h_{\text{T}} + \sum_{}^{\mu}(n'_{\text{Lm}} - 1)h_{\text{L}} + \mu\tau + \tau_{\text{f}} + (n'_{\text{LY}} - 1)h_{\text{L}} + \tau_{\text{LT}} - t''_{\text{Tf}} \leqslant G + Y_{\text{LT}}$$

(7-22)

对于对向进口道设置左转专用车道的情况,表达式如下:

$$t'_{\text{Lf}} + \sum_{}^{\mu+1}(n_{\text{s}} - 1)h_{\text{T}} + \sum_{}^{\mu}(n'_{\text{Lm}} - 1)h_{\text{L}} + \mu\tau + \tau_{\text{f}} + (n'_{\text{LY}} - 1)h_{\text{L}} + \tau_{\text{LL}} - t''_{\text{Tf}} \leqslant G + Y_{\text{LL}}$$

(7-23)

式中:

$$Y_{\text{LT}} = t_{\text{Tl}} + \tau_{\text{f}} + (n'_{\text{LY}} - 1)h_{\text{L}} + \tau_{\text{LT}} - t''_{\text{Tf}}$$

$$Y_{\text{LL}} = t_{\text{Tl}} + \tau_{\text{f}} + (n'_{\text{LY}} - 1)h_{\text{L}} + \tau_{\text{LL}} - t''_{\text{Lf}}$$

(7-24)

简化后:

$$G \geqslant h\sum n + \mu(\tau - 2h) + (t_{\text{Tf}} - t_{\text{Tl}}) - h$$

$$G \geqslant h\sum n + \mu(\tau - 2h) + (t'_{\text{Lf}} - t_{\text{Tl}}) - h$$

(7-25)

式中:G——绿灯时长,s;

Y——黄灯时长,s;

t_{Tf}——本向绿灯初期直行头车从停车线行驶到冲突点所需时间(包括驾驶员反应时间),s;

t_{Tl}——本向绿灯末期直行尾车从停车线行驶到冲突点所需时间,s;

t'_{Lf}——对向绿灯初期左转头车从停车线行驶到冲突点所需时间(包括驾驶员反应时间),s;

t''_{Lf}——相交道路左转头车从停车线行驶到冲突点CP_{LL}所需时间,s;

t''_{Tf}——相交道路直行头车从停车线行驶到冲突点CP_{LT}所需时间,s;

$\sum n_{\text{s}}$——本向直行车道或共用车道的周期流量,veh;

$\sum n'_{\text{Lm}}$——绿灯中期通过交叉口的对向左转车的周期流量,veh;

n'_{LY}——绿灯末期及黄灯时间通过交叉口的对向左转车周期流量,通常取值为p(p为一次绿灯期间,在交叉口中一侧可以停放的左转车辆数),veh;

h——一股车流通过冲突点的平均临界车头时距(h_{L}为左转车,h_{T}为右转车),s;

μ——绿灯不饱和期间,本向直行车流中出现的可穿越空当数;

τ——可穿越空当时长,$\tau = \tau_{\text{f}} + \tau_{\text{r}}$,s;

τ_{f}——可穿越空当的前半部分时长,s;

τ_{r}——可穿越空当的后半部分时长,s;

τ_{LL}——对向左转尾车同相交道路左转头车在冲突点CP_{LL}上的安全交叉时间,s;

τ_{LT}——对向左转尾车同相交道路直行头车在冲突点 CP_{LL} 上的安全交叉时间,s;

$\sum n$——设计周期流量,veh。

2)冲突点法各参量的计算过程

(1)设计周期流量的计算

$$\sum n = \sum n_s + n'_{Lb} + \sum n'_{Lm} = \sum n_s + l'q' - p \qquad (7\text{-}26)$$

式中:q'——对向进口道上的周期流量,veh;

n'_{Lb}——绿灯初期通过交叉口的对向左转车的周期流量,veh;

p——一次绿灯期间,在交叉口一侧可以停放的左转车辆数,veh;

l'——对向进口道上左转车所占的百分数。

(2)绿灯时长的计算

$$G \geqslant h_m \sum n + \alpha_m + \beta - mh_m = h_m \sum n + g \qquad (7\text{-}27)$$

式中:α_m——绿灯期间因对向左转车穿越空当所需的附加时间,s;

m——直行车道数,当 $m = 1$ 时,$\alpha_m = \alpha_1 = \mu(\tau - 2h_1)$;当 $m = 2$ 时,$\alpha_m = \alpha_2 = \mu(2\tau - 3h_2)$;

β——绿灯期间,决定于对向左转头车是否能够在直行头车之前到达冲突点的附加时间,s;当对向无专用左转车道时,$\beta = t_{Tf} - t_{Tl}$;当对向有专用左转车道时,$\beta = t_{Tf} - t_{Tl}$;

g——绿灯期间综合附加时间,s,$g = \alpha_m + \beta - mh_m$。

某一相位所需绿灯时长可取这一相位计算得出的本向或对向中最长的绿灯时间。

(3)黄灯时长的计算

$$Y = ph_L + \varepsilon + \delta = ph_L + y \qquad (7\text{-}28)$$

式中:ε——黄灯(或绿灯间隔)期间,因改变交通运行所需的附加时间 $\varepsilon = \tau_1 - h_L$,s;

δ——黄灯期间,因换向所需附加的时间,s;侧向无专用左转车道时,$\delta = t_{Tl} + \tau_{LL} - t''_{Lf}$;侧向有专用左转车道时,$\delta = t_{Tl} + \tau_{LT} - t''_{Tf}$;

y——黄灯期间的综合附加时间,s,$y = \varepsilon + \delta$。

某一相位所需黄灯(或绿灯间隔)时长可取这一相位计算得出的本向或对向中最长的黄灯时间。

3)冲突点法的特点

冲突点法在同一绿灯时间内考查直行车与对向左转车的冲突点,比停车断面法更接近车辆通过交叉口的实际运行状态。通过该方法分析得到的定时信号周期时长、绿灯时长、黄灯时长能够更为有效地控制通过交叉口的交通流,提高交通设施的效率。

4)冲突点法的适用条件

①适用于两相位控制的交叉口,如图 7-6 所示,有无左转专用车道均可,也可有多条直行车道。

②在配时之前需要先获得较多的数据,如车辆到达冲突点的时间、可穿越间隙等。

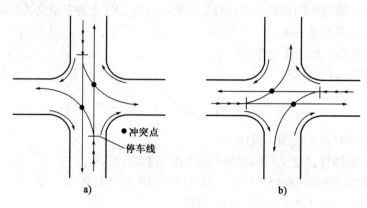

图 7-6 交叉口示意图

7.4 单点感应控制算法

HCM 方法表达式如下。

1）最短绿灯时间的估计模型

服务车队时间的表达式如下：

$$g_s = f_q \frac{q_r r}{s - q_g} \tag{7-29}$$

式中：g_s——服务车队时间，s；

f_q——$1.08 - 0.1$（实际绿灯时间/最长绿灯时间）^{2}；

q_r、q_g——分别为红灯时间内车辆到达率和绿灯时间内车辆到达率，辆/s；

r——有效红灯时间，s；

s——饱和流率，辆/s。

2）单位绿灯延长时间

绿灯延长时间的表达式如下：

$$g_e = \frac{e^{\lambda(e_0 + t_0 - \Delta)}}{\varphi q} - \frac{1}{\lambda} \tag{7-30}$$

式中：g_e——绿灯延长时间，s；

q——整个周期内车辆到达率，veh/s；

e_0——设置的单位延长时间，s；

t_0——车辆通行占据检测器的时间，s，其中：

$$t_0 = \frac{0.68(L_d + L_V)}{S_A} \tag{7-31}$$

L_d——车辆长度，m，假设为 5.5m；

L_V——检测长度，m；

S_A——车辆在进口的速度，km/h；

φ——自由行驶的车辆所占比例；

Δ——到达车辆最小车头时距,s;

λ——参数,感应相位控制的所有车道组每秒钟通过的车辆数,辆/s,由下式计算可得:

$$\lambda = \frac{\varphi q}{1 - \Delta q} \tag{7-32}$$

式中:$\varphi = e^{-b\Delta q}$,参数推荐值见表7-2。

参 数 推 荐 值　　　　　　　　　　表7-2

车 道 类 型		Δ	b
单车道		1.5	0.6
多车道	2车道	0.5	0.5
	3条或更多车道	0.5	0.8

3) 最长绿灯时间

最长绿灯时间按照定时周期的方法进行确定。

4) 计算绿灯时间的步骤

使用绿灯时间估计模型并不难,由于每个相位需要的绿灯时间取决于其他相位需要的绿灯时间,并不能由模型直接确定平均周期长或绿灯时间。因此各相位的绿灯时间,相互依赖,需要迭代运算才能确定各个相位的绿灯时间,并且在每步迭代时,只有给出其他相位需要的绿灯时间,才可确定每个相位需要的绿灯时间。

迭代过程的逻辑开始点是每个相位的最短相位时间,如果这些时间对所有相位而言都是足够的,则周期长度可由这些关键相位时间之和求得;当某个相位需要时间大于最短相位时间,则应该分配给该相位更多时间,从而导致其他相位的红灯时间变长,而该相位的绿灯时间增加。

7.5　行人相位配时算法

HCM中行人信号控制参数表达式如下。

1) 行人绿灯时间(WALK)表达式

$$\mathrm{WALK} = t_r^p + \frac{N_p}{S_p W_E} \tag{7-33}$$

式中:WALK——行人绿灯时间,s;

t_r^p——绿灯启亮时,行人启动反应时间,s;

N_p——行人绿灯信号开始时等待的人数,一般等于一个周期行人的到达量,ped;

S_p——行人流率,即单位时间单位宽度内通过某一断面的人数,ped/(m·s);

W_E——人行横道的有效宽度,m。

HCM研究取值:$t_r^p = 3.2s$,$S_p = 1.32 \mathrm{ped}/(m \cdot s)$,并给出经验公式如下:

$$\mathrm{WALK} = 3.2 + 0.81 \frac{N_p}{W_E}, W_E > 3.0 \mathrm{m} \tag{7-34}$$

$$\text{WALK} = 3.2 + 0.81\frac{N_p}{3.0} = 3.2 + 0.27N_p, W_E \leqslant 3.0\text{m} \tag{7-35}$$

2)行人绿闪时间(FDW)表达式

$$\text{FDW} = \frac{L_c}{S_{15}^p} \tag{7-36}$$

式中:FDW——行人绿闪时间,s;

L_c——人行横道一端路缘石到对侧最远车道中线的距离,通常取人行横道长,m;

S_{15}^p——行人15%位行走速度,m/s,一般取1.2m/s。

行人相位时间 g_p 等于行人绿灯时间 WALK 和行人绿闪时间 FDW 之和,表达式如下:

$$g_p = \text{WALK} + \text{FDW} \tag{7-37}$$

7.6 基于混合交通特性的算法及应用实例

7.6.1 基于间隙理论的半感应初始绿灯算法及应用实例

1)基于间隙理论的半感应初始绿灯算法

该算法是考虑与左转车同相位放行的行人自行车群对左转车的横向干扰,来确定初始绿灯时间的方法。HCM 法没有将行人自行车的干扰考虑进来,可以认为该法是对 HCM 方法的改良,是针对我国混合交通状况的方法。

(1)初始绿灯时间

从左转车与行人自行车群的冲突关系入手,利用间隙接受理论将二者关联研究。根据红灯期间及初始绿灯时间内左转车排队车辆的到达与初始绿灯时间内疏散车辆离去平衡进行建模,以保证排队的左转车辆在初始绿灯时间内全部离开通过交叉口,即可得初始绿灯时间内疏散的左转车辆数 = 红灯及初始绿灯时间内到达的左转车辆数,其表达式如下:

$$\frac{g_s'}{\bar{t}_{a_{pb}}} \cdot n_1 = q_r R + q_g g_s' \tag{7-38}$$

由公式(7-38)整理变形得,初始绿灯时间的简约表达式如下:

$$g_s' = \frac{q_r R}{\dfrac{n_1}{\bar{t}_{a_{pb}}} - q_g} \tag{7-39}$$

根据左转车的平均可接受间隙与临界间隙的关系分析,在每个平均可接受间隙时间里能够让左转车通过的车辆数为 n_1 个,则平均可接受间隙公式表达式如下:

$$\bar{t}_{a_{pb}} = t_{c_{pb}} + (n_1 - 1) \cdot H_f \tag{7-40}$$

经推导得,每个平均可接受间隔通过的车辆数表达式如下:

$$n_1 = 1 + \text{Int}\left[\frac{\bar{t}_{a_{pb}} - t_{c_{pb}}}{H_f}\right] \tag{7-41}$$

初始绿灯时间的最终表达式如下:

$$g'_s = \cfrac{q_r \cdot R}{\cfrac{1}{\bar{t}_{a_{pb}}} \cdot \left\{1 + \text{Int}\left[\cfrac{\bar{t}_{a_{pb}} - t_{c_{pb}}}{H_f}\right]\right\} - q_g} \tag{7-42}$$

式中：g'_s——初始绿灯时间，单位：s；

q_r、q_g——分别为进口道红灯时间和绿灯时间的左转车辆到达率，该数据通过结合现状的情况进行流量统计调查实现，辆/s；

R——有效红灯时间，通过冲突相位的绿灯时间来计算，s，公式 $R = G_e + Y + A$，Y 是绿灯间隔时间，没有现场观测值时可以取为4s，A 为全红时间，没有现场观测值时可以取为2s；

n_1——在每个平均可接受间隙时间里，通过人行横道的左转车辆数，辆；

$\bar{t}_{a_{pb}}$——左转车穿越行人自行车群的平均间隙，通过视频观测数据对可接受间隙进行平均计算，s；

$t_{c_{pb}}$——左转车穿越行人自行车群的临界间隙，通常将统计的拒绝间隙和可接受间隙通过RAFF图解法进行计算，s；

H_f——左转车车头时距，现场测量，没有现场观测值时可以取2.5s，s；

Int[ ]——取整计算，计算值小于1的，按1计算。

初始绿灯时间的设置还要考虑结合过街安全时间进行设置。

行人安全过街时间的简约表达式为：

$$g_{p\min} = 7 + \frac{L_{p1}}{v_p} - I \tag{7-43}$$

则初始绿灯时间的简约表达式应为：

$$G_{\min} = \max[g'_s, g_{p\min}] \tag{7-44}$$

即：

$$G_{\min} = \max\left[\cfrac{q_r \cdot R}{\cfrac{1}{\bar{t}_{a_{pb}}} \cdot \left\{1 + \text{Int}\left[\cfrac{\bar{t}_{a_{pb}} - t_{c_{pb}}}{H_f}\right]\right\} - q_g}, 7 + \frac{L_{p1}}{v_p} - I\right]$$

(2) 单位绿灯延长时间

单位绿灯延长时间的计算方法与传统的HCM算法相同。

(3) 最长绿灯时间

最长绿灯时间的计算方法与传统的HCM算法相同。

改进的HCM算法的适用条件：

(1) 左转车辆的车型限定于小型车。

(2) 调查时段安排在行人自行车高峰时段。

(3) 行人自行车群与左转车驾驶员的年龄、性别等没有进行细致考虑，假设行人自行车群和左转车驾驶员均为平均水平的交通参与者。

(4) 交叉口限定为两相位信号控制T形交叉口，且交叉口的两条相交的道路的流量差别较大，主次明显，一般为主干道与次干道相交的交叉路口，感应方向设置在单方向进口道。

(5) 交叉口渠化条件。左转车具有专用道，但没有专用相位，且感应相位的机动车的波动性较大。

2)算法应用实例

(1)数据采集

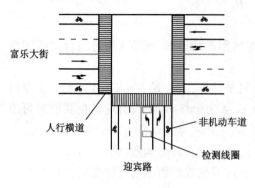

图7-7 富乐大街-迎宾路交叉口

以北京市怀柔区富乐大街-迎宾路T形交叉口(简称迎宾北灯岗)作为研究地点。对该交叉口进行数据采集,在晚高峰17:00—18:00时段分别对感应方案试验前后的流量与延误进行调查,并通过对该路口的视频数据完成间隙观测。该路口富乐大街方向具有两个进口,作为主要道路方向,该方向为非感应方向;迎宾路方向只有一个进口,作为次要道路方向,该方向为感应方向。检测器安装在迎宾路的进口方向,如图7-7所示。经数据采集得到数据见表7-3。

现状定周期信号配时方案(单位:s)　　　　　表7-3

相位1	相位2	黄灯时间	全红时间	周期时长
55	35	4	2	102

注:相位1为富乐大街方向,相位2为迎宾路方向。

现状定周期控制信号配时图如图7-8所示。

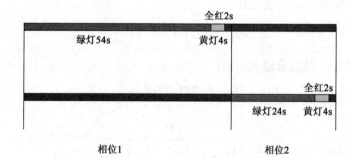

图7-8 现状定周期控制信号配时图

富乐大街-迎宾路交叉口现状流表和现状方案延误表分别见表7-4、表7-5。

富乐大街-迎宾路交叉口现状流量表　　　　　表7-4

进口道	机动车				非机动车	
	左转	直行	右转	总流量	行人	自行车
东进口	553	426	—	979	33	33
南进口	128	—	262	390	71	112
西进口	—	550	147	697	122	329

富乐大街-迎宾路交叉口现状方案延误表　　　　　表7-5

方向	控制延误(s)	实际停驶数	进口总流量	服务水平	交叉口延误(s)
东进口	35.1	497	979	D	22.2
南进口	8.3	62	390	A	交叉口服务水平
西进口	11.9	262	697	B	C

（2）数据分析

①流量分析

通过在富乐大街-迎宾路交叉口对现状与优化试验时流量进行调查（表7-6），可以看出：东西向为主要道路方向，机动车流量比较大；南进口方向为次要道路方向，流量相当较低，左转车流量为该方向的关键流量。行人自行车流量为每个进口前的人行横道流量，由于西进口前的行人自行车流量与南进口的左转车的冲突关系比较严重，因此，这也是研究的关键。

富乐大街-迎宾路交叉口优化试验流量表　　　　表7-6

进口道	机动车				非机动车	
	左转	直行	右转	总流量	行人	自行车
东进口	526	474	—	1000	15	54
南进口	136	—	275	411	63	102
西进口	—	382	145	527	137	504

注："—"表示没有该方向的流量数据。

②间隙分析

通过利用间隙观测标准对此交叉口的视频数据观测，共得到114个拒绝间隙，92个可接受间隙。左转车穿越行人自行车群的平均可接受间隙为5.8s，利用RAFF方法得到的临界间隙值为4.4s。分组累计间隙统计结果见表7-7。

分组累计间隙统计表　　　　表7-7

分组值	大于分组值的拒绝间隙数量	小于分组值可接受间隙数量	分组值	大于分组值的拒绝间隙数量	小于分组值可接受间隙数量
1.0	112	0	4.6	13	19
1.6	101	1	5.2	7	39
2.2	86	1	5.8	3	54
2.8	63	3	6.4	2	71
3.4	40	4	7.0	1	83
4.0	24	7	7.6	0	92

由表7-7可以得出RAFF图，如图7-9所示。

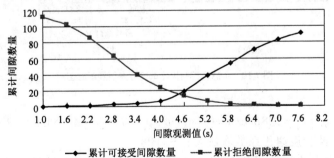

图7-9　富乐大街-迎宾路交叉口临界间隙分析图

(3)信号配时方案的计算

①基于间隙理论的半感应初始绿灯算法

a. 初始绿灯时间计算。

根据式(7-39)进行计算,将红灯期间的到达率等同于绿灯时间的到达率才进行计算。

根据调查测得 $q_r = q_g = 128 \text{pcu/h} = 0.04 \text{pcu/s}, \bar{t}_{a_{pb}} = 5.8\text{s}, t_{c_{pb}} = 4.4\text{s}, R_2 = G_{e1} + I + A = 54 + 4 + 2 = 60(\text{s})$,则初始绿灯时间为:

$$g'_s = \frac{0.04 \times (54 + 4 + 2)}{\frac{1}{5.8} \times \text{Int}\left[\frac{5.8 - 4.4}{2.5}\right] - 0.04} = 18(\text{s})$$

b. 单位绿灯延长时间。

单位绿灯时间的计算,根据第二个检测器到停车线的距离与车辆在交叉口进口道的车速来计算,第二检测器距离停车线距离为30m,进口道的运行速度在30km/h左右,因此,根据计算值及经验值,单位绿灯延长时间取4s[4,40]。

c. 最长绿灯延长时间。

为了保证主要方向道路的通行畅通,在感应方向(次要方向)设置最长绿灯时间,一般按照此方向定周期控制时间绿灯时间长度的1.5倍来计算,所以最长绿灯时间为:

$$G_{\max} = 24\text{s} \times 1.5 = 36\text{s}$$

所以,最终得出半感应控制信号配时方案见表7-8,半感应控制优化试验方案信号配时图如图7-10所示。

半感应控制优化试验方案信号配时计算表(单位:s)　　　表7-8

相 位 1	相 位 2		黄 灯 时 间	全 红 时 间
54	初始绿灯时间	18	4	2
	单位绿灯延长时间	4		
	最长绿灯延长时间	36		

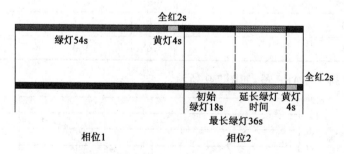

图7-10　半感应控制优化试验方案信号配时图

②HCM方法

根据调查得出 $q_r = q_g = 128\text{pcu/h} = 0.04\text{pcu/s}, r = G_{e1} + I + A = 54 + 4 + 2 = 60(\text{s}), s = 1440/3600 = 0.4\text{pcu/s}$,排队长度修正系数取最大 $f_q = 1.08$。

利用HCM方法中的初始绿灯时间计算模型见公式(7-29),计算得出的初始绿灯时间如下:

$$g_s = f_q \frac{q_r r}{s - q_g} = 1.08 \times \frac{0.04 \times (54 + 4 + 2)}{0.4 - 0.04} = 7.2(s) \approx 8(s)$$

由于 HCM 方法计算的初始绿灯时间小于行人过街的最短时间,不满足行人过街的安全时间要求,所以,初始绿灯时间要满足行人过街的安全时间要求,因此感应相位的初始绿灯时间,按照行人过街的安全时间进行设置,取 16s。

单位绿灯延长时间与最长绿灯时间与上述计算一致,利用 HCM 方法计算的半感应配时方案见表 7-9,半感应控制仿真试验方案信号配时图如图 7-11 所示。

半感应控制仿真试验方案信号配时计算表(单位:s)　　　　表 7-9

相位 1	相位 2		黄灯时间	全红时间
54	初始绿灯时间	16	4	2
	单位绿灯延长时间	4		
	最长绿灯延长时间	36		

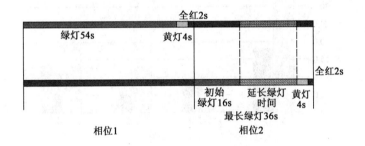

图 7-11　半感应控制仿真试验方案信号配时图

(4)方案对比

①改进的 HCM 法

方案的评价主要选择信号控制延误、服务水平作为评价指标进行评价。评价指标数据见表 7-10、表 7-11 及图 7-12、图 7-13。

富乐大街-迎宾路交叉口优化试验方案延误表　　　　表 7-10

方　向	控制延误(s)	实际停驶数	进口总流量	服务水平	交叉口延误(s)
东进口	18.1	427	1000	B	13.8
南进口	11.2	122	411	B	交叉口服务水平
西进口	7.8	123	527	A	B

富乐大街-迎宾路交叉口现状与优化试验方案延误对比表　　　　表 7-11

方　向	现状方案控制延误(s)	优化方案控制延误(s)	减少延误量(s)	减少百分比(%)
东进口	35.1	18.1	17.0	48.4
南进口	8.3	11.2	-2.9	-34.8
西进口	11.9	7.8	4.1	34.9
交叉口	22.2	13.8	8.4	37.8

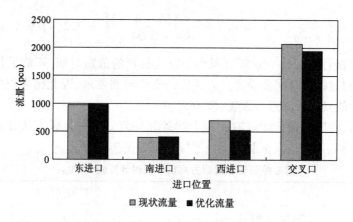

图 7-12 富乐大街-迎宾路交叉口现状方案与优化试验方案流量对比图

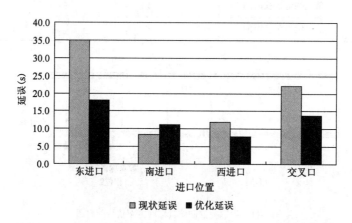

图 7-13 富乐大街-迎宾路交叉口现状方案与优化试验方案延误对比图

从评价指标的分析结果可以看出,改进 HCM 算法的半感应控制信号配时方案下的交叉口平均控制延误比现状定周期控制信号配时方案下的交叉口平均控制延误减少 8.4s,降低 37.8%。交叉口总体服务水平从现状的 C 级水平提高到 B 级水平,主要方向道路的两个进口的控制延误也大幅度降低,只是次要方向道路的控制延误比现状方案略微增加 2.9s。由于半感应控制方案主要是对主要方向道路有利的,因此次要方向道路的延误有所增加也是有一定的可能性,但总体看来,整个交叉口的平均控制延误和服务水平都有很大改善。

② HCM 法

由于 Sychro 仿真软件是以 HCM 算法为理论基础进行编程的,所以将 HCM 算法计算出的方案利用 Sychro 仿真软件进行仿真,并以延误和服务水平作为评价指标进行评价分析。评价指标数据见表 7-12、表 7-13 及图 7-14。

富乐大街-迎宾路交叉口仿真试验方案延误表 表 7-12

方向	控制延误(s)	进口总流量	服务水平	交叉口延误(s)
东进口	41	1000	B	26.7
南进口	16.9	411	B	交叉口服务水平
西进口	6.2	527	A	C

优化试验方案与仿真试验方案的延误对比分析表　　　　表7-13

方　向	优化方案控制延误(s)	仿真方案控制延误(s)	增加延误量(s)	增加百分比(%)
东进口	18.1	41	22.9	126.5
南进口	11.2	16.9	5.7	50.9
西进口	7.8	6.2	-1.6	-20.5
交叉口	13.8	26.7	12.9	93.5

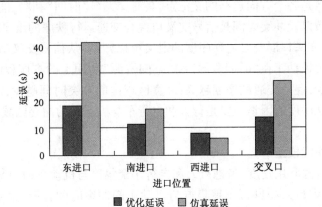

图7-14　富乐大街-迎宾路交叉口优化方案与仿真方案延误对比图

从评价指标的分析结果可以看出,基于HCM算法的半感应控制信号配时仿真方案与基于改进HCM算法的半感应控制信号配时优化方案相比较,交叉口总平均控制延误增加了12.9s,增加幅度为93.5%。交叉口总体服务水平从优化方案的B级水平提高到仿真方案的C级水平,主要方向道路的西进口的控制延误稍微有所降低,仅为1.6s;主要方向道路的东进口及次要道路方向的控制延误比优化方案都有所增加,东进口增加最大为22.9s。

虽说仿真试验与现场试验有一定的差异性,但大致的变化趋势具有一定的参考价值。因此,可以说改进HCM算法计算的优化配时方案比用HCM方法计算的仿真配时方案更具有优势。

7.6.2　基于混合交通秩序度的控制策略优化方法及应用实例

1) 基于混合交通秩序度的控制策略优化方法

该方法是针对信号交叉口混合交通特性,把行人和自行车作为一种与机动车分离的交通主体,基于交叉口混合交通秩序度,兼顾交叉口运行效率基于控制策略的重要性,来对交通信号控制策略进行优化设计的方法。

(1) 混合交通秩序度

① 混合交通秩序度的定义

在定义混合交通秩序度的概念之前,需要对混合交通秩序度的前提假设条件进行界定。

a. 所考虑的交叉口为城市道路平交信号交叉口,包括十字形交叉口和丁字形交叉口以及多支路交叉口等。

b. 均考虑行人和自行车经过人行横道通过交叉口,同时行人和自行车以二次过街的方式通过交叉口。

c. 交叉口人行横道行人和自行车处于中高交通强度状态。当行人和自行车交通强度状态处于低等级状态的时候,行人和自行车对交叉口混合交通运行的强度影响较弱,可以看为是对机动车的一种干扰,化为一种对机动车的折算系数对交叉口进行优化设计,当行人和自行车交通强度状态处于中高强度状态的时候,行人和自行车已经成为交叉口混合交通运行的重要交通对象,不能仅仅把行人和自行车化为一种对机动车的干扰,行人和自行车影响着交叉口混合交通的秩序程度。

城市道路交叉口是各个方向道路的交汇点,具有交叉口"时间"和"空间"两类资源。减少混合交通的冲突区域以及冲突时间是信号交叉口混合交通运行秩序的重要保障。

因此,城市信号交叉口混合交通秩序度的定义可以归纳:从信号交叉口时空资源角度,描述行人和自行车以及机动车在"时间资源"和"空间资源"利用上的有序程度。行人自行车与机动车冲突区域越少,混合交通秩序度越高;冲突区域内的冲突时间越少,混合交通秩序度越高。影响混合交通秩序度的因素主要是行人和自行车与机动车的冲突区域数量和在冲突区域发生的冲突时间。

②混合交通秩序度模型

从交叉口空间资源利用角度,考虑行人和自行车聚集群与机动车的冲突区域;从交叉口时间资源利用角度,考虑行人和自行车聚集群与机动车的冲突时间,基于信号交叉口时空分析法,建立了信号交叉口混合交通秩序度模型。混合交通秩序度模型从交叉口时空资源利用角度定量地描述了混合交通运行的有序程度,其表达式为:

$$O = 1 - \frac{\sum \overline{T} S_{ij}}{\sum TS} \quad (7\text{-}45)$$

式中:O——信号交叉口混合交通秩序度;
$\overline{T}$——信号交叉口行人和自行车聚集群与机动车的冲突时间,s;
T——信号交叉口总的绿灯时间,s;
S_{ij}——当前控制策略下信号交叉口聚集群与机动车的冲突区域,m²;
S——信号交叉口聚集群与机动车总的冲突区域,m²。

③行人和自行车与机动车冲突时间计算

计算信号交叉口混合交通秩序度,需要计算信号交叉口行人和自行车聚集群与机动车的理论冲突时间。由于绿灯放行第二阶段随机单体阶段的行人和自行车与机动车冲突干扰较小,只针对信号交叉口绿灯放行第一阶段的行人和自行车聚集群。行人和自行车聚集群与机动车的理论冲突时间可以抽象地理解为:聚集群通过行人和自行车与机动车冲突区域的时间。

基于信号交叉口人行横道"虚拟网格化"模型,聚集群可以定量描述为在规则"虚拟网格"上的一个规则群队列,行人和自行车聚集群通过冲突区域,也就是这个规则的群队列通过这个冲突区域,示意图如图7-15所示,图中的Q区域为行人和自行车与机动车的理论冲突区域。

行人和自行车聚集群通过这个冲突区域包括两部分时间:一部分时间为整个行人自行车聚集群进入冲突区域的时间;另一部分时间为整个行人和自行车聚集群通过冲突区域的时间。

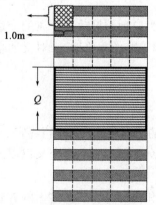

图 7-15 "虚拟网格化"模型示意图

因此,可以建立信号交叉口行人和自行车与机动车的理论冲突时间模型,表达式为:

$$t = \frac{L}{V} + x\frac{Q}{Y} \tag{7-46}$$

式中:t——聚集群与机动车的冲突时间,s;
　　L——冲突区域长度,m;
　　V——聚集群折算速度,m/s;
　　x——聚集群间隔的平均时距,s;
　　Q——聚集群所占虚拟网格的长度,m;
　　Y——人行横道横向虚拟网格长度,m。

公式(7-46)考虑了两个部分的时间:第一项的时间为L/V,聚集群的第一列从开始进入冲突区域到通过冲突区域所需要的时间,其中,L为冲突区域的纵向长度,V为行人和自行车聚集群的折算速度;第二项的时间为$x(Q/Y)$,根据前面的"虚拟网格化"方法,为了方便计算,假设行人和自行车聚集群是以规则的队列通行,聚集群可以看作很多排连续的规则队列。第二项的时间为聚集群的每一行队列通过冲突区域起始边缘线的累积时间,即聚集群每一列通过该初始线的时间间隔累积值。X为每一行队列间通过初始线的时间间隔,Q为所有行人和自行车所占虚拟网格的数量,Y为每一列行人和自行车所占虚拟网格的数量。

(2)控制策略优化

优化目的是为了在一定条件范围内,提高信号交叉口的混合交通秩序度,并且兼顾交叉口通行效率。选取混合交通秩序度和信号交叉口机动车延误作为优化指标进行设计,由于混合交通秩序度和机动车延误的类型不同,为了便于优化分析,控制策略的优化方法选用基于序贯决策的方法。

序贯决策即决策是序贯地进行的,用于随机性或不确定性动态系统最优化的决策方法。序贯决策的思想是从初始状态开始,每个时刻做出最优决策后,接着观察下一步实际出现的状态,即收集新的信息,然后再做出新的最优决策,反复进行直至最后。

基于序贯策略的思想,控制策略的优化设计分为两步:第一步为混合交通秩序度的优化,第二步为信号交叉口机动车延误的优化。

①混合交通秩序度优化

信号控制策略的优化目标是提高信号交叉口混合交通秩序度,因此可以得到交叉口混合交通秩序度优化的目标函数,其表达式如下:

$$\max O = 1 - \frac{\sum \overline{T}S_{ij}}{\sum TS} \tag{7-47}$$

$$\text{s.t.} \quad \overline{T} \leq T$$
$$\overline{T}, T \geq 0$$
$$12 \geq i \geq 0$$
$$4 \geq j \geq 0$$
$$S_{ij} \leq S$$
$$S_{ij}, S \geq 0$$

通过数学变换,原目标函数(7-47)可以转化为:

$$\min O = \frac{\sum \overline{T}S_{ij}}{\sum TS} \tag{7-48}$$

$$\text{s.t.} \ \overline{T} \leq T$$
$$\overline{T}, T \geq 0$$
$$12 \geq i \geq 0$$
$$4 \geq j \geq 0$$
$$S_{ij} \leq S$$
$$S_{ij}, S \geq 0$$

从目标函数(7-48)中,对于一个信号交叉口,T、S 为固定值,因此使目标函数(7-48)最小化,也就是使目标函数 1 最大化,那么需要 $\sum \overline{T} S_{ij}$ 取得最小化,$\overline{T}$、S_{ij} 取得最小化。对一个信号交叉口来说,优化信号控制策略,那么需要在交叉口交通组织形式条件许可的情况下,减少行人和自行车与机动车冲突区域,并减少行人自行车与机动车冲突区域内发生的冲突时间。

a. 行人和自行车与机动车冲突区域优化。

在信号交叉口人行横道内,行人和自行车与机动车的冲突区域共有 9 个,如图 7-16 所示,北进口的人行横道存在的冲突区域的序号为(11,1),(7,1),(12,1);东进口的人行横道内存在的冲突区域的序号为(12,2),(1,2),(9,2);南进口的人行横道内存在的冲突区域的序号为(10,3),(3,3),(9,3);东进口的人行横道内存在的冲突区域的序号为(11,4),(5,4),(10,4)。为了提高信号交叉口混合交通秩序度,减少行人和自行车与机动车的冲突区域,那么可以通过增加信号相位来进行优化。例如,在信号交叉口西进口增加一个左转保护相位,那么就可以减少北进口人行横道行人和自行车与机动车冲突区域(7,1);在信号交叉口东进口增加一个右转保护相位,那么就可以减少北进口人行横道行人和自行车与机动车冲突区域(12,1)。

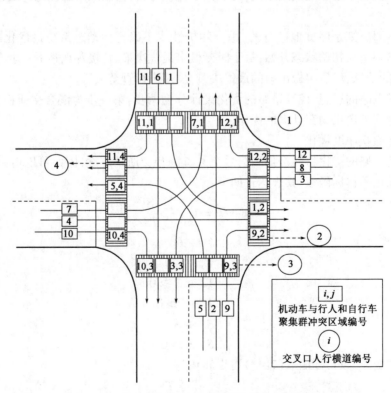

图 7-16 交叉口行人和自行车聚集群与机动车冲突区域编号

b. 行人自行车与机动车冲突区域内发生冲突时间优化。

行人自行车与机动车冲突时间的减少，可以通过调整相位相序的方法，可以通过让两者中的一方先通过冲突区域，另一方后通过冲突区域，从而减少冲突区域内的发生冲突的时间。例如，减少北进口人行横道冲突区域(7,1)的行人自行车与机动车冲突时间，那么可以通过提前放行行人自行车，让行人自行车先通过冲突区域，行人自行车提前放行的时间可以用下式进行计算：

$$t_c = \frac{l_c}{V} \tag{7-49}$$

式中：t_c——行人自行车到达冲突区域的时间，s；
l_c——行人自行车距离冲突区域的距离，m；
V——聚集群折算速度，m/s。

为了减少信号交叉口右转机动车与行人自行车的冲突时间，可以对右转机动车实施保护相位控制，保护相位的长度可以根据下式进行计算：

$$\overline{T_{ij}} = t_c + t \tag{7-50}$$

式中：$\overline{T_{ij}}$——右转机动车保护相位的时间，s；
t_c——行人自行车到达冲突区域的时间，s；
t——聚集群与机动车的冲突时间，s。

c. 混合交通秩序度与信号控制策略的关系分析。

基于信号交叉口混合交通秩序度模型，按照理论方法可以计算得到交叉口不同行人和自行车流量下，不同控制策略的混合交通秩序度标准值见表7-14，信号控制策略与混合交通秩序度的关系如图7-17所示。

不同信号控制策略下混合交通秩序度的标准值　　表7-14

混合交通控制策略	900人/h 500辆/h	1000人/h 500辆/h	1100人/h 600辆/h	1200人/h 700辆/h	1300人/h 800辆/h	1400人/h 900辆/h	1500人/h 1000辆/h	1600人/h 1100辆/h
二相位控制	0.57	0.55	0.53	0.51	0.49	0.48	0.47	0.46
组合两相位	0.64	0.62	0.60	0.58	0.57	0.56	0.55	0.54
四相位控制	0.72	0.70	0.68	0.66	0.65	0.64	0.63	0.62
组合四相位	0.82	0.80	0.78	0.76	0.75	0.74	0.73	0.72

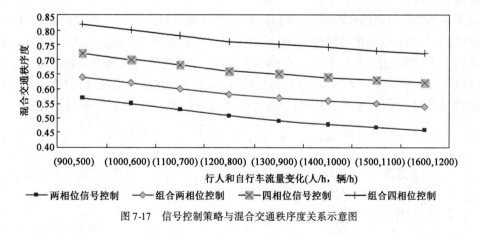

图7-17　信号控制策略与混合交通秩序度关系示意图

②信号交叉口延误优化

信号控制策略优化设计在提高交叉口混合交通秩序度的同时，兼顾考虑交叉口的机动车通行效率，选取以减少交叉口机动车延误为优化目标，因此机动车延误的优化目标函数为：

$$\min d = d_1(\text{PF}) + d_2 + d_3 \tag{7-51}$$
$$\text{s.t.} \ d_1 \geqslant 0$$
$$d_2 \geqslant 0$$
$$d_3 \geqslant 0$$

式中：d——每辆车的控制延误(s/辆)；

d_1——均匀控制延误，为假设车辆均匀到达时的延误；

PF——均匀延误信号联动修正系数，表示信号联动控制的影响；

d_2——增量延误，是由于车辆随机到达和过饱和排队引起的延误，其计算与分析时段和信号控制有关，并假设分析开始时，车辆组内没有排队车辆；

d_3——初始排队延误，表示由于在分析时段时有排队车辆而对分析时段内所有车辆引起的延误，s/辆。

a. 均匀延误。

假定车辆是均匀到达，交通流为稳定流，无初始排队，可用下式估计延误错误。这是根据韦伯斯特延误公式的第一项得到的。

$$d_1 = \frac{0.5C\left(1 - \frac{g}{C}\right)^2}{1 - \min(1, X)\frac{g}{C}} \tag{7-52}$$

式中：d_1——均匀控制延误，是假定车辆均匀到达得到的，s/辆；

C——信号周期长，s，是定周期控制信号的周期长度，或者是感应控制平均信号周期长度；

g——车道组的有效绿灯时间，s，是定时信号控制的绿灯时间；

X——v/c，即车道组的饱和度。

由于它能很好地描述均匀到达情况下延误而被广泛接受。特别需要指出的是，在 d_1 值得计算中，X 的值不能大于 1。

b. 增量延误。

由于车辆费均匀到达和暂时性的信号周期故障(随机延误)，以及由于持续的过饱和(过饱和延误)引起的延误为增量延误，可用下式计算。增量延误对车道组的饱和度(X)、分析时段长度(T)、车道组的通行能力(c)和由控制参数(k)决定的信号控制类型非常敏感。增量延误公式假定在分析时段(T)开始时没有初始排队，如不用满足这一假定，应分析了初始排队对控制延误的影响。最后，增量，延误对于所有的 X 值都适用，包括高度饱和的车道组。

$$d_2 = 900T\left[(X-1) + \sqrt{(X-1)^2 + \frac{8kIX}{cT}}\right] \tag{7-53}$$

式中：d_2——增量延误，s/辆，即由于车辆随机影响和过饱和排队引起的延误，其计算与分析时段和信号控制有关，并假设分析时段开始时，车道组没有排队车辆；

T——分析时段，即分析持续时间长度，h；

k——增量延误参数,和控制设定有关;

I——交叉口上游汇入或限流的修正参数;

c——车道组通行能力,辆/h;

X——v/c,即车道组的饱和度。

c. 初始排队延误点。

在上一个分析时段结束后,仍然有车辆排队,使得在分析时段(T)开始时就有排队车辆。由于这部分排队车辆要在其后到达的车辆之前离开,因此引起了分析时段(T)内到达车辆额外延误。

信号交叉口平均控制延误与服务水平关系见表7-15,新建、改建交叉口设计服务水平宜取B级,治理交叉口宜取C级,C级以后为不理想状况。

交叉口平均控制延误与服务水平关系　　　　表7-15

服务水平	A	B	C	D	E	F
平均控制延误(s/veh)	≤10	11～20	21～35	36～55	56～80	>80

③控制策略优化流程

a. 总体优化思想。

确定目标交叉口是否需要进行信号控制策略优化设计。如果需要优化设计,那么优化设计过程分为两个阶段:第一个阶段为初始方案的选取,从信号控制策略库选取适合交叉口车道功能划分的所有控制策略,应用序贯决策思想,第一步以混合交通秩序度为优化目标,选取初步优选方案,第二步以交叉口机动车延误为优化目标,对初步优选方案进行比较,得到初选方案;第二个阶段为初选方案的优化,第一阶段得到的初选方案,需要进一步微调,从而选取最优控制策略,应用动态优化思想,对初选方案进行逐步微调,基于序贯决策法思想,第一步以混合交通秩序度为优化目标,选取初步优选方案,第二步以交叉口机动车延误为优化目标,对初步优选方案进行比较,得到最优控制策略。

b. 具体优化过程。

判断该信号交叉口原控制方案是否需要进行混合交通控制策略优化设计,以交叉口行人和自行车强度状态和混合交通秩序度为评价标准,如果目标交叉口高峰时段行人和自行车交通强度状态处于中高强度状态,并且混合交通秩序度低于标准值,那么该目标交叉口需要进行控制策略优化设计。反之,不需要进行优化设计。

第一阶段为选取初选方案。针对交叉口车道功能划分以及交通流特性,从信号控制策略库选取所有适合混合交通控制策略进行方案评选,第一步以混合交通秩序度为优化目标,选取初步优选方案,第二步以交叉口机动车延误为优化目标,对初步优选方案进行比较,得到初选方案。

第二个阶段为初选方案的微调。分别以混合交通秩序度和机动车延误为优化目标,针对初选优化方案进行微调优化,对初选方案在行人和自行车与机动车冲突区域内冲突时间进行优化。基于动态优化思想,对初选方案进行逐步微调(如以1s时间为间隔改变方案中行人和自行车提前放行的时间,进行一个动态的优化过程)。通过动态优化的过程,可以得到几种信号策略优化方案,基于序贯决策思想,根据效果评价而选取合适的局部最优信号控制策略。具体的优化流程如图7-18所示。

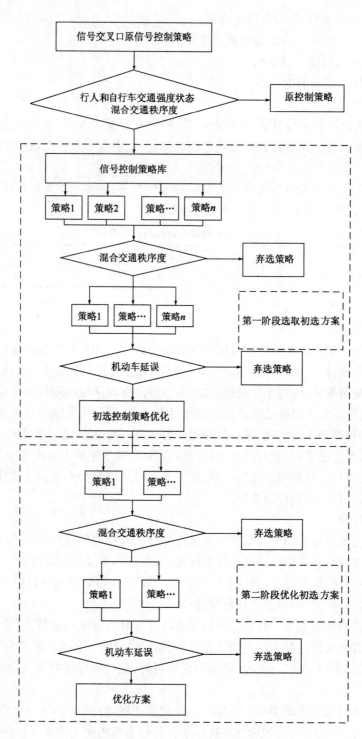

图 7-18 信号控制策略优化设计流程

2）应用实例

选取北京市怀柔区公路局路口为例，应用混合交通信号控制策略优化流程，对公路局路口进行了混合交通控制策略优化设计。公路局路口位于北京市怀柔区迎宾中路与府前街的交汇处,是一个典型的十字形交叉口,南北向和东西向进口道均为三车道,信号控制策略方案如图 7-19 所示。

采取视频调查的方法,调查时间为 2008 年 4 月 12 日上午高峰 7:00—8:00,具体的交通流量统计见表 7-16。由表 7-16 中可以看到,行人流量和自行车流量都比较大。通过计算,在高峰期间,公路局路口人行横道状态行人和自行车流率为 0.57unit/s;行人和自行车绿灯时间利用率 0.68;行人和自行车聚集群的空间占有率 0.16,行人和自行车交通强度处于中等强度状态。

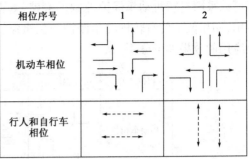

图 7-19 原信号控制方案

公路局交叉口早高峰流量统计表 表 7-16

进口道	机动车			非机动车	
	左转(pcu)	直行(pcu)	右转(pcu)	行人(人)	自行车(辆)
东进口	259	945	150	983	533
南进口	220	1059	148	951	484
西进口	250	971	229	994	442
北进口	218	1102	201	986	492

首先可以根据信号交叉口行人自行车聚集群与机动车的理论冲突时间模型(式 7-39),计算每个方向的行人自行车聚集群与转向机动车的理论冲突时间,计算结果见表 7-17。

公路局路口行人自行车聚集群与机动车的理论冲突时间 表 7-17

方向	东侧人行横道		南侧人行横道		西侧人行横道		北侧人行横道	
	南往北	北往南	西往东	东往西	南往北	北往南	西往东	东往西
冲突时间(s)	11	11	9	9	10	10	10	10

(1) 原控制策略

原控制策略下的信号配时(表 7-17),其中相位 1 为南北向机动车与行人和自行车相位,并且右转机动车许可型控制;相位 2 为东西向机动车与行人和自行车相位,并且右转机动车许可型控制,绿灯间隔时间为 5 秒,由混合交通秩序度模型(式 7-40),可以计算得到原控制策略下的信号交叉口的混合交通秩序度为 0.51,混合交通秩序度低于标准值,行人和自行车聚集群与转向机动车冲突非常显著,因此有必要对原控制方案进行优化设计。原控制策略下优化配时见表 7-18。

原控制策略下优化配时(单位:s) 表 7-18

相 位 1	相 位 2	周期长度
46	36	92

(2) 优化的第一阶段

从信号控制策略库选取适合车道功能划分的所有控制策略,通过控制策略的比选,选取初始优化方案。针对公路局路口的交通渠化形式,可以选取的控制策略有,从减少左转机动车与行人和自行车聚集群的冲突角度,可以采取行人和自行车提前放行策略,如图 7-20 所示,也可以采取四相位控制策略,如图7-21所示;从减少右转机动车与行人和自行车聚集群的冲突角度可以采取右转机动车保护控制的策略,如两相位下的右转机动车保护相位策略,如图7-22所示;四相位下的右转机动车保护相位策略,如图7-23所示。各种信号控制策略在公路局路口应用的效果如下分析。

图7-20 两相位行人自行车提前相位策略

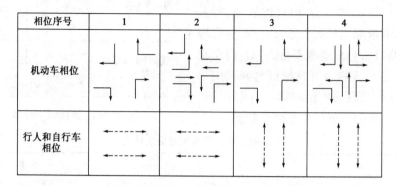

图7-21 四相位信号控制策略

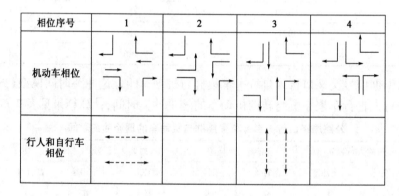

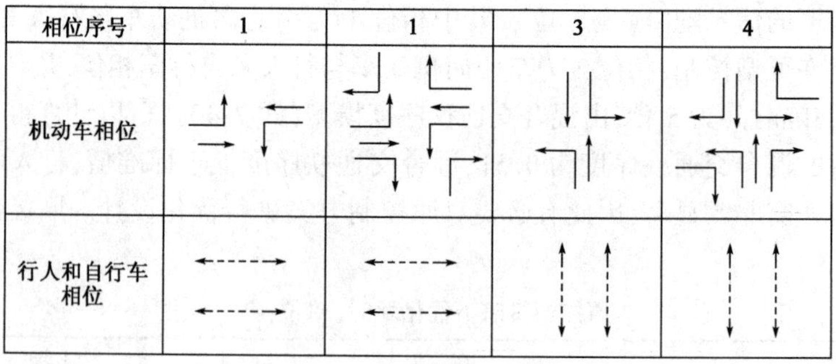

图7-22 两相位下右转机动车保护相位策略

① 两相位行人和自行车提前相位策略

由公式(7-42)计算得到,南北向行人和自行车提前5s;东西向行人和自行车提前4s。公路局路口两相位行人和自行车提前相位策略下的信号配时见表7-19。其中相位1为南北向机动车与行人和自行车相位,并且右转机动车许可型控制;相位2为东西向机动车与行人和自行车相位,并且右转机动车许可型控制,绿灯间隔时间为5s,提前时间为行人和自行车提前启动时间。

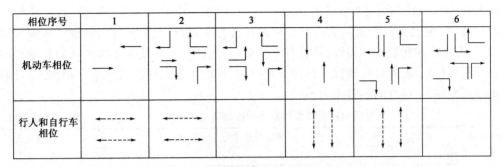

图7-23 四相位下右转机动车保护相位策略

两相位行人自行车提前相位优化配时(单位:s)　　　　　　　　　　表7-19

提前时间	相 位 1	提前时间	相 位 2	周 期 长 度
5	41	4	32	92

由混合交通秩序度模型式(7-40),可以计算得到两相位行人和自行车提前相位策略下的混合交通秩序度为0.63。

②两相位下右转机动车保护相位策略

由公式(7-43)计算得到,公路局路口右转机动车保护相位的长度,取交叉口四个方向计算值的最大值,保护相位的长度为12s。公路局路口两相位下右转保护相位下的信号配时见表7-20。其中,相位1为南北向机动车与行人和自行车相位,并且右转机动车许可型控制;相位2为东西向机动车与行人和自行车相位,并且右转机动车许可型控制,绿灯间隔时间为5s。

两相位右转机动车保护控制策略(单位:s)　　　　　　　　　　表7-20

右转车保护相位	相 位 1	右转车保护相位	相 位 2	周 期 长 度
12	46	12	36	92

由混合交通秩序度模型式(7-40),可以计算得到两相位下右转机动车保护相位策略下的混合交通秩序度为0.67。

③四相位信号控制策略

公路局路口在四相位信号控制策略下的信号配时可以由配时软件进行计算,见表7-21。其中,相位1为南北向机动车与行人和自行车直行相位,并且右转机动车许可型控制;相位2为南北左转机动车相位,并且右转机动车许可型控制;相位3为东西向机动车与行人和自行车直行相位,并且右转机动车许可型控制;相位4为东西左转机动车相位,并且右转机动车许可型控制,绿灯间隔时间为5s。

四相位控制策略信号配时(单位:s)　　　　　　　　　　表7-21

相 位 1	相 位 2	相 位 3	相 位 4	周期长度(s)
39	10	32	10	111

由混合交通秩序度模型式(7-40),可以计算得到四相位信号控制策略下的混合交通秩序度为0.72。

④四相位下右转机动车保护相位策略

由公式(7-7)计算得到,公路局路口右转机动车保护相位的长度,取交叉口四个方向计算值的最大值,保护相位的长度为12s。公路局路口四相位下右转保护相位下的信号配时见表7-22。其中,相位1为南北向机动车与行人和自行车直行相位,并且右转机动车许可型控制;相位2为南北左转机动车相位,并且右转机动车许可型控制;相位3为东西向机动车与行人和自行车直行相位,并且右转机动车许可型控制;相位4为东西左转机动车相位,并且右转机动车许可型控制,绿灯间隔时间为5s。

四相位右转机动车保护控制策略(单位:s)　　　　　表7-22

右转车保护相位	相位1	相位2	右转车保护相位	相位3	相位4	周期长度
12	27	10	12	20	10	111

由混合交通秩序度模型式(7-40),可以计算得到四相位右转保护相位控制策略下的混合交通秩序度为0.85。

通过对公路局路口不同控制策略下的仿真计算,可以得到各种不同信号控制策略下的混合交通秩序度,见表7-23。

各种方案混合交通秩序度对比分析表　　　　　表7-23

序号	信号控制策略	混合交通秩序度	序号	信号控制策略	混合交通秩序度
1	原信号控制策略	0.51	4	四相位信号控制	0.72
2	两相位行人和自行车提前控制	0.63	5	四相位右转机动车保护策略	0.85
3	两相位右转机动车保护策略	0.67			

由表7-23可以看出,两相位下的组合相位控制策略,秩序度提高了近30%,四相位信号控制和四相位右转机动车保护控制策略都使信号交叉口的混合交通秩序度明显提高,提高了近40%,这四种被选策略下公路局路口的混合交通秩序度都有了提高,因此这四种信号策略都作为初步优选方案。

在得到四种初步优化方案后,需要从交叉口机动车延误角度进行考虑,选取交叉口通行效率高的方案,经过对公路局路口不同控制策略下的仿真计算,可以得到原信号控制策略、两相位行人和自行车提前相位策略、两相位下右转机动车保护相位策略、四相位信号控制策略、四相位信号控制策略下的交叉口机动车平均延误,见表7-24。

各种控制策略的机动车延误　　　　　表7-24

序号	信号控制策略	机动车平均延误(s/veh)	序号	信号控制策略	机动车平均延误(s/veh)
1	原信号控制策略	31.59	4	四相位信号控制	88.30
2	两相位行人和自行车提前控制	23.92	5	四相位右转机动车保护策略	120.04
3	两相位右转机动车保护策略	45.42			

通过表7-24可以发现,两相位行人和自行车提前控制下的机动车平均延误与原控制策略相比减少了约15%,其他控制策略下机动车延误都增加了,并且四相位信号控制和四相位右转机动车保护控制策略都使信号交叉口的混合交通秩序度提高了近40%,但是在这两种信号控制策略下,交叉口机动车延误显著增加,延误增加了近3倍。因此,通过方案比选,两相位行人和自行车提前控制为初始优化方案,这种信号控制策略下,信号交叉口混合交通秩序度显著提高,并且交叉口机动车延误也有了显著降低。

(3) 优化的第二阶段

通过对不同信号控制策略的比选,公路局路口选择两相位下行人和自行车提前放行控制策略为初始优化策略。

方案 1:初始优化策略的微调,通过调整行人和自行车提前放行的时间,以混合交通秩序度和交叉口机动车延误为评价指标,进行控制策略优化。南北向行人和自行车早启动 5s,东西方向早启动 4s。

方案 2:行人和自行车提前放行时间每个方向提前相位减少 1s,南北向行人和自行车早启动 4s,东西向早启动 3s。公路局路口两相位行人和自行车提前相位策略下的信号配时,见表 7-25。其中,相位 1 为南北向机动车与行人和自行车相位,并且右转机动车许可型控制;相位 2 为东西向机动车与行人和自行车相位,并且右转机动车许可型控制,绿灯间隔时间为 5s,提前时间为行人和自行车提前启动时间。

两相位行人和自行车提前相位优化配时(单位:s)　　表 7-25

提前时间	相 位 1	提前时间	相 位 2	周期长度
4	42	3	33	92

由混合交通秩序度模型式(7-40),可以计算得到两相位行人自行车提前相位策略下的混合交通秩序度为 0.62。

方案 3:行人自行车提前放行时间每个方向提前相位减少 1s,南北向行人和自行车早启动 3s,东西向早启动 2s。公路局路口两相位行人和自行车提前相位策略下的信号配时见表 7-26。其中,相位 1 为南北向机动车与行人和自行车相位,并且右转机动车许可型控制;相位 2 为东西向机动车与行人和自行车相位,并且右转机动车许可型控制,绿灯间隔时间为 5s,提前时间为行人和自行车提前启动时间。

两相位行人和自行车提前相位优化配时(单位:s)　　表 7-26

提前时间	相 位 1	提前时间	相 位 2	周期长度
3	43	2	34	92

由混合交通秩序度模型式(7-40),可以计算得到两相位行人和自行车提前相位策略下的混合交通秩序度为 0.61。

通过计算,第一阶段得到的初始方案优化的三种微调策略的混合交通秩序度见表 7-27。通过表 7-27 可以发现,三种优化策略的秩序度都比原方案有所提高,方案 1 策略下,交叉口混合交通秩序度最高,三种优化策略作为被选方案进行交叉口机动车延误分析。

各种方案混合交通秩序度对比分析表　　表 7-27

序号	信号控制策略	混合交通秩序度	序号	信号控制策略	混合交通秩序度
1	两相位信号控制	0.51	3	方案 2	0.62
2	方案 1	0.63	4	方案 3	0.61

通过三种被选策略的机动车延误分析,见表 7-28,可以发现方案 1 策略下交叉口平均延误为 24.78s,为三个方案中最低值,因此,方案 1(行人和自行车提前放行控制策略,南北向行人和自行车提前 5s,东西向行人和自行车提前 4s)为混合交通信号控制策略的一个局部最优解。

各种控制策略的机动车延误　　　　表 7-28

序号	信号控制策略	机动车平均延误（s/veh）	序号	信号控制策略	机动车平均延误（s/veh）
1	两相位信号控制	31.59	3	方案2	26.24
2	方案1	23.92	4	方案3	28.12

针对仿真得到优化控制方案,在公路局路口进行了实地试验,对原控制策略方案和仿真优化方案进行了实地效果验证,交叉口延误采用的控制延误调查。实地验证效果见表 7-29。通过表 7-29 可以发现,优化控制策略秩序度从 0.52 提高到 0.63,提高了约 20%;并且交叉口平均控制延误从 33.91s 减少到 22.73s,减少了约 30%。

实地验证效果对比分析表　　　　表 7-29

方　案	原方案	优化方案	方　案	原方案	优化方案
交叉口秩序度	0.52	0.63	交叉口平均延误(s)	33.91	22.73

7.7　干线协调控制算法

7.7.1　干线定时协调控制

定时协调控制指交叉口信号按照预先设定的方案运行。干线定时协调控制主要是依靠时钟校准,调整干线信号灯之间的相位变换起始时刻,形成有效的绿波带。一般而言,有两种设计思想:一种是主干道"绿波"带宽最大化;另一种是主干道交通性能指标最小化。

1) 最大绿波带法

最大绿波带法是以车辆连续通过带宽作为评价指标,通过最大化带宽(Bandwidth)与周期的比值来设定相位差。基于"绿波"最大化的设计有两类方案,即不变带宽绿波和可变带宽绿波。

根据最大绿波带思想开发的相关软件主要有:最大绿波带交通信号设计优化程序(Maximal Bandwidth Traffic Signal Setting Optimization Program,简称 MAXBAND),由美国 J. D. C. Little 等于 1981 年开发;绿波分析与信号系统评价程序(Progression Analysis and Signal Evaluation Routine,简称 PASSER 11),是由得克萨斯交通协会 C. J. Messer 等 1970 年开发应用以及多绿波带宽交通信号设计优化程序(Multi-Bandwidth Traffic Signal Setting Optimization Program,简称 MULTI-BAND),是由 Gartner 等在基于 MAXBAND 的基础上改进的。

MAXBAND 核心模型为 Little 在 1966 年研究的混合整数线性规划(MILP)算法,优化目标为追求最大"绿波"带宽。能得到各个交叉口信号相位差、绿信比、周期和最佳左转行车信号。输入:绿信比、通行能力、上下行带宽比;输出:公共周期、相位差、上下行带宽、带速、左转相位、影响因子;约束:所有时间变量必须为周期 C 的整数倍,时距图如图 7-24 所示。

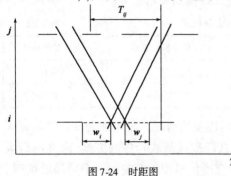

图 7-24　时距图

该模型表达式如下：

$$\max b = b_1 + b_2 \tag{7-54}$$

$$\text{s. t.} \quad 0.5r_i + w_i + t_{ij} - w_j - 0.5r_j = 0.5m_{ij}$$

$$0.5r_j + w_i + t_{ij} - w_j - 0.5r_j = 0.5m_{ij}$$

$$w_i + b_1 \leqslant 1 - r_i$$

$$w_i + b_2 \leqslant 1 - r_i$$

$$m_{ij} = 2T_{ij}$$

$$w_i \geqslant 0$$

$$w_j \geqslant 0$$

式中：b——绿波带宽；

b_1——上行绿波；

b_2——下行绿波；

r_i——路口 i 的红灯；

t_{ij}——从交叉口 i 到 j 的行程时间；

T_{ij}——交叉口 i,j 间的绿波带左右红灯中点时刻差；

w_i、w_j——上行、下行绿波带在交叉口 i 起始时刻与绿灯开始(结束)时刻的时间差。

不变带宽的模型致命缺陷是不能根据实际交通的变化调整带宽以便满足更多的车辆在干道上"绿波"通行。MULTI-BAND 是对 MAXBAND 的完善，能够产生可变带宽的"绿波"，其带宽与交通需求变化相对应，是可以变化的。核心模型也是混合整数线性规划算法，不仅能变动交叉口间的"绿波"宽度，还能给两向行车分配带宽，只是目标函数变为：

$$\max b = \frac{1}{n}\sum_{i=1}^{n-1}(a_i b_i + \overline{a}_i \overline{b}_i)$$

$$a_i = \left(\frac{v_i}{S_i}\right)p, \overline{a}_i = \left(\frac{\overline{v}_i}{\overline{S}_i}\right)p$$

2) 最小交通性能指标法

最小交通性能指标法是基于车队行驶中延误时间、停车次数的计算。先建立起实际路网中信号参数与交通性能指标的关系。一般是以延误为评价标准，计算不同的信号参数组合下产生的车辆延误，通过对比可得到最小延误下的最佳信号配时。

英国道路研究室的 J. A. Hiller 于 20 世纪 60 年代初研究了相位差与延误的关系，后来在此基础上形成了结合法(Combination Method，简称 CM)。CM 假设前提：每个交叉口的交通流量与信号配时之间没有关系；路段上的行车延误只与路段两端的信号相位差有关。比较理想的两种基于最小延误的协调控制定时脱机系统：TRANSYT(Traffic Network Study T001)，是 20 世纪 60 年代，由英国道路与交通研究所(TRRL)和 D. I. Robertson 为首的小组于 1966 年开始研究开发的以及美国道路交通研究协会开发的 SIGOPII。

TRANSYT 模型目标函数为最小化交通性能指标(Performance Index，简称 PI)，PI 为延误和停车次数的一种线形组合，其表达式如下：

$$\min \text{PI} = \sum_{i=1}^{N}(d_i + Kh_i) \tag{7-55}$$

式中：d_i——N 条路段的路网中，i 上的车辆每小时平均延误；

K——影响因子；

h_i——N 条路段的路网中,i 上的车辆每小时平均停车次数。

TRANSYT 从整个路网上考虑了每个交叉口配时选择和交叉口间车流运行状况,目标函数不是以"延误时间"为唯一目标,而是使用包含多项参数的综合目标函数——"运行指标",能够及时做出合理的配时方案。

SIGOPII 设计思想与 TRANSYT 相似,但应用 SIGOPII 软件前提是已经对交通进行了充分详细的调查,总结出交通的变化规律,确定延误与相对相位差的关系,如图 7-25 所示,在 $[-C,C]$ 之间,延误呈现出周期性的变化,具有最小值。

目标函数为:

$$D = \sum a_{ij}(o_{ij} + o_i - o_j + M_{ij}C)^2 \tag{7-56}$$

式中:o_i——交叉口(i,j)间的理想相位差;

o_j——交叉口(i,j)的相对相位差;

a_{ij}——(i,j)路段的交通重要系数;

M_{ij}——整数值,一般为 0 或 ±1,确保满足下列不等式成立:

$$-0.5C \leq D_{ij} + o_i - o_j + M_{ij}C \leq 0.5C$$

优化模型采用最小二乘法的原理,最小化相邻交叉口间相对相位差与预定的理想相对相位差的偏差,使得优化后的相对相位差与延误之间的关系也是周期变化的,并且具有同样的极值点,如图 7-26 所示(图中虚线为优化后相对相位差与延误关系,实线为理想相对相位差与延误关系)。

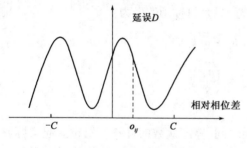
图 7-25　延误与相对相位差关系

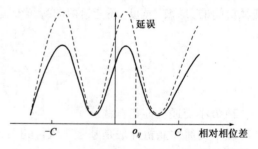
图 7-26　优化后延误与相对相位差关系

解目标函数的步骤:

①利用蒙特卡罗(Monte Carlo)产生随机一组搜索点和搜索方向,迭代计算出最小 D;

②然后又重新随机产生一组搜索点和搜索方向,进行同样的迭代计算出最小 D;

③通过对比所有的最小点就可以得到 D 的全局最小值。

这种寻优的方法需要大量的计算,占用很多的资源与时间。

7.7.2　干线感应协调控制

由于定时脱机交通控制系统不能适应交通随机变化,提出了感应协调控制。主要有两种手段实现感应控制:一是在干道上设置车辆感应器,监测交通流的变化,以这些测量值为基准,从预先设定的配时方案中,选择合适的控制程序;二是基于交通流的联机测量,实时算出最佳控制参数并据此形成控制方案。

1965 年,Miner 研究出了最早的大型路网的感应控制算法,在一个时间间隔内依据规则判断是否改变交通信号灯的状态。规则为对冲突流向的延误对比,如果保持原状态产生的延误比改变的小,则保持不变;反之,改变信号灯状态。例如,在一个典型的十字交叉口,南北向绿灯通行,如果延续绿灯单位时间 H 秒,南北向交通延误为:

$$D_{NS} = (a + r_{NS} + L_{NS})\left(q'_N + q'_S - q_N\frac{1-q'_N/S_N}{1-q_N/S_N} - q_S\right)\frac{1-q'_S/S_s}{1-q_s/S_s} \tag{7-57}$$

式中:D_{NS}——在单位时间 H 秒内,南北向总延误;
a——黄灯闪烁时间;
L_{NS}——南北向排队清空时间;
q'_S——在单位时间 H 秒内,南北向通行的期望车辆数;
S_s——南北向的饱和流率。

由此可得:$D = D_{NS} - D_{NS}$,如果,$D>0$,证明在未来 H 秒内,放行南北向车辆产生的延误比东西向少,应延续 H 秒的单位时间;反之,变换信号灯,放行东西向车辆。

感应控制可以根据各个路口检测器传感信号,及时响应交通需求,放行优先的交通流。但在实际中,交通流运行规律变化大,外界干扰大,难以用数学模型来精确描述,并且经过实践证明,在接近饱和状态的交叉口,感应控制方式的效果就没有单点多时段控制效果好。

7.8 区域交通信号控制算法

7.8.1 区域交通协调控制的概念

一个城市分布着各种不同功能的街区,而各街区的交通流量、流向以及交通方式构成等交通特性上会存在比较大的差异。因此,在对一个包含数以千万计交叉口的城市大路网进行信号控制时,常根据交通特性的差异而将整个路网划分为多个区域,并对各区域采取不同的控制策略。而对一个交通区域的信号配时进行控制时,常会将区域路网划分成若干个相互独立的子区,每个子区包含一个或多个相邻的信号交叉口。示意图如图 7-27 所示。

区域交通在进行信号控制时,以子区形态为依据确定交叉口的最佳控制方式,通过运行公共周期、合理设置相位差的方式把内部交叉口有机协调起来,降低停车次数、行车时间等车流延误,提高交通控制效益,这种过程叫作"区域交通协调控制"。

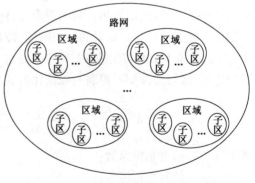

图 7-27 城市交通路网、区域及子区的关系示意图

7.8.2 区域交通协调控制的主要参数

1)信号周期

信号周期是指信号灯色按照相位顺序变换一组所需要的时间,等于在一个信号灯色变换

的循环内所有控制步伐的和,即绿灯时间、红灯时间和黄灯时间相加之和。信号周期一般用 C 表示,它在交通信号控制中是一项非常关键的控制参数,决定着控制效益的优劣。一方面,如果信号周期设计得太短,将不能使得各相位的车辆都能通过交叉路口,会导致车辆在交叉口排队拥堵,降低交叉口的通行能力;另一方面,如果信号周期设计得太长,将会增加车辆在交叉口延误时间,降低绿灯的有效性。一般情况下,信号周期与延误时间、停车次数以及通行能力的关系如图 7-28 所示。

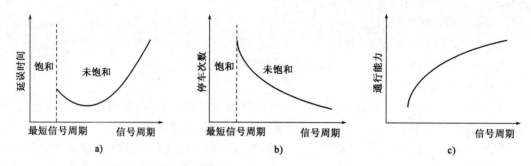

图 7-28　信号周期与延误时间、停车次数以及通行能力的关系图

在区域交通信号配时协调控制中,一般要确定公共信号周期,即区域内所有交叉口都必须执行的相同信号周期时长,以使得相邻交叉口之间能够进行协调控制。而公共信号周期的确定既要满足所有交叉口的交通需求,又要使得区域内总交通效益最大化。因此,在区域交通信号配时协调控制中,首先,计算出区域内所有交叉口所需的信号周期时长;其次,将所需信号周期时长最大的交叉口作为关键交叉口;最后,将关键交叉口的信号周期作为整个区域协调控制的公共信号周期。

2) 绿信比

绿信比是指在一个信号周期内,信号相位的有效绿灯时长与信号周期时长的比值,一般用 λ 表示。在理想条件下,信号相位的有效绿灯时长是指在一个信号周期内,信号相位能够利用的通行时间,一般用 t_{EG} 表示。绿灯通行时间内最多可以通过的车辆数为有效绿灯时长与饱和流量的乘积。然而,信号相位时间段内准许车辆驶出停车线,并且车辆具有加速起动特性,信号相位时间必须包含一定量的损失时间,以确保交叉口的交通安全。信号相位损失时间,一般用 t_L 表示,等于未能利用的绿灯时长总和。因此,有效绿灯时长为信号相位绿灯时长与损失时间之差,区域交通信号控制的绿信比公式如下:

$$\sum_{i=1}^{n}\lambda_i = \frac{t_{DG1}}{C} + \cdots + \frac{t_{DGn}}{C} = \frac{t_{P1}-t_{L1}}{C} + \cdots + \frac{t_{Pn}-t_{Ln}}{C} = \frac{C-t_{LP}}{C} \quad (7\text{-}58)$$

式中:n——信号相位总数;

i——信号相位序号;

t_{Pn}——信号相位时间;

t_{LP}——一个信号周期的总损失时间。

绿信比在单交叉口信号配时设计时是非常关键的参数,一方面,如果某一相位信号的绿信比的值越大,那么它的通行效益也越大;另一方面,相对应的其他相位信号的绿信比的就会变小,那么他们的通行效益也会降低。因此,绿信比对交叉口停车延误、路段交通拥堵影响非常大。而在区域交通协调控制信号配时设计中,由于区域内的各交叉口各信号相位绿信比的优化具有相对独立性,不需要考虑相邻交叉口之间的关联性。因此,各交叉口绿信比的取值能够满足总饱和度最小即可。区域交通协调控制信号配时优化中,相较于公共信号周期优化,绿信比的优化调整最为频繁。

3)相位差

相位差是指相邻交叉口之间同一相位的绿灯或者红灯的起始时间之差。在区域交通信号配时协调控制中,相位差为协调交叉口与参照交叉口指定相位对应时间点之差,其中,对应时间点可为信号相位的绿灯起始时刻点、中间时刻点以及结束时刻点。

在区域交通信号配时协调控制中,若相邻交叉口间的行驶时间等于公共信号周期时长一半的奇数倍时,为了确保双向车流均能连续通过进口对称放行的相邻交叉口,则两相邻交叉口应该进行中心交互式协调控制;若相邻交叉口间的行驶时间等于公共信号周期时长整数倍时,为了确保双向车流均能连续通过进口对称放行的相邻交叉口,则两相邻交叉口应该进行中心同步式协调控制;若相邻交叉口路段交通量较大、间距较短,并且下游交叉口红灯排队车辆可能会蔓延至上游交叉口时,为了避免发生交叉口的交通堵塞,则两相邻交叉口应该进行起点同步式协调控制。

在区域交通协调控制信号配时设计中,相位差的优化旨在车辆总停车次数最少与总延误时间最短,使区域路网中的交通流运行得更为连续与平滑。因此,当区域路网中交通负荷较大时,为了避免发生严重交通拥挤与交通阻塞,交叉口之间的车辆排队长度与拥挤程度应是相位差优化的重点考虑因素。当区域路网中交通负荷较小时,区域内的总停车次数最少与总延误时间最短应是相位差优化的重点考虑因素。

7.8.3 子区多交叉口群决策控制算法

基于上面的考虑,本书引入相邻交叉口协调性的概念,给出子区多交叉口总协调率的计算公式,建立基于协调率的相邻交叉口决策控制模型,在此基础上研究子区交叉口群的智能协调控制策略,分析相邻交叉口之间的车流输入输出关系,从而建立子区多交叉口群决策控制模型。此模型以子区多交叉口总协调率最大为优化目标,因此对未饱和与过饱和交通状态下的信号配时优化都适用。

子区多交叉口群决策控制模型主要包括公共信号周期优化、绿信比优化及相位差优化。

(1)公共信号周期优化

控制子区公共信号周期的选取原则为,在满足子区内各个交叉口通行能力需求的前提下,应尽可能地提高子区内总的交通运行效率、减少子区内总的延误时间与停车次数。公共信号周期的大小将取决于控制区域内通行能力需求最高、最短信号周期要求最长的关键交叉口,再考虑到关键交叉口交通需求出现的随机性波动和提高子区内其他非关键交叉口的运行效率,公共信号周期的取值应使得关键交叉口的饱和度处在合理水平。

先按单点定时信号配时方法求出各个交叉口的韦氏最佳周期时长,取其中关键交叉口的周期时长为基准信号周期 C_{cri},然后在基准信号周期的基础上设计公共信号周期的取值范围。

韦伯斯特经过理论推导,得到了以交叉口关键车流平均延误时间最小为目标的最佳信号周期时长计算公式。韦氏最佳信号周期时长对应于交叉口处于未饱和交通状态,所以由稳态理论可知,交叉口关键车流平均延误时间 d 可用下式表示:

$$d = \frac{\sum_{i=1}^{n}(d_i \cdot q_i \cdot C)}{\sum_{i=1}^{n}(q_i \cdot C)} = \frac{\sum_{i=1}^{n}\left\{\left[\frac{C(1-\lambda_i)^2}{2(1-y_i)} + \frac{x_i^2}{2q_i(1-x_i)}\right] \cdot q_i\right\}}{\sum_{i=1}^{n}q_i} \tag{7-59}$$

式中：d_i——第 i 股关键车流所对应的车辆平均延误时间；

q_i——第 i 股关键车流所对应的车辆到达率。

将交叉口关键车流平均延误时间的计算公式对信号周期 C 求导，并令一阶导数等于 0，便可得到韦氏最佳信号周期的理论计算公式。韦氏最佳信号周期时长的简化公式为：

$$C_o = \frac{1.5L + 5}{1 - Y} \tag{7-60}$$

因此，基准信号周期 C_{cri} 为关键交叉口的信号周期时长，即：

$$C_{cri} = \max(C_1, \cdots, C_n)$$

在基准信号周期的基础上，公共信号周期的允许变化范围为：

$$[C_{cri} - M, C_{cri} + M]$$

其中，M 的取值可根据需要实际交通车流状况在 10~15 之间取值。公共信号周期的最优值由模型搜索策略结合相位差的优化进行求解。

对于子区多交叉口群协调控制，信号配时方案的变换间隔不能太小，否则配时方案变换引起的交通延误所带来的损失会大于新方案所得到的效益。因此，控制子区的公共信号周期时长不能频繁、更不能剧烈地变化。通常需要执行完三个以上的信号周期才能进行一次公共信号周期时长的调整。

（2）绿信比优化

与公共信号周期时长和相位差的优化调整相比，绿信比的优化调整是最为频繁的，为提高模型的实时性和算法的快速性，各交叉口信号相位绿信比的优化具有相对独立性，即无须考虑交叉口之间的关联性。通常情况下，最佳交叉口信号相位绿信比应满足使得交叉口总的关键车流阻滞延误最小，即交叉口各关键车流的饱和度相等、交叉口总的饱和度最小的要求。

以各股关键车流的饱和度应近似相等、交叉口总饱和度达到最小作为绿信比分配原则，此时即要求交叉口关键车流平均延误时间最小，各信号相位绿信比应与其交通流量比对应成正比：

$$\frac{\lambda_i}{\lambda_j} = \frac{y_i}{y_j} \tag{7-61}$$

式中：$i、j$——信号相位序号；

y——关键车流的交通流量比。

进一步推导得出各相位有效率等时间：

$$t_{EGj} = \sum_{i=1}^{n} t_{EGi} \cdot \frac{y_j}{\sum_{i=1}^{n} y_i} = (C - L) \cdot \frac{y_j}{\sum_{i=1}^{n} y_i} \tag{7-62}$$

则信号相位时间为 $t_{EGj} + \frac{1}{4}$。

（3）相位差优化

优化相位差的目的在于使得交通流在路网中运行更为连续、平滑，力求总的车辆延误时间与停车次数最少，并尽可能地减少路网交通阻塞。每一对相邻交叉口之间都存在相位差，相位差的取值范围为$[1,C]$s。因此，对子区多交叉口相位差的优化，需要利用现代智能算法求解区域整体性能指标最佳的相位差组合方案。

在相邻交叉口决策控制模型的基础上建立子区多交叉口相位差群体优化模型。与相邻交叉口决策控制优化不同的是，子区多交叉口相位差优化是同时对子区内所有相邻交叉口之间的相位差进行优化设计。根据本书第二章内容以及交叉口车流的输入/输出关系，以路网中车辆的平均等待时间最小化为目标，即实现路网内所有交叉口的总协调率最大化，可以建立子区多交叉口群决策控制模型表达式为：

$$\max F(C,T) = \sum_{i=1}^{m}\sum_{j=1}^{n}\left[\max(q_{ij}^2,q_{ij}^8)\xi_{ij}^{1k} + \max(q_{ij}^6,q_{ij}^{12})\xi_{ij}^{2k}\right] + \max(q_{ij}^5,q_{ij}^{11})\xi_{ij}^{3k} + \max(q_{ij}^3,q_{ij}^9)\xi_{ij}^{4k} \tag{7-63}$$

至此，子区多交叉口群决策控制问题便转化为一个优化问题，即在一定的目标函数（该目标函数较为复杂，一般无法求得其导数）下，寻找最优控制参数，使目标函数达到最优，于是求解优化问题成为求解交通信号协调控制问题的关键。在交通信号协调控制参数优化方面，遗传算法、蚁群算法、粒子群算法等智能优化算法都已得以应用，并取得初步研究成果。

7.9 智能交通信号控制优化算法

7.9.1 蚁群算法

1）蚁群算法简介

蚁群算法是受自然界中真实蚁群的集体觅食行为的启发而发展起来的一种基于群体的模拟进化算法，属于随机搜索算法，所以它更恰当的名字应该称为"人工蚁群算法"，我们一般简称为蚁群算法。M. Dorigo 等充分地利用了蚁群搜索食物的过程与著名的 TSP 问题的相似性，通过人工模拟蚁群搜索食物的行为来求解 TSP 问题。

蚂蚁这种社会性动物，虽然个体行为极其简单，但是由这些简单个体所组成的群体却表现出极其复杂的行为特征。这是因为蚂蚁在寻找食物时，能在其经过的路径上释放一种叫作信息素的物质，使得一定范围内的其他蚂蚁能够感觉到这种物质，且倾向于朝着该物质强度高的方向移动。蚁群的集体行为表现为一种正反馈现象，蚁群这种选择路径的行为过程称为自催化行为。由于其原理是一种正反馈机制，因此也可以把蚁群的行为理解成所谓的增强型学习系统（Reinforcement Learning System）。

2）蚁群算法的基本原理

引用 M. Dorigo 所举的例子来说明蚁群发现最短路径的原理和机制，如图 7-29 所示。假设 D 和 H 之间、B 和 H 之间以及 B 和 D 之间（通过 C）的距离为 1，C 位于 D 和 B 的中央如图 7-29a）所示。现在我们考虑在等间隔、等离散世界时间点（$t=0,1,2\cdots$）的蚁群系统情况。假设每单位时间有 30 只蚂蚁从 A 到 B，另 30 只蚂蚁从 E 到 D，其行走速度都为 1（一个单位时间所走距离为 1），在行走时，一只蚂蚁可在时刻 t 留下浓度为 1 的信息素。为简单起见，设信息素在时间区间$(t+1,t+2)$的中点$(t+1.5)$时刻瞬时完全挥发。在 $t=0$ 时刻无任何信素，但分别有30只蚂蚁在B、30只蚂蚁在D等待出发。它们选择走哪一条路径是完全随机的，因此在两个节点上蚁群可各自一分为二，走两个方向。但在 $t=1$ 时刻，从A到B的30只蚂蚁在通向H的路径上发现一条浓度为15的信息素，如图7-29b）所示，这是由15只从B走向H的先行蚂蚁留下来的；而在通向C的路径上它们可以发现一条浓度为30的信息素路径，这是由15只走向BC的路径的蚂蚁所留下的气息与15只从D经C到达B留下的气息之和如图7-29c）所示。这时，选择路径的概率就有了偏差，向C走的蚂蚁数将是向H走的蚂蚁数的2倍。对于从E到D来的蚂蚁也是如此。这个过程一直会持续到所有的蚂蚁最终都选择了最短的路径为止。

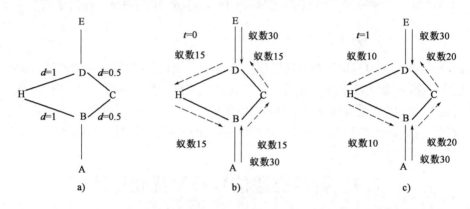

图7-29　蚁群路径搜索实例

这样，我们就可以理解蚁群算法的基本思想：如果在给定点，一只蚂蚁要在不同的路径中选择，那么，那些被先行蚂蚁大量选择的路径（也就是信息素留存较浓的路径）被选中的概率就更大，较多的信息素意味着较短的路径，也意味着较好的问题回答。

蚁群算法可以看作是一种基于解空间参数化概率分布模型（Parameterized Probabilistic Model）的搜索算法框架（Model-based Search Algorithms）。在蚁群算法中，解空间参数化概率模型的参数就是信息素，因而这种参数化概率分布模型就是信息素模型。在基于模型的搜索算法框架中，可行解通过在一个解空间参数化概率分布模型上的搜索产生，此模型的参数用以前产生的解来更新，使得在新模型上的搜索能够集中在高质量的解搜索空间内。这种方法的有效性建立在高质量的解总是包含好的解构成元素的假设前提下。通过学习这种解构成元素对解的质量的影响有助于找到一种机制，并通过解构成元素的最佳组合来构造出高质量的解。一般来说，一个记忆模型的搜索算法通常使用以下两步迭代来解决优化问题：

①可行解通过在解空间参数化概率分布模型上的搜索产生。

②用搜索产生的解来更新参数化概率模型，即更新解空间参数化概率分布的参数，使得在新模型上的参数搜索能够集中在高质量的解搜索空间内。

在蚁群算法中，基于信息素的解空间参数化概率模型（信息素模型）以解构造图的形式给出。在解构造图上，定义了一种作为随机搜索机制的人工蚁群，蚂蚁通过一种分布在解构造图上被称为信息素的局部信息的指引，在解构造图上移动，从而逐步的构造出问题的可行。信息素与解构造图上的节点或弧相关联，作为解空间参数化概率分布模型的参数。

由于TSP问题可以直接地映射为解构造图（城市为节点，城市间的路径为弧，信息素分布在弧上),加之 TSP 问题也是个 NP 难题,所以,蚁群算法的大部分应用都集中在 TSP 问题上。一般而言,用于求解 TSP 问题、生产调度问题等优化问题的蚁群算法都遵循下面的统一算法框架。

求解组合优化问题的蚁群算法之一如下:

设置参数,初始化信息素踪迹
While(不满足条件时)do
  for 蚁群中的每只蚂蚁
    for 每个解构造步(直到构造出完整的可行解)
      1)蚂蚁按照信息素及启发式信息的指引构造一步问题的解;
      2)进行信息素局部更新。(可选)
    end for
  end for
  1)以某些已获得的解为起点进行邻域(局部)搜索;(可选)
  2)根据某些已获得的解的质量进行全局信息素更新。
end while
end

在该算法中,蚂蚁逐步的构造问题的可行解,在一步解的构造过程中,蚂蚁以概率方式选择信息素强且启发式因子高的弧到达下一个节点,直到不能继续移动为止。此时蚂蚁所走过的路径对应求解问题的一个可行解。局部信息素更新针对蚂蚁当前走过的一步路径上的信息素进行,全局信息素更新是在所有蚂蚁找到可行解之后,根据发现解的质量或当前算法找到的最好解对路径上的信息素进行更新。

3)蚁群算法在交通控制优化过程中的应用

最短路径问题是交通系统辨识、优化及控制领域,特别是交通网络分析、优化研究的重要环节,用蚁群算法求解交通网络中最短路径问题的搜索过程如下:

①算法初始化,确定蚂蚁个数 m、最大迭代次数 N、各条边上的信息素量初始值;

②将 m 只蚂蚁置于起点 S 处,每只蚂蚁将根据一定的概率选择方式选择下一个与此节点直接相邻的节点;

③蚂蚁 $k(k=1,2,3,\cdots,m)$ 从 S 点出发,按照给定的状态转移规则,从与 S 相关联的边的集合中,选择一条边到达节点 J;

④按照一定的方式更新这条边上的信息素量,即信息素局部更新;

⑤再从节点 J 出发,从与 J 相关联的边的集合中,选择另一条边;

⑥以此类推,直到搜索到终点 T。

于是,蚂蚁 k 得到一个从 S 到 T 的解,直到所有的 m 只蚂蚁都搜索完毕后,得到 m 个解(包括重复的);找出本次循环 m 个解中的最优解,并保留此最优解;当算法求得的最优解在 N 次循环内没有明显改进时,自适应地动态调整 ρ,以扩大搜索范围,避免陷入局部最优;全局更新信息素量;继续迭代直到满足停止条件,停止条件为最大迭代次数 N。在所求得的所有解中,值最小的解为全局最优解,即最短路径的长度,对应的路径即最短路径。

7.9.2 遗传算法

1)遗传算法简介

遗传算法(Genetic Algorithm,简称 GA)是近年来迅速发展起来的一种全新的随机搜索与优化算法,其基本思想是基于 Darwin 的进化论和 Mendel 的遗传学说。该算法由密执安大学教授 Holland 及其学生于 1975 年创建。此后,遗传算法的研究引起了国内外学者的关注。自 1985 年以来,国际上已召开了多次遗传算法的学术会议和研讨会,国际遗传算法学会组织召开的 ICGA(International Conference on Genetic Algorithms,简称 ICGA)会议和 FOGA(Workshop on Foundation of Genetic Algorithms,简称 FOGA)会议,为研究和应用遗传算法提供了国际交流的机会。

2)遗传算法的基本原理

近年来,遗传算法已被成功地应用于工业、经济管理、交通运输、工业设计等不同领域,解决了许多问题。例如,可靠性优化、流水车间调度、作业车间调度、机器调度、设备布局设计、图像处理以及数据挖掘等。本书将从遗传算法的理论和技术两方面概述目前的研究现状,描述遗传算法的主要特点、基本原理以及各种改进算法,介绍遗传算法的应用领域,并对遗传算法的性能进行分析。

遗传算法的思想源于生物遗传学和适者生存的自然规律,是具有"生存+检测"的迭代过程的搜索算法。它以一种群体中的所有个体为对象,并利用随机化技术指导对一个被编码的参数空间进行高效搜索。其中,选择、交叉和变异构成了遗传算法的遗传操作;参数编码、初始群体的设定、适应度函数的设计、遗传操作设计、控制参数设定等五个要素组成了遗传算法的核心内容。

人们习惯上把 1975 Holland 年提出的 GA 称为传统的 GA。遗传算法的主要步骤如下。

(1)编码

GA 在进行搜索之前先将解空间的解数据表示成遗传空间的基因型串结构数据,这些串结构数据的不同组合便构成了不同的点。

(2)初始群体的生成

随机产生 N 个初始串结构数据,每个串结构数据可称为一个个体,N 个个体构成了一个群体。GA 是以这 N 个串结构数据作为初始点开始迭代的。

(3)适应度评估检测

适应度(适应性函数)表明个体或解的优劣性。不同的问题,其适应度的定义方式也不同。

(4)选择

选择的目的是为了从当前群体中选出优良的个体,使它们有机会作为父代为下一代繁殖子孙。遗传算法通过选择过程体现这一思想,进行选择的原则是适应性强的个体为下一代贡献一个或多个后代的概率大。选择实现了达尔文的适者生存原则。

(5)交换

交换操作是遗传算法中最主要的遗传操作。通过交换操作可以得到新一代个体,新个体组合了其父辈个体的特性。交换体现了信息交换的思想。

(6)变异

变异首先在群体中随机选择一个个体,对于选中的个体以一定的概率随机地改变串结构数据中某个串的值。同生物界一样，GA 中变异发生的概率很低，通常取值在 0.001~0.01 之间。变异为新个体的产生提供了机会。

遗传算法的流程如下：

开始
{
选择编码方式；
产生初始群体；
计算初始群体的适应度；
若不满足结束条件则循环执行：
{
选择操作；
交换操作；
变异操作；
计算新一代群体的适应度；
}
}
结束

7.9.3 粒子群算法

1）粒子群算法简介

自然界中，鸟群运动的主体是离散的，其排列看起来是随机的，但在整体的运动中它们却保持着惊人的同步性，其整体运动形态非常流畅且极富美感。1986 年，Craig Reynols 提出了 Bird 模型，用以模拟鸟类聚集飞行的行为，通过对现实世界中这些群体运动的观察，在计算机中复制和重建这些运动轨迹，并对这些运动进行抽象建模，以发现新的运动模式。之后，生物学家 Frank Heppner 在此基础上增加了栖息地对鸟吸引的仿真条件，提出了新的鸟群模型。

受鸟群运动模型的影响，社会心理学博士 James Kennedy 和电子工程博士 Russell Eberhart 提出了粒子群算法，1995 年的 IEEE 神经网络会议和第六届微机与人类科学会议上分别发表了题为"Particle Swam Optimization"和"A New Optimizer Using Particle Swam Theory"的两篇论文，标志着粒子群优化算法的诞生。

2）粒子群算法的基本原理

城市交通信号控制系统是一个典型的多输入多输出的复杂系统，必须尽可能地将干线协调控制参数同时优化。而且，相比其他优化方法而言，粒子群算法的速度快、效率高，更适用于干线交通延误模型的优化求解。粒子群算法（PSO）是一种基于迭代模式的优化算法，最初被用于连续空间的优化，在连续空间坐标系中，粒子群算法的数学描述如下：一个由 m 个粒子（Particle）组成的群体在 D 维搜索空间中以一定速度飞行，每个粒子在搜索时，考虑到了自己搜索到的历史最好点和群体内（或邻域内）其他粒子的历史最好点，在此基础上变化位置（位置也就是解）。

设搜索空间为 D 维，总粒子数为 n，第 i 个粒子位置向量为：

$$X_i = (x_{i1}, x_{i2}, \cdots, x_{id}, \cdots, x_{iD})$$

第 i 个粒子"飞行"历史中的最优位置(即该位置对应解最优)为：

$$P_i = (p_{i1}, p_{i2}, \cdots, p_{id}, \cdots, p_{iD})$$

其中第 g 个粒子的历史最优位置 P_g 为所有 P_i 中的最优；第 i 个粒子的位置变化率向量为：

$$V_i = (v_{i1}, v_{i2}, \cdots, v_{id}, \cdots, v_{iD})$$

每个粒子的位置按如下公式进行变化。

$$V_{id} = wv_{id} + c_1 c_{R1}(p_{id} - x_{id}) + c_2 c_{R2}(p_{gd} - x_{id}) \tag{7-64}$$

$$X_{id} = x_{id} + v_{id} \tag{7-65}$$

式中：c_1、c_2——正常数，称为加速因子；

c_{R1}、c_{R2}——[0,1]之间的随机数；

w——惯性因子；w 较大，适于对解空间进行大范围探查，w 较小，则适于小范围。第 $d(1 \leq d \leq D)$ 维的位置 X 变化范围为 $[X_{d\min}, X_{d\max}]$，速度 V 变化范围 $[V_{d\min}, V_{d\max}]$。

3) 粒子群算法在交通信号配时优化中的应用

对于信号交叉口来说，各相位时间主要包括绿灯时间、黄灯时间和全红时间。其中，黄灯和全红时间一般为定值，如分别给定 3s 和 1s，基于粒子群的信号配时优化主要针对各相位绿灯时间。

在优化过程中，以对相应的配时方案进行微观交通模拟获取的某性能指标作为适应度值，对各粒子进行评价，如总旅行时间、总延迟时间、排队长度等。

在标准 PSO 优化算法中，由于算法加入的随机因素，使优化得到的各粒子的位置和速度具有出现负数或大数值的可能，而相位的绿灯时间一般设定在[1,120]s 的范围内，因此有必要在优化过程中考虑位置和速度取值的约束范围。利用 PSO 解决带约束的非线性优化问题时，一般认为可以有四类方法处理约束，即基于保留适宜解的方法、基于罚函数的方法、基于区分适宜解和非适宜解的方法以及其他混合方法。其中，保留适宜解的方法是一种最直接的解决约束条件的方法，利用这种方法，每个粒子可以在整个解空间内进行搜索(更新位置和速度)，但在保留历史自身认知(个体极值)和社会认知(全局极值)方面，只追踪那些处于适宜解空间内的粒子；同时，为加速优化进程，初始化时，所有粒子都采用在适宜解范围之内的随机初始值。

7.9.4 博弈论算法

1) 博弈论算法简介

交叉口的信号控制的设置是对交通控制的重要手段，交叉口是城市道路网的节点，车辆再次完成交汇、转向等任务，交叉口不仅是重要的交通枢纽，而且在交叉口人车混行，极易导致交通压力大，通行能力下降，也是交通事故的高发地。有效地实施交通控制能够有效缓解交通拥堵，减少交通冲突，提高道路交通通行能力。因此，交叉口合理的信号控制能够实现交通车流量的分流，规划交通秩序，使得各车道车辆能有按照规定的时间有序行驶。现如今交通信号控制方式主要有定时式信号控制和感应式信号控制。定时式信号配时不能根据实时交通状况调节绿灯时长和信号周期,而感应式交通信号配时虽然能够根据车辆到达情况不断调节信号配时,但没有考虑各交口之间相互联系,对于整个道路网来说,其对通行效率的改善并不满意。合理、有效的交通信号配时至关重要,其表现如下:

①降低事故发生频次,增加通行安全效率。
②缓解交通拥堵,提高交叉口通行能力。
③减少环境污染,节约燃油消耗。

因此,合理的交叉口信号配时是有效实施交通控制关键。

博弈论,又称为对策论,是谈论各参与者之间相互竞争对抗,从而做出各自决策的过程,参与者通过对其他参与者可能做出行为进行预测和估计做出对自己行为的理性选择,使整体结果最优。博弈论包括参与者、行动、策略集、赢得值、博弈结果等。其中,参与者、策略集和赢得值是一个博弈过程所需的最基本要素。

2) 博弈论算法的基本原理

随着信息技术的迅速发展,博弈论与交通领域的结合,吸引了越来越多的研究者,对于道路交叉口,由于各个方向车辆都希望得到通行权,并获得较长放行时长,提高通行效率,因此必然有反方向相位处于红灯等待状态,希望获得较短等待时间,由此产生冲突。与此同时,相位之间也可以建立合作关系,实现通行效率的提高。例如,当每个相位属于独立个体时,车辆排队少的路口主动放弃部分绿灯时间,以实现路口整体通行效率的提高。我们应用博弈论的思想和方法,优化配置道路交叉口各相位排队长度,以提高交叉口通行能力,从而为解决实际城市交通拥堵问题提供了一种可行、有效的思路。

博弈论基本要素包括参与者、行动、信息、策略、赢得值及结果。

(1) 参与者

参与者是博弈过程中的主体,参与者通过自己的行动或策略做出选择,以实现自己最大收益。参与者根据参与的个数又可分为二人博弈或多人博弈。

(2) 行动

行动是参与者在博弈过程中根据自己的目的及局势而做出的对应战略。参与者所做出的行动构成行动集合。根据做出行动的顺序不同,行动又可分为静态博弈和动态博弈。

(3) 信息

信息是参与者在博弈过程中了解的各方面信息。参与者了解博弈信息的多少关乎着对决策的选择,同时博弈信息直接影响到参与者所做出的决策是否准确。

(4) 策略

策略是参与者在获取的信息条件下做出行为的规则,参与者在整个博弈过程中所做出的行为可称为策略集。每个参与者都有自己的策略集 S_i。

(5) 赢得值

在博弈过程中,所有参与者做出的策略集称为一个局势,即若 S_i 是第 i 个参与者的一个策略,则 n 个参与者的局势为 $S=(S_1,S_2,S_3,\cdots,S_n)$。局势确定后,那博弈结果也就出现了,所以,对于任意局势 $s \in S$,任意参与者 i 都有自己的赢得值 u_i,u_i 是局势 S 的函数。博弈过程的赢得值不仅与自己决策有关,还受其他参与者决策的影响。

(6) 结果

结果是博弈决策之后,产生赢得值后对整体局势产生的影响称为结果。

3)信号配时中博弈的基本思想

应用博弈论对交叉口进行信号配时时,我们将交叉口东西向与南北向、某方向信号相位与车道排队长度作为对阵双方。在博弈过程中,对阵双方都是积极的且对阵双方都不知道其他参与者的策略。信号配时中,表现为预先不知道新周期车流量为多少及新的信号配时方案是否符合新周期的排队长度通行,不存在利用对方的博弈失误而增加自身利益的可能性,因此,在这个基础上寻找双方可接受的合理博弈方案。

首先,信号配时中各方向、各车道车流是驾驶员在当下的交通环境中,根据自身经验知识选择通行路径,因此可以把重新得到的信号配时看作是满足驾驶员需求的;其次,在博弈配时中,参与双方都有若干供自己选择的方案,称为策略,包括不同车道的排队长度与不同相位分配信号时长;最后,参与双方会各自选定一个策略与对方博弈,这样就形成了一个局势,那么,博弈结果也就随之得到。所以,博弈的结果是局势的函数,描述结果的称为赢得函数。当两股车流在交叉口交汇时,博弈的结果就是哪一方向车辆放行,放行方向的不同相位的信号时长的分配比例,根据各个局势产生的排队长度决定。

4)Nash 均衡

Nash 均衡是指对于每个参与者来说,博弈过程中形成的局面,若其他参与者不改变自身策略,那参与者自身是无法改变博弈结果的。Nash 均衡的定义就是每个人都在其他人选择最优的情况下,自己也选择最优。Nash 均衡实质是一种非合作博弈。

设有 n 个人参与的非合作博弈,每个参与者的决策变量为 $S_i(i=1,2,\cdots,n)$,赢得值 u_i($i=1,2,\cdots,n$),则这 n 个参与者达到 Nash 均衡时,其解必须满足:

$$u_i(S_1^*,\cdots,S_{i-1}^*,S_i^*,S_{i+1}^*,\cdots,S_n^*) \geq u_i(S_1,\cdots,S_{i-1},S_i,S_{i+1},\cdots,S_n)$$

总而言之,参与者做出自己最优策略时,这些最优策略集就构成了 Nash 均衡,此时的博弈结果是稳定的,任何参与者都不能通过改变自己的策略得到更大的收益。

Nash 均衡分为纯策略 Nash 均衡和混合策略 Nash 均衡。纯策略 Nash 均衡是指参与者在任何情况都要确定策略,采取行动。也就是说,每个策略都是必然发生的。混合策略 Nash 均衡是将每个可能发生的策略分配相应概率,达到一定概率值时,可以实现赢得值最优。比如,在交叉口两辆车相向行驶,存在参与者 1 和 2,假设策略集为{通过,停止},存在赢得矩阵,见表 7-30。

Nash 均衡博弈赢得矩阵 表 7-30

参 与 者 1	参 与 者 2	
	通行	停止
通行	(-6,-6)	(3,-3)
停止	(-3,3)	(-3,-3)

参与者 1 的最优策略是自己通行,让对方停止,并且希望自己选择通行的情况下让对方选择通行或停止赢得值相同,这样对双方损失最小。设参与者 1 和 2 通行的概率为 A 和 B,停止为 1-A 和 1-B,在参与者 1 选择不同策略时,参与者 2 的赢得值为:

通行:$-6*A+3*(1-A)=3-9A$;

停止:$-3*A+(-3)*(1-A)=-3$。

当参与者 1 以 $3-9A=-3$ 的概率通行时,即 $A=2/3$ 时的赢得值最大,也就是参与者 1

应该是 2/3 通行、1/3 停止,同理参与者 2 为 1/3 通行、2/3 停止。此时就成为混合策略 Nash 均衡。

5) 博弈论算法在交叉口信号配时中的具体应用

(1) 第一层博弈:Nash 均衡博弈

通过第一层博弈我们来确定南北向或东西向在下一周期哪个方向为绿灯放行,哪个方向为红灯等待。

第一层博弈的三要素:

①参与者。两相位的车流量作为博弈的理性参与者。东西向作为参与者 1、南北向作为参与者 2,每方向各一个信号相位。每个参与者都希望自己获得绿灯信号,以期让更多车辆获得通行权,提高该方向的通行效率。

②策略集。在博弈点信号灯跳转情况形成了博弈过程的策略集{绿灯,红灯},参与者策略确定后局势也就确定了,不同的局势博弈结果也不同。

③赢得值。以各方向车流量即{车流量}作为博弈赢得值。对于交通控制来说,人们希望车流量越大越好,说明该方向能够给予更多的车辆通行权,能够真实反映参与者的赢得情况。

在第一层博弈下,交叉口不考虑信号周期,仅按照博弈周期进行博弈,确定交叉口东西向、南北向处于红灯还是绿灯状态。例如,某十字交叉口,设初始信号灯状态为东西方向绿灯,南北向红灯,若一个博弈周期为 60s,即每隔 60s 进行一次博弈,判断接下来 60s 内交叉口各方向信号灯状态(即信号灯延续东西方向绿灯、南北向红灯还是东西向转为红灯,南北向转为绿灯)。同时对某方向,最长绿灯时间设置 120s,则连续绿灯不能超过 2 个博弈周期。

设参与者 1 为绿灯,参与者 2 为红灯时双方赢得值为 m 和 n;参与者 1 为红灯,参与者 2 为绿灯时双方赢得值为 p 和 q。参与者 1 和参与者 2 都前进或后退策略时赢得值为 0。

各方向车流量用 $w_i(i=1,2,3,4)$ 表示,交叉口各方向车流量是动态连续的,应符合方程:

$$w_i(k+1) = w_i(k) + cd_i(k+1) - v_i(k+1) \tag{7-66}$$

式中: k——交叉口博弈次号;

c——博弈周期,s;

$d_i(k+1)$——$[kc,(k+1)c]$ 时段内交叉口各方向车辆到达率,veh/s;

$v_i(k+1)$——$[kc,(k+1)c]$ 时段内交叉口车辆的消散率,veh/s;

L_i——饱和流率,其中 $v_i(k+1) = g_i(k+1) \cdot L_i/c$;

$g_i(k+1)$——第 i 方向上 $k+1$ 周期时分配的绿灯时长,s。

设车辆到达率 $d_i(k+1)$ 服从泊松分布,其表达式如下:

$$P(k) = \frac{(\lambda t)^k}{k!} e^{-\lambda c} \tag{7-67}$$

式中:$P(k)$——在博弈周期内到达 k 辆车的概率;

λ——在博弈周期 c 内车辆的平均到达率。

由于车流量具有非负性,可得方程为:

$$w_i(k+1) = \max\{0, w_i(k) + c \cdot d_i(k+1) - L_i q_i(k+1)\} \tag{7-68}$$

假设博弈周期为 60s。根据上述公式,在第 k 个博弈点各自赢得值为:

$$m: w_i(k+1) = \max\{0, w_1(k) + 60 \cdot d_1(k+1) - 60L_1\}$$
$$n: w_w(k+1) = \max\{0, w_2(k) + 60 \cdot d_2(k+1)\}$$
$$P: w_i(k+1) = \max\{0, w_1(k) + 60 \cdot d_i(k+1)\} \quad (7\text{-}69)$$
$$q: w_2(k+1) = \max\{0, w_2(k) + 60 \cdot d_2(k+1) - 60L_2\}$$

博弈赢得矩阵见表 7-31。

博弈赢得矩阵　　　　表 7-31

参与者 1	参与者 2	
	绿灯	红灯
绿灯	(0,0)	(m,n)
红灯	(p,q)	(0,0)

此为混合策略 Nash 均衡局势。设参与者 1 获得绿灯相位的概率为 P_1，则获得红灯相位的概率为 $1-P_1$，参与者 2 获得绿灯相位和红灯相位的概率为 P_2 和 $1-P_2$。

由混合策略 Nash 均衡可知，参与者 2 采取不同策略时，参与者 1 赢得值为：

绿灯：$(1-P_1) \cdot q$；

红灯：$P_1 \cdot n$ 有 Nash 均衡原则，可得 $P_1 = \dfrac{q}{n+q}$，同理 $P_2 = \dfrac{m}{m+p}$。

概率值代表了各方向车流量对绿灯信号的期望。概率值越大，表示该参与者获得绿灯相位的可能性越大。因此，比较 P_1、P_2 大小，P_1 较大则参与者 1 即东西向获得绿灯，否则参与者 2 南北向获得绿灯。

(2) 第二层博弈

在第一层博弈过程在确定绿灯放行方向后，进行第二层博弈确定该方向直行、左转绿灯时长。

博弈三要素：

①参与者。交叉口某方向各相位的车流量作为博弈的理性参与者。直行相位作为参与者 1、左转相位作为参与者 2。每个参与者都希望自己获得较长的绿灯时长，以期让更多车辆获得通行权，提高该相位的通行效率。

②策略集。该博弈的策略集为新博弈周期内该方向各相位的信号配时方案。参与者策略确定后局势也就确定了，不同的局势博弈结果也不同。

③赢得值。以各方向车流量即{车流量}作为博弈赢得值。对于交通控制来说，人们希望车流量越大越好，说明该方向能够给予更多的车辆通行权，能够真实反映参与者的赢得情况。

第二层博弈过程如下：

①确定交叉口某方向上各相位的最短绿灯时间 $T_{\min}^i (i=1,2,\cdots,n)$，以及每个相位各车道的最小交通流量 $Q_j^k (j=1,2,\cdots,m, k \in i)$，其中，$i$ 为第 i 个相位（一般交叉口存在两个相位信号灯即直行、左转），j 为该相位下不同的车道（即 j 表示直行和左转相位的车道数）。

②计算此方向（东西或南北，以东西向为例）不同相位下最长延长时间 $T_{\max}^i = T_{EW} - T_{\min}^i$，其中，$T_{EW}$ 代表东西向的相位时长（由交叉口现行信号配时决定）；同样同相位各车道时长一样，对应产生较大实际流量 $Q_{kj}^o (j=1,2,\cdots,m, k \in i)$，其中 o 为迭代次数。

③通过①和②得到赢得矩阵如下：

$$\begin{array}{c} \begin{array}{ccc} \beta_1 & \cdots & \beta_m \end{array} \\ \begin{array}{c} \alpha_1 \\ \vdots \\ \alpha_n \end{array} \begin{bmatrix} \lambda_{11} & \cdots & \lambda_{1m} \\ \vdots & \ddots & \vdots \\ \lambda_{n1} & \cdots & \lambda_{nm} \end{bmatrix} \end{array} \quad (7\text{-}70)$$

在一个平面交叉口,假设东西方向有 n 个信号相位,对应相位中有 m 个车道,设东西向上不同相位分别为 $\{\alpha_1,\alpha_2,\cdots,\alpha_n\}$,构成了东西向上相位的策略集 S_1;而东西向上每个车道分别为 $\{\beta_1,\beta_2,\cdots,\beta_n\}$,构成了东西向上车道的策略集 S_2;

λ_{ij} 为该方向各相位 α 和车道 β 在交通流量上博弈的结果值,为第 i 个相位流量下车道 j 的交通流量。

利用图解法得出最优混合策略 X^* 和 Y^*,即可得到该计算方向相位配时的分配概率 $P_i(i=1,2,\cdots,n)$。

图解法:设参与者 α 采用混合策略 $(x_1,x_2,\cdots,x_n)$,其中 $x \in [0,1]$,于是有:

$$v = \max_{x \in [0,1]} F(x) \quad (7\text{-}71)$$

即:

$$\max_{x \in [0,1]} \min[x_1(\lambda_{11}) + x_2\lambda_{21} + \cdots + x_n\lambda_{n1}, \cdots, x_1\lambda_{1m} + \cdots + x_n\lambda_{nm}] = \max_{x \in [0,1]} F(x) \quad (7\text{-}72)$$

之后根据这几个方程建立平面直角坐标系,找出这三个方程与坐标轴所围成图形的最高点,确定参考者 α 的最优混合策略 x^*。

参与者 β 的最优混合策略 Y^* 为:

$$\begin{aligned} y_1\lambda_{11} + y_2\lambda_{12} + \cdots + y_n\lambda_{1m} &= \max_{x \in [0,1]} F(x) = v \\ y_2\lambda_{21} + y_2\lambda_{22} + \cdots + y_n\lambda_{2m} &= \max_{x \in [0,1]} F(x) = v \\ &\vdots \\ y_1\lambda_{n1} + y_2\lambda_{12} + \cdots + y_n\lambda_{nm} &= \max_{x \in [0,1]} F(x) = v \end{aligned} \quad (7\text{-}73)$$

根据上述确定的 v 值,确定参与者 β 的最优混合策略 Y^*。即可得到该计算方向相位配时的分配概率 P_i。

④比较 $P_i T_{EW}$ 与 $T^i_{\min}$,如果 $P_i T_{EW} \geq T^i_{\min}$,则取 $P_i T_{EW}$ 为新的信号配时方案;否则,保持原来的信号配时。

⑤新的信号配时会产生新的实际流量 Q^n_{kj},从第一层博弈重新开始,确定下一周期放行方向及各相位绿灯时间。

第8章
交通信号控制软件及算例

8.1 VISSIM

8.1.1 VISSIM 软件介绍

VISSIM 是由德国 PTV 公司开发的仿真软件,在国内外应用最为广泛。VISSIM 能直观、形象、详细地仿真出车辆、道路、交叉口、信号灯等随时间变化的三维动画状态,能真实地、精确地重现交通网络交通运行状况,避免了在拟定交通控制方案及对方案进行评价时,由于无法直观观测车辆在道路及交叉口的运行状况而引起的不足。

实践证明,将 VISSIM 交通仿真软件应用于城市交通网络(特别是交叉口),交通运行状况仿真分析及交通方案的优化与评定,为在我国的复杂混合交通条件下确定交叉口乃至整个城市交通组织方案提供了一条切实可行的新思路和新方法,具有良好的操作性和实用性。

VISSIM 还提供了图形化的界面,用 2D 和 3D 动画向用户直观显示车辆运动,运用动态交通仿真进行路径选择。动态交通仿真过程中,按道路最小费用搜索最短路径,找到所有可选路径,将 OD 分布量分配给可选路径,在每个仿真迭代结束时对系统中各路段、交叉口的交通流状态进行扫描,读取仿真数据库中的状态情况,判断它们所在的路段和交叉口的阻抗状态,每一步仿真结束后要更新道路阻抗,重新计算驾驶员路径选择概率,然后进行下一步迭代的计算,直至达到收敛标准。

在利用 VISSIM 软件进行动态仿真时,一般将交叉口抽象成节点,将交叉口间的路段抽象成连接节点的通路。值得注意的是,路网中没有实际的交通小区,而是把交通小区抽象成一个或者多个停车场,从而使出行产生于停车场。若某小区含有多个停车场,则交通小区的出行分布量应按照一定的比例分配到各个停车场,这个比例将会影响交通仿真运行结果。

VISSIM 系统是一个离散的、随机的、以 0.1s 为时间步长的微观交通仿真软件。车辆的纵向运动采用了德国 Karlsruhe 大学 Wiedemann 教授的心理-生理跟车模型;横向运动(车道变换)采用了基于规则(Rule-Based)的算法。不同驾驶员行为的模拟分为保守型和冒险型。Wiedemann 的跟车模型是迄今用于计算机交通仿真的最为精确的模型之一,基于这一理论基础而开发的微观交通仿真软件 VISSIM 能够较真实地反映和重现实际交通状况,具有广泛的实用价值,并日益成为目前世界上微观仿真系统中功能完善、界面友好、使用最灵活、版本更新及时的一款商业化软件产品。VISSIM 软件系统内部由交通仿真器和信号状态发生器两大程序组成,它们之间通过接口来交换检测器的呼叫和信号状态。

8.1.2 算例介绍

下面以北京市南磨房路与西大望路交叉口为例,介绍 VISSIM 仿真过程及信号交叉口配时优化步骤。

1) 现状模型建立

(1) 导入底图

查看-背景-编辑,读取,导入底图,确定比例尺,并在参数中修改坐标,如图 8-1 ~ 图 8-4 所示。

图 8-1 查看-背景-编辑

图 8-2 导入底图

图 8-3 确定比例尺

图 8-4 南磨房路与西大望路路口底图

(2) 搭建路网

选择图标 ✗,鼠标右键拖动,在底图上画出道路及连接器,设置相应参数。图 8-5 可设置道路参数,如车道数、车道宽度、车道类型等。若有高架桥路段,则需对路段设置高度,方法是建立多个节点,Ctrl + Alt + 双击节点,设置实际高程,如图 8-6 所示。图 8-7 可设置连接器参数。图 8-8 为设置的交通标志,如左转标志、掉头标志等。图 8-9 为 VISSIM 路网图。

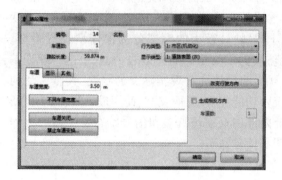

图 8-5　设置道路参数

图 8-7　设置连接器参数

图 8-6　设置实际高程

图 8-8　设置的交通标志

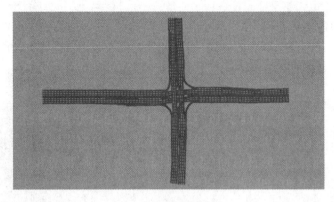

图 8-9　VISSIM 路网图

(3) 输入车辆组成

交通-车辆构成，打开车辆组成对话框，选择新建车辆组成，如图 8-10 所示；有机动车车道和非机动车道，根据调查数据，在车辆类型对话框里选择车辆类型、流量比例、车速，如图 8-11 所示。

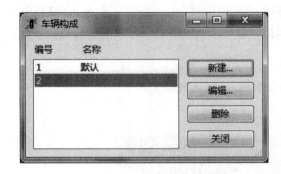

图 8-10　新建车辆组成　　　　　图 8-11　设置车辆类型、流量比例、车速

(4) 输入车辆数

选择 ![icon]，选中相应路段，单击右键打开"车辆输入"对话框，在对应的时间段内输入调查得到的车辆数，并选择车辆组成类型，如图 8-12 所示，是全部的车辆输入的数据。

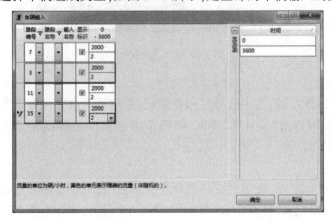

图 8-12　设置"车辆输入"

(5) 路径选择

选择 ![icon],选中进口道路段,单击右键建立路径起点,分别选择相应出口道路段,单击右键建立路径终点。打开路径选择对话框,根据流量数据输入各进口道各方向的流量值,如图8-13所示。其对应路径如图8-14所示。

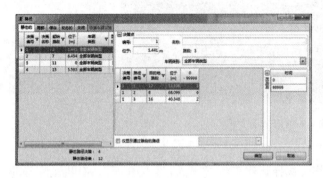

图 8-13　设置路径　　　　　　　　图 8-14　对应的路径

(6) 输入信号配时

信号控制-编辑信号控制机,打开信号控制对话框,根据调查得到的配时数据,新建信号灯组,输入各相位黄灯时间、全红时间、红灯结束时间、绿灯结束时间及信号周期。现状信号配时如图8-15所示。

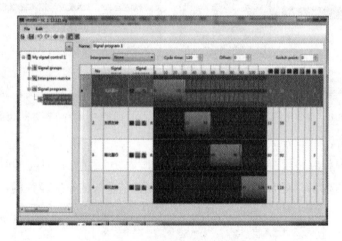

图 8-15　现状信号配时图

(7) 信号灯安放

选择 ![icon],单击鼠标左键,选中信号灯所在路线,在信号灯放置位置单击鼠标右键,信号灯标志(红线)出现,同时弹出"信号灯"界面,如图8-16所示。选择相应"信号灯组"序号,设置完成的信号灯如图8-17所示。

(8) 设置公交站

选择 ![icon],单击鼠标左键,选中公交站点所在线路,在合适位置单击鼠标右键拉动一下,公交站点出现,同时弹出"创建公交站点"界面,如图8-18所示,选择车道1。然后点击"乘客",弹出"上车乘客"界面,新建,按照调查结果对其编辑,如图8-19所示。

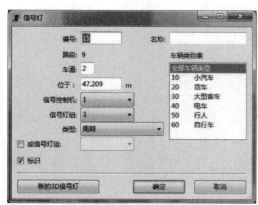

图 8-16 "信号灯"界面　　　　　　　图 8-17 设置完成的信号灯

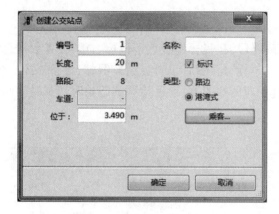 

图 8-18 "创建公交站点"界面　　　　图 8-19 "上车乘客"界面

(9) 设公交线路

选择 ![icon]，左键选中进口道路段，单击右键建立路径起点，分别选择相应出口道路段，单击右键建立路径终点。图 8-20 为公交线路的数据编辑界面，图 8-21 为相应的公交线路。

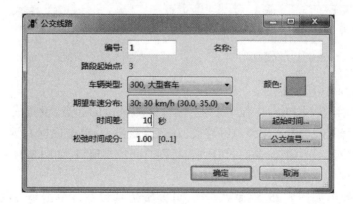

图 8-20 公交线路的数据编辑界面

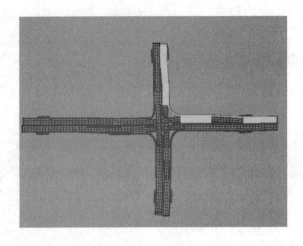

图 8-21 相应的公交线路

2）仿真评价

（1）设置流量检测器

选择 ▣，选择需要设置数据采集点的路段，在目标位置点击鼠标右键，设置数据采集点，在弹出的窗口中输入检测器序号，如图 8-22 所示。然后编辑流量监测器，评价-文件，在打开的对话框中勾选"数据采集"对话框，选择相应的检测器，设置检测的起始时间和时间间隔，如图 8-23 所示。

图 8-22 设置流量检测器　　　　　图 8-23 "数据采集"界面

（2）设置行程时间检测器

选择 ▣，在选定路段上，点击鼠标右键，设置检测区段的起点，设置成功后显示为红线。选择需要设置行程时间检测区段终点的路段，在选定路段上，单击鼠标右键，设置检测区段的终点。设置成功后显示为绿线，同时打开创建行程时间检测窗口，如图 8-24 所示。

（3）仿真

仿真-参数，弹出如图 8-25 所示对话框，可编辑仿真参数。单击 ▶，运行现状文件，如图 8-26 所示。

（4）数据输出

评价-文件，勾选要输出的数据名称，如延误等，然后仿真运行，则得到的延误时间如图 8-27 所示。

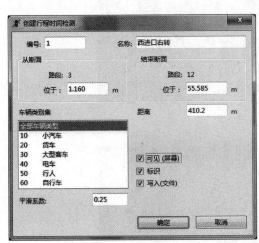

图 8-24　设置行程时间检测器

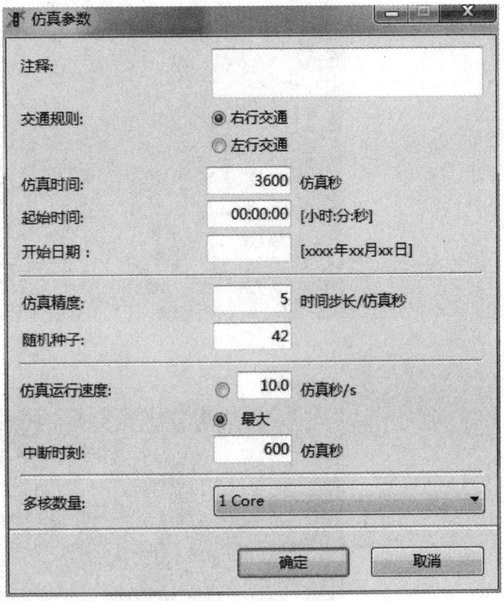

图 8-25　编辑仿真参数

图 8-26　对应的仿真图

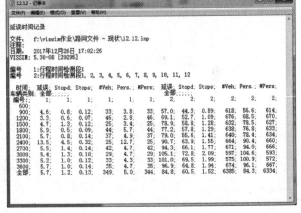

图 8-27　延误时间数据输出界面

（5）交叉口优化方案

根据车流量，由于进口道红灯排队长度过长影响右转和左转车辆进入各自专用车道，现将车道变换区域提前。最终的渠化图如图 8-28 所示。信号配时周期时长为 120s，东西向直行绿灯 30s、黄灯 3s；东西左转绿灯 25s、黄灯 2s；南北向直行绿灯 30s、黄灯 3s；南北左转绿灯 25s、黄灯 2s。

3）重新设计后交叉口 VISSIM 仿真

利用 VISSIM 仿真软件对南磨房路与西大望路平面交叉口优化前以及优化后分别进行模

拟,得到相应的交叉口车辆通行效率指标:平均每辆车延误时间(s)、平均每辆车的停车次数、平均运行速度(km/h)及平均每辆车的停车延误(s),利用这些指标计算出该交叉口优化前后的延误以及服务水平指标的变化。具体的仿真模型如图 8-29 所示。

图 8-28 重新设计后的交叉口

图 8-29 重新设计后的交叉口 VISSIM 仿真

4)交叉口优化后效果评价

交叉口交通质量评价的主要指标为交叉口的服务水平、通行能力以及车辆的平均延误。本方案采用服务水平和延误来评价南磨房路与西大望路平面交叉口优化设计方案,见表 8-1。

南磨房路与西大望路平面交叉口优化前后评价对比　　　　表 8-1

交叉口	优化前		优化后	
	延误(s)	服务水平	延误(s)	服务水平
南磨房路与西大望路	84.8	F	54.6	E

通过前后对比可知,该路口的优化设计方案是比较成功的。

8.2　PASSER V

8.2.1　PASSER V 软件介绍

PASSER V 软件是美国得克萨斯州交通运输研究所开发并应用的交通信号配时软件,该软件融合了多种信号优化和分析模型,以一个图表的用户界面输出。配时优化模型以

HCM2000 为理论基础,目前已开发完成了最新版本 PASSER V-03。该软件可用于:

①分析交通信号控制和计算交通评价指标。
②以系统绿波带宽度最大为目标进行干线协调信号配时优化。
③以系统延误最小为目标进行干线协调信号配时优化。

该软件可用于单点控制交叉口、菱形协调交叉口以及有或没有菱形交叉口的干线协调交叉口。

PASSER V 软件在交叉口信号配时方面提供足够的灵活性,该软件采用 HCM2000 的信号配时程序来进行信号交叉口的配时和计算单点交叉口的评价指标,对于分析和优化协调的信号交叉口提供工具。

使用该程序必须先完成下列内容:
①创建新的数据集或打开一个现有的数据文件。
②增加或修改目前的数据集。
③信号分析或优化。
④查看目前的性能状况或打印输出数据报告。

PASSER 软件 V 系列是一款结合了多种优化和分析模型的交通控制软件。它可以运用多种模型,来减少整个系统的延误、停车次数,提高效率和增大带宽等;可以处理一些较为复杂的交通网路问题。

8.2.2 算例介绍

下面将以北京市怀柔区青春路 6 个交叉口为研究对象,使用 PASSER V 软件进行干线协调配时优化,并使用仿真平台以检验优化最终效果,以检验优化方案的优劣。

1)青春路交叉口现状

对青春路 6 个路口的几何形状、车道划分、信号配时、平峰小时流量等进行了调查,这 6 个路口均为灯控路口,采用两相位控制,且均为十字形交叉口。各交叉口的位置数据如图 8-30 所示,基本数据见表 8-2。

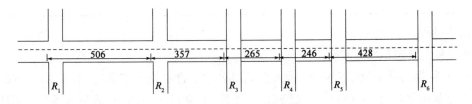

图 8-30 主干道交叉口分布图

各交叉口基本交通数据 表 8-2

交叉口	进口方向	车道划分	坡度	流量(辆/h)			信号周期(s)		
				左	直	右	红灯	黄灯	绿灯
双阳路口	东	1 直左右	0	100	20	112	42	4	29
	西	1 直左右	0	10	12	16	42	4	29
	南	直左、直右	0	12	696	132	33	4	38
	北	直左、直右	0	64	660	14	33	4	38

续上表

交叉口	进口方向	车道划分	坡度	流量(辆/h)			信号周期(s)		
				左	直	右	红灯	黄灯	绿灯
二中路口	东	1直左右	0	12	18	20	42	4	29
	西	直左、直右	0	92	10	60	42	4	29
	南	直左、直右	0	40	844	10	33	4	38
	北	直左、直、右	0	10	872	124	33	4	38
翠微路口	东	直左、右	0	124	16	244	45	4	26
	西	1直左右	0	8	44	8	45	4	26
	南	直左、直、右	0	28	884	196	30	4	41
	北	直左、直右	0	84	828	4	30	4	41
区委路口	东	1直左右	0	44	12	20	41	4	30
	西	1直左右	0	20	4	72	41	4	30
	南	直左、直右	0	76	556	48	34	4	37
	北	直左、直、右	0	16	640	36	34	4	37
会议中心路口	东	直左、直右	0	176	108	144	43	4	28
	西	1直左右	0	264	48	16	43	4	28
	南	直左、直右	0	176	752	196	32	4	39
	北	直左、直右	0	156	692	196	32	4	39
武装部路口	东	左、直、右	0	168	80	468	40	4	31
	西	直、左右	0	192	64	20	40	4	31
	南	直左、直、右	0	60	600	164	35	4	36
	北	直左、直、右	0	188	540	148	35	4	36

2）优化过程

优化过程主要包括以下步骤。

步骤一：根据实际情况建立路网，输入交叉口名称。青春路为南北走向，由北向南6个交叉口依次为双阳路口、二中路口、翠微路口、区委路口、会议中心路口、武装部路口，如图8-31所示。

步骤二：输入路网详细信息，包括路段长度、道路宽度等。根据图8-30中各交叉口之间的长度及实际调查的各个车道的宽度填入下述界面。以二中路口北进口为例，路段长度为506。进口道宽度为48，速度为40，如图8-32所示。

步骤三：输入交通流量、黄灯时间、全红时间、大车比例、道路相位等必要数据。根据表8-2中现有的各交叉口调查的实际数据填入下述界面。以双阳路口西进口为例，车道划分为1个车道；左转流量为10，直行为12，右转为16；许可性左转；黄闪3s；损失时间4s，如图8-33所示。

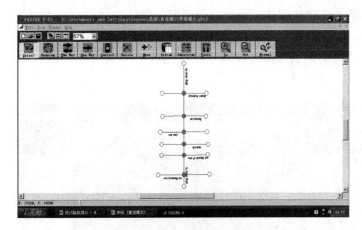

图 8-31 步骤一

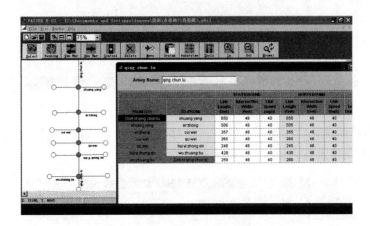

图 8-32 步骤二

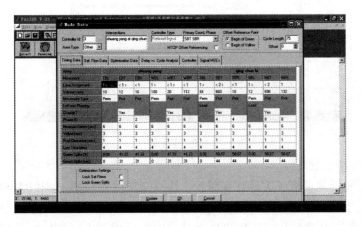

图 8-33 步骤三

步骤四:对路网进行优化,根据实际情况对选项进行选择。如图 8-34 所示,在"input/output"子菜单下,左侧首先是周期选择,输入最小周期和最大周期,系统根据爬山法得出最佳周期。在"options"里选择"单向绿波优化"或者"双向绿波优化"。在"MOE options"里选择输出的优化指标:输出最小延误的相位差和每一个周期的评价指标。右侧为对应于整个系统的输出指标包括公用周期、带宽有效率、带宽利用率和平均延误。以现有的青春路现状为例,假定最小周期为40s,最大周期为120s,双向绿波优化为5,则输出结果如右侧所示,输出周期为75s。

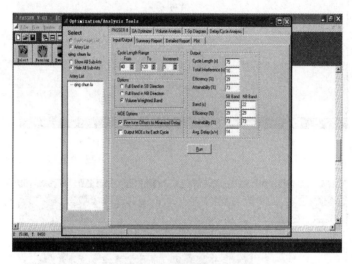

图8-34 步骤四

步骤五:查看路网优化后的结果以及评价指标等信息。在"diagram"里查看绿波时空图,查看对应的绿波带宽度及各个相位差,如图8-35所示。

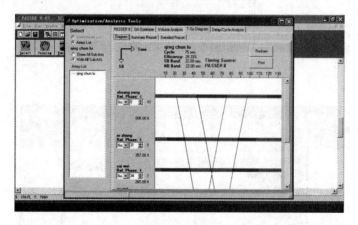

图8-35 步骤五

3)优化结果分析与比较

依照延误模型,以北京市怀柔区青春路6个连续交叉口为对象,运用PASSER V软件的优化功能,进行了基于延误最小化的配时方案优化。图8-36为PASSER V软件优化后的周期与延误图,图中显示随着周期增加,HCM2000模型得出的延误和PASSER V模型得出的延误比较,随着周期的增加,两种方法延误总的趋势是增加的,但当周期大于80s之后,PASSER V模型得出的延误大于HCM2000模型得出的延误。

在大多数情况下,不可能同时达到最佳的所有目标(如最大效率、最小延迟、最少停车),所以需要在选择的目标轻重之间进行调整。PASSER V软件提供这些条件,通过各个参量随周期的变化,根据目标比重,选取最佳周期。为了减小干线系统总延误和停车次数,最大限度使干线畅通,选取平均延误为参考标准,比较效率和总停车次数这几个参数之间的关系,从而验证最佳周期的可行性,如图 8-37、图 8-38 所示。

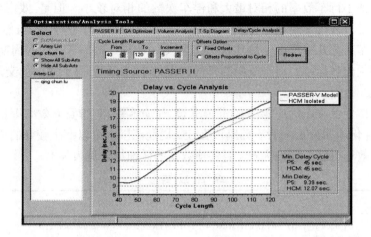

图 8-36　优化后延误图

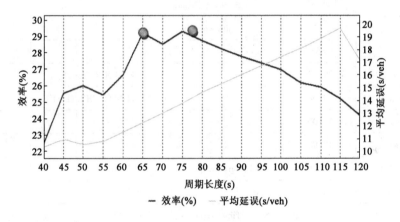

图 8-37　效率-延误图

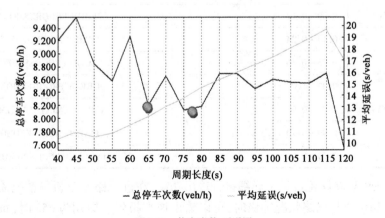

图 8-38　停车次数-延误图

通过上面的数据图,可以看出延误是随着周期递增的,所以小周期比较有利于该路段获得更好的通行能力。

在这种情况下,PASSER V 软件选择了用 65s 作为周期长度,因为它提供了在 65s 这个周期长度范围内保证了行车效率的相对最大和停车次数的相对较小。但是,效率和周期的长短无关,因此,效率是考证行车质量更好的指标之一。在春春路这个例子中,虽然 65s 和 75s 周期内的效率和停车次数几乎都处于最佳状态,但是 65s 的周期略好于 75s 的周期,具有更小的延误。干线协调优化目标是使得干线中的车辆延误最小,从而使得干线中的交通流获得最大限度的通畅延误。

通过 PASSER V 软件优化功能,综合带宽长度、带宽利用率、带宽有效率等各种因素,得出最佳配时方案,优化周期为 65s,青春路路段在 65s 周期范围内可以产生较好的道路交通条件,保证车辆能够有效地行驶。周期为 65s 时各项数据的详细报告见表 8-3。

综 合 报 告　　　　　　　　　　表 8-3

TEXAS TRANSPORTATION INSTITUTE			
PASSER V-03 SIGNAL TIMING OPTIMIZATION PROGRAM Version 2.3			
Optimization Tool: PASSER II			
Summary Report			
qing chun lu			
Cycle (s)	65		
Efficiency (%)	29.23		(GOOD PROGRESSION)
Attainability (%)	73.08		(FINE-TUNING NEEDED)
SB Band (s)	19.00		
NB Band (s)	19.00		
Avg. Delay (s/v)	12.26	Total Stops (v/h)	8215.16
Entry Vol. (v/h)	3296.00	Exit Vol. (v/h)	4322.00
Veh. Blocked (v/c)	5.71	Starve Time(s/h)	660.00
NOTE: Arterial Progression Evaluation Criteria			
EFFICIENCY:	0.00~0.12		'POOR PROGRESSION'
	0.13~0.24		'FAIR PROGRESSION'
	0.25~0.36		'GOOD PROGRESSION'
	0.37~1.00		'GREAT PROGRESSION'
ATTAINABILITY:	1.00~0.99		'INCREASEMINTHRUPHASE'
	0.99~0.70		'FINE-TUNINGNEEDED'
	0.69~0.00		'MAJOR CHANGES NEEDED'

此外,PASSER V 软件还自带了详细报告输出功能,在进行路况分析等情况需要查看具体交叉口相位差、相位或是道路状况等级时,可以输出详细报告。周期为 65s 时,每个交叉口的具体情况见表 8-4。

详 细 报 告 表 8-4

TEXAS TRANSPORTATION INSTITUTE				
PASSER V-03 SIGNAL TIMING OPTIMIZATION PROGRAM Version 2.3				
Optimization Tool: PASSER II				
Timing Plan				
qing chun lu				
Cycle:	65 sec.			
Signal 1:	qing chun lu and shuang yang			
Ref. Phase:	4 (Begin of Green)		Phase Offset:	0 sec.
Signal Phase	Ring	Barrier	Position	Phase Split (sec.)	Movement
2	1	1	1	27	EBT EBR EBL
4	1	2	1	38	SBT SBR SBL
6	2	1	1	27	WBT WBR WBL
8	2	2	1	38	NBT NBR NBL
Signal 2:	qing chun lu and er zhong			
Ref. Phase:	4 (Begin of Green)		Phase Offset:	63 sec.
Signal Phase	Ring	Barrier	Position	Phase Split (sec.)	Movement
2	1	1	1	16	EBT EBR EBL
4	1	2	1	49	SBT SBR SBL
6	2	1	1	16	WBT WBR WBL
8	2	2	1	49	NBT NBR NBL
Signal 3:	qing chun lu and cui wei			
Ref. Phase:	4 (Begin of Green)		Phase Offset:	34 sec.
Signal Phase	Ring	Barrier	Position	Phase Split (sec.)	Movement
2	1	1	1	23	EBT EBR EBL
4	1	2	1	42	SBT SBR SBL
6	2	1	1	23	WBT WBR WBL
8	2	2	1	42	NBT NBR NBL
Signal 4:	qing chun lu and qu wei			
Ref. Phase:	4 (Begin of Green)		Phase Offset:	31 sec.
Signal Phase	Ring	Barrier	Position	Phase Split(sec.)	Movement
2	1	1	1	17	EBT EBR EBL
4	1	2	1	48	SBT SBR SBL
6	2	1	1	17	WBT WBR WBL
8	2	2	1	48	NBT NBR NBL

续上表

Signal 5:				qing chun lu and hui yi zhong xin	
Ref. Phase:	4 (Begin of Green)			Phase Offset:	35 sec.
Signal Phase	Ring	Barrier	Position	Phase Split (sec.)	Movement
2	1	1	1	26	EBT EBR EBL
4	1	2	1	39	SBT SBR SBL
6	2	1	1	26	WBT WBR WBL
8	2	2	1	39	NBT NBR NBL
Signal 6:				qing chun lu and wu zhuang bu	
Ref. Phase:	4 (Begin of Green)			Phase Offset:	42 sec.
Signal Phase	Ring	Barrier	Position	Phase Split (sec.)	Movement
2	1	1	1	39	EBT EBR EBL
4	1	2	1	26	SBT SBR SBL
6	2	1	1	39	WBT WBR WBL
8	2	2	1	26	NBT NBR NBL

TEXAS TRANSPORTATION INSTITUTE

PASSER V-03 SIGNAL TIMING OPTIMIZATION PROGRAM Version 2.3

Optimization Tool: PASSER II

Performance Measures

qing chun lu

Cycle:			65 sec.			
Signal 1:			qing chun lu and shuang yang			
Ref. Phase:	4 (Begin of Green)			Phase Offset:		0 sec.
Phase	Avg. Delay (s/v)	Avg. Delay LOS	Thruput (v/h)	Stops (v/h)	Vehicles Blocked (v/c)	Starve Time (s/h)
EBT	14.50	B	11.92	7.14		
EBR	18.06	B	15.89	10.33	0.00	0.00
WBL	20.85	C	99.31	73.33	0.00	0.00
WBT	36.43	D	19.86	13.49		
WBR	19.65	B	111.22	75.52		
SBT	12.08	B	655.42	373.8	0.00	0.00
SBR	34.96	C	15.89	8.63		
NBL	4.84	A	21.75	4.65	0.00	0.00
NBT	4.83	A	1261.34	269.88	0.00	0.00
NBR	4.39	A	239.22	50.46	0.00	0.00

续上表

Signal 2:		qing chun lu and er zhong				
Ref. Phase:		4 (Begin of Green)		Phase Offset:		63 sec.
Phase	Avg. Delay (s/v)	Avg. Delay LOS	Thruput (v/h)	Stops (v/h)	Vehicles Blocked (v/c)	Starve Time (s/h)
EBL	30.16	C	91.36	77.31	0.00	0.00
EBT	23.72	C	11.92	8.97		
EBR	28.64	C	19.87	16.21	0.00	0.00
WBL	29.03	C	11.92	9.72	0.00	0.00
WBT	25.12	C	15.89	12.07		
WBR	28.97	C	19.86	16.24	0.00	0.00
SBL	3.07	A	11.92	2.33	0.00	0.00
SBT	3.07	A	865.94	169.63	0.00	0.00
SBR	2.79	A	123.14	22.78	0.00	0.00
NBL	15.95	B	66.88	51.44	0.00	0.00
NBT	15.28	B	1411.07	1049.50	0.00	0.00
NBR	15.28	B	20.06	14.92	0.00	0.00
Signal 3:		qing chun lu and cui wei				
Ref. Phase:		4 (Begin of Green)		Phase Offset:		34 sec.
Phase	Avg. Delay (s/v)	Avg. Delay LOS	Thruput (v/h)	Stops (v/h)	Vehicles Blocked (v/c)	Starve Time (s/h)
EBL	22.04	C	7.94	5.76	0.00	0.00
EBT	17.39	B	43.69	28.97		
EBR	21.97	C	7.94	5.67	0.00	0.00
WBL	23.57	C	123.14	94.72	0.00	0.00
WBT	27.95	C	15.89	11.04		
WBR	24.93	C	242.31	197.57	0.00	0.00
SBL	17.48	B	83.42	67.13	0.00	0.00
SBT	16.51	B	822.25	642.79	0.00	0.00
SBR	16.63	B	3.89	3.07	0.00	605.00
NBL	5.61	A	39.51	19.87	0.00	0.00
NBT	5.75	A	1177.26	598.19	0.00	0.00
NBR	4.18	A	276.65	63.72	0.00	0.00

续上表

Signal 4:			qing chun lu and qu wei			
Ref. Phase:		4（Begin of Green）		Phase Offset:		31 sec.
Phase	Avg. Delay (s/v)	Avg. Delay LOS	Thruput (v/h)	Stops (v/h)	Vehicles Blocked (v/c)	Starve Time (s/h)
EBL	28.82	C	19.86	16.50	0.00	0.00
EBT	68.21	E	3.97	3.06		
EBR	28.72	C	71.50	59.40	0.00	0.00
WBL	28.50	C	43.69	35.63	0.00	0.00
WBT	30.39	C	11.92	9.03		
WBR	28.31	C	19.86	16.19	0.00	0.00
SBL	3.19	A	22.03	3.66	0.00	55.00
SBT	3.18	A	881.70	146.39	0.00	0.00
SBR	2.98	A	49.60	8.13	0.00	0.00
NBL	6.21	A	138.85	45.43	0.00	0.00
NBT	7.85	A	880.03	502.42	5.71	0.00
NBR	4.80	A	87.69	26.92	0.00	0.00
Signal 5:			qing chun lu and hui yi zhong xin			
Ref. Phase:		4（Begin of Green）		Phase Offset:		35 sec.
Phase	Avg. Delay (s/v)	Avg. Delay LOS	Thruput (v/h)	Stops (v/h)	Vehicls Blocked (v/c)	Starve Time (s/h)
EBL	24.42	C	262.17	221.83	0.00	0.00
EBT	38.47	D	47.67	34.91		
EBR	22.60	C	15.89	12.47	0.00	0.00
WBL	21.96	C	174.78	132.75	0.00	0.00
WBT	19.62	B	107.25	73.31		
WBR	21.08	C	143.00	103.75	0.00	0.00
SBL	9.41	A	191.70	173.44	0.00	0.00
SBT	7.26	A	850.34	364.10	0.00	0.00
SBR	6.23	A	240.85	82.51	0.00	0.00
NBL	12.59	B	195.93	115.06	0.00	0.00
NBT	11.50	B	837.14	445.72	0.00	0.00
NBR	11.50	B	218.19	116.17	0.00	0.00

续上表

Signal 6:		qing chun lu and wu zhuang bu			
Ref. Phase:		4 (Begin of Green)		Phase Offset:	42 sec.
Phase	Avg. Delay (s/v)	Avg. Delay LOS	Thruput (v/h)	Stops (v/h)	Vehicles Blocked (v/c)	Starve Time (s/h)
EBL	11.14	B	190.67	104.23	0.00	0.00
EBT	11.28	B	63.56	31.37		
EBR	17.93	B	19.86	9.80		
WBT	10.20	B	79.44	38.75		
WBR	17.46	B	464.75	401.76	0.00	0.00
SBL	57.14	E	212.28	223.41	0.00	0.00
SBT	11.05	B	641.72	387.18	0.00	0.00
SBR	9.68	A	175.88	55.60	0.00	0.00
NBT	24.40	C	595.83	504.17	0.00	0.00
NBR	36.12	D	162.86	138.63		

4) 优化效果评价

在描述交通的评价指标中，车辆延误是最重要的一项，可以很好地反映干线中交通流的通畅程度。当干线中延误较小时，表明干线中的交通流较为通畅；反之，当干线中延误较大时，表明干线中的交通流不通畅。干线协调优化，就是通过调整干线的控制方案，使得干线中的车辆延误最小，从而使得干线中的交通流获得最大限度的通畅。

为了验证优化方案的有效性，利用 PASSER V 软件优化后的延误时间与之前在北京市怀柔区青春路实际调查的结果相比较，对比优化前后的配时方案，比较了优化后的结果对整条道路行驶的影响。实际测量延误见表 8-5，优化前后对比结果见表 8-6。

实际测量延误 表 8-5

实际测量延误		
交叉口名称	进口方向	优化前延误(s/v)
双阳路口	东进口	24.93
	南进口	11.06
	北进口	16.00
	西进口	7.00
二中路口	南进口	18.67
	西进口	19.69
	北进口	19.92
	东进口	10.00
翠微路口	东进口	14.67
	南进口	14.08
	西进口	27.75
	北进口	20.92

续上表

交叉口名称	进口方向	优化前延误(s/v)
区委路口	东进口	23.76
	南进口	10.88
	西进口	15.50
	北进口	21.22
会议中心	东进口	18.58
	南进口	16.07
	西进口	24.70
	北进口	9.06
武装部路口	东进口	11.95
	南进口	14.71
	西进口	26.54
	北进口	16.64
总延误		414.31
延误平均值		17.26

优化前后对比　　　　　　　　　　　　　　　　　　　　　表 8-6

优化前后对比	
优化前平均延误(s/v)	17.26
优化后平均延误(s/v)	12.26
减小(%)	28.96

从上述对比结果可以看出,在对该路网进行化优化后,用于评价网络运行状态的延误时间减小了 28.96%。

通过对数据进行分析能够得出以下结论:

①在对协调控制交叉口进行协调控制优化后,整个实验网络的运行状态得到了很好的改善。在不同的流量情况下,优化方案减小了 20%~40% 的交叉口延误,降低了 14%~28% 的起停车次数,缩短了 1%~9% 的行驶时间。

②优化方案的所有结果均显示其能够对网络运行状态进行改善。

8.3　Synchro

8.3.1　Synchro 软件介绍

Synchro 系统软件是美国 Trafficware 公司开发的专门用于信号配时优化的交通仿真软件,信号配时优化模型以 HCM2000 为理论基础,目前已经开发完成了最新版本 Synchro 7.0。Synchro 软件是进行交通信号配时与优化的理想工具,具备通行能力分析仿真、协调控制、自适应信号控制仿真等功能,并且具备与传统流行交通仿真软件 CORSIM、TRANSYT-7F、HCS 等的接口,该软件简单易懂,具有很高的工程实用价值。

Synchro 交通信号协调及配时设计软件包含的组件有:Synchro、SimTraffic、SimTraffic CI、3D Viewer、Warrants。

Synchro 系统主要功能:

①可以方便地创建网络,设置道路和交叉口属性,如路段长度、车速、车道数、车道宽度、渐变段特征、交叉口大小、坡度、转弯半径以及转弯车速等。

②对交叉口进口进行车道划分,并添加各方向的饱和流量、实测交通量等信息。

③制定信号控制方案,包括控制方式、相位、相位时长、周期长度、黄灯时长以及全红时间等。

④通过模拟仿真计算可以获得 v/c、延误、排队长度、停车次数以及服务水平等数据,用于方案的分析评价。

该标准中的参数是根据汽车性能、驾驶员的行为习惯、交通法规等设定的,计算得出的某些结果(如延误时间、服务水平、废气排放等),作为方案比较的相对参数,具有重要的参考价值,信号配时也非常合理。

总体来讲,Synchro 系统软件的信号配时方案优化程序针对信号周期、相位和绿信比进行综合优化。该系统充分考虑了区域性质、交叉口范围内公交站点、路边停车、自行车与行人等各种因素对交叉口通行状况的影响,其适用性较好,是一种使用简便的信号控制配时优化软件。

8.3.2 算例介绍

下面以北京市某一交叉口为例,介绍 Synchro 软件中单点信号交叉口配时优化的步骤。

1)现状描述

交叉口渠化现状如图 8-39 所示。

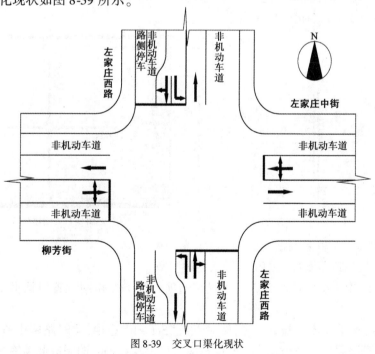

图 8-39 交叉口渠化现状

(1) 道路属性

进口道车道宽:3m。

出口道车道宽:3.5m。

南北进口非机动车道宽:7m(有路侧停车)。

中央分隔带:南北向为栅栏式;东西向为双黄线。

道路限速:东西南北为30km/h。

南北进口局部拓宽段长:40m。

(2) 交通流参数(见表8-7)

交叉口早高峰   表8-7

进口方向	南(N)			北(S)			东(W)			西(E)		
流向	左	直	右	左	直	右	左	直	右	左	直	右
流量	200	440	70	290	380	65	57	260	58	80	280	74
高峰小时系数	0.93	0.93	0.93	0.93	0.93	0.93	0.93	0.93	0.93	0.93	0.93	0.93

大车比例:1%。

(3) 相位设置

设计为两相位设置,其相位设置如图8-40所示。

黄灯时间:2s。

全红时间:1s。

2) 仿真过程

(1) 创建路网

根据已知现状在Synchro中建立路网。例如,在Synchro软件上的主页面中画出两条相交的道路,得出一个交叉口,如图8-41所示。

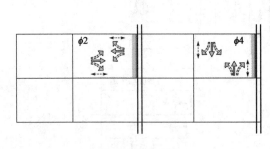

图8-40 相位设置

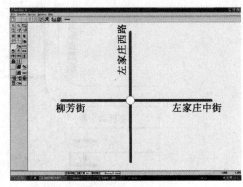

图8-41 创建路网

(2) 在车道窗口中输入数据

选择交叉口,在道路属性栏中依次输入各种参数。

①车道宽度:由于出口道为3.5m,所以在选项设置下的路网设置对话框里进行设置,如图8-42所示。

在车道属性车道宽度里输入3.5,然后点击"Set All"选项,此时路网中所有的车道均为3.5m。同时在道路属性中车道宽度一栏中对应进口道输入3m,即完成此项输入。

②车道分布:以西进口方向为例,在所对应方向的选项中选择一条直左右车道。

③车道坡度:如果相交道路有坡度,即输入坡度值。本例中交叉口车道没有坡度,因此输入0即可。车道窗口如图8-43所示。

④储车长度:如果在交叉口有拓宽车道,则可输入拓宽车道长度。本例中南北方向有左转拓宽车道,因此在两个方向所对应的左转车道中填写储车长度40。车道窗口如图8-43所示。

⑤储车数:在对应有储车长度的选项下填写车道数,本例中南北方向各一条,因此填写1即可。

⑥道路限速:双击主窗口中车道,在其弹出的车道设置对话框中,道路速度中输入数值30即可,如图8-44所示。

图8-42 路网设置

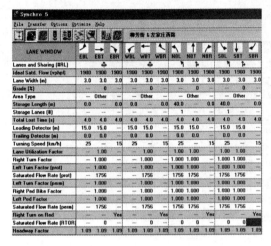

图8-43 车道窗口

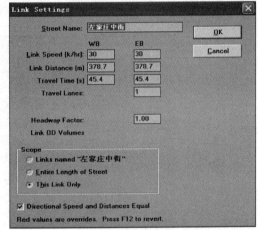

图8-44 车道设置

(3)在流量窗口中输入数据

①交通流量:在对应每个流向输入交通量。从西进口左转流向开始,依次输入交通量80、280、74、57、260、58、200、440、70、290、380、65。

②高峰小时系数:在对应每个流向输入交通高峰小时系数。本例均为0.93。

③大车比例:在对应每个流向输入大车比例。本例大车比例均为1%。

以上操作见流量窗口,如图8-45所示。

(4)在信号配时窗口中输入数据

①控制类型:在窗口中左上角的控制类型中选择定周期配时。本例所选控制类型为定周期方式。

②转弯类型:在此选项中可以选择左转及右转的相位类型,此方案为两相位设计,因此在左转中选择"perm"选项,即许可型左转相位。

③黄灯时间/全红时间:在相对应的位置中输入黄灯时间及全红时间,在黄灯时间的选项中填写2s,在全红时间的选项中填写1s。

以上操作见信号配时窗口,如图8-46所示。

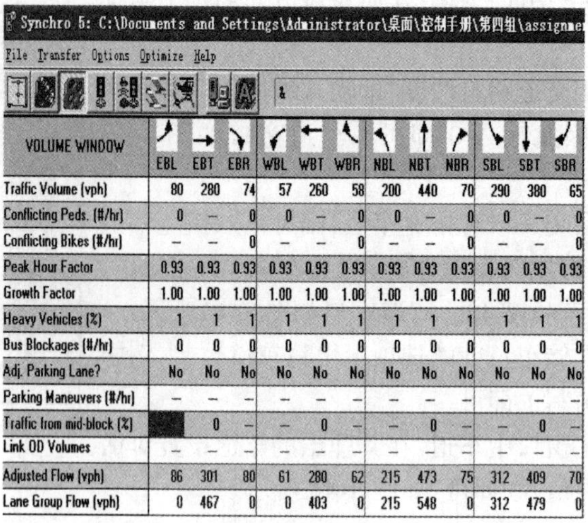

图 8-45 流量窗口

图 8-46 信号配时窗口

本例中只介绍定周期相位的配时方法,其余控制方式暂不介绍,因此,其他指标在此不做介绍,且其余选项可选择缺省值。

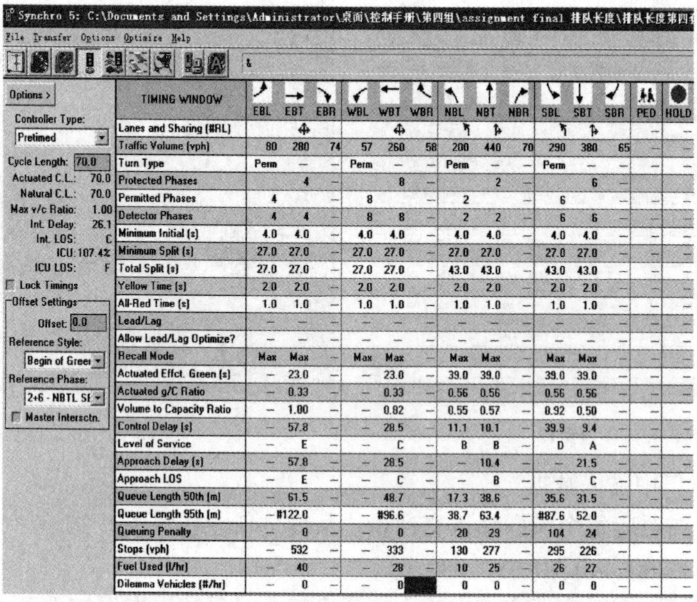

(5)优化交叉口周期时长

现在所有的参数已被输入,接下来就是对此交叉口进行配时,选择优化选项中的优化交叉口周期时长的选项,即可得出此交叉口的优化配时。

(6)得出效率指标

在信号配时窗车次数口中,可以得到此交叉口优化完后得到的一系列效率指标,如通行能力、延误、服务水平、v/c、停、排队长度以及车辆燃油消耗等。

以上(5)、(6)操作如图 8-47 所示。

TIMING WINDOW	EBL	EBT	EBR	WBL	WBT	WBR	NBL	NBT	NBR	SBL	SBT	SBR	PED	HOLD
Lanes and Sharing (#RL)		↓			↓			↑			↑			
Traffic Volume (vph)	90	280	74	57	260	58	200	440	70	290	380	65		
Turn Type	Perm	—	—	Perm	—	—	Perm	—	—	Perm	—	—		
Protected Phases		4			8			2			6			
Permitted Phases	4	—	—	8	—	—	2	—	—	6	—	—		
Detector Phases	4	4	—	8	8	—	2	2	—	6	6	—		
Minimum Initial (s)	4.0	4.0	—	4.0	4.0	—	4.0	4.0	—	4.0	4.0	—		
Minimum Split (s)	20.0	20.0	—	20.0	20.0	—	20.0	20.0	—	20.0	20.0	—		
Total Split (s)	24.0	24.0	—	24.0	24.0	—	36.0	36.0	—	36.0	36.0	—		
Yellow Time (s)	2.0	2.0	—	2.0	2.0	—	2.0	2.0	—	2.0	2.0	—		
All-Red Time (s)	1.0	1.0	—	1.0	1.0	—	1.0	1.0	—	1.0	1.0	—		
Lead/Lag	—	—	—	—	—	—	—	—	—	—	—	—		
Allow Lead/Lag Optimize?														
Recall Mode	Max	Max	—	Max	Max	—	Max	Max	—	Max	Max	—		
Actuated Effct. Green (s)	—	20.0	—	—	20.0	—	—	32.0	32.0	—	32.0	32.0		
Actuated g/C Ratio	—	0.33	—	—	0.33	—	—	0.53	0.53	—	0.53	0.53		
Volume to Capacity Ratio	—	0.95	—	—	0.79	—	—	0.58	0.59	—	0.98	0.52		
Control Delay (s)	—	43.0	—	—	24.4	—	—	10.9	9.7	—	51.8	9.0		
Level of Service	—	D	—	—	C	—	—	B	A	—	D	A		
Approach Delay (s)	—	43.0	—	—	24.4	—	—	10.0	—	—	25.8	—		
Approach LOS	—	D	—	—	C	—	—	B	—	—	C	—		
Queue Length 50th (m)	—	49.8	—	—	39.8	—	—	15.2	13.9	—	31.9	27.1		
Queue Length 95th (m)	—	#105.3	—	—	#83.9	—	—	37.1	57.3	—	#80.5	47.0		
Queuing Penalty	—	0	—	—	0	—	—	19	21	—	121	23		
Stops (vph)	—	477	—	—	327	—	—	140	287	—	356	232		
Fuel Used (l/hr)	—	35	—	—	27	—	—	10	23	—	25	22		
Dilemma Vehicles (#/hr)	—	0	—	—	0	—	—	0	0	—	0	0		

图 8-47　优化后的信号配时窗口

(7) 交通仿真

利用 Synchro 软件的 SimTraffic 功能进行仿真，得到动态仿真图像，并用 Create Report 功能得到报告的预览。点击 , 即可得到仿真界面，如图 8-48 所示。

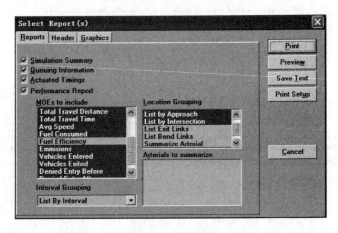

图 8-48　选择报表

交通仿真中生成的报告包括了之前介绍的大部分效率指标，在 Synchro 软件中可以自由选择这些指标的组合，如可以选择一条车道，一个进口道甚至是一个交叉口的效率指标。选择报表、生成报表如图 8-49 所示。

(8) 输出结果

此交叉口的信号配时结果如图 8-50 所示。

周期长度为 60s。

图 8-49 生成的报表

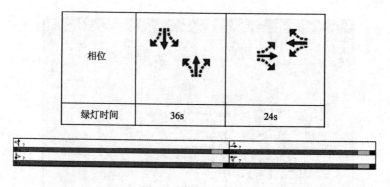

图 8-50 信号配时结果

8.4 LISA +

8.4.1 LISA + 软件介绍

LISA + 是一款综合性的交通工程软件包,这款软件是德国公司依照德国设计规范 HBS 2001 所设计,适用于交通信号装置设计的每一个阶段。它能够计算和评价十字路口和环形交叉口。运用LISA+,可以对单个交叉口、绿波和公路网的交通信号控制进行评价和优化。同样,它也适用于无信号交叉口和环形交叉口。LISA+在设计时可以考虑公共汽车和有轨电车,同时也可以优化绿灯时间和车道分配,这种结果的主要特点是能够防止或减少排队长度。

运用LISA+可以对所设计的方案进行交通仿真评价,得出多种交通信号控制效率指标。

8.4.2 LISA+软件操作方法

1)在项目管理模块中创建交叉口

本例中,在新建的交叉口名称中填写"jiaochakou"(图8-51)。

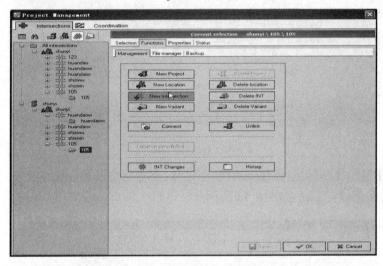

图8-51 创建交叉口

2)输入交叉口几何数据

在信号交叉口中输入数据:选择"intersection sketch"模块,在主页面中可以导入左家庄交叉口图片,如图8-52所示。尤其是当有多个交叉路口时,建议通过用户界面的图形来输入数据。

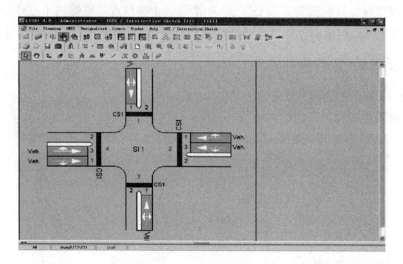

图8-52 导入交叉口图片

依次在图中进行比例标定,添加隔离线、车道线、车辆轨迹以及信号灯组等,并在最后计算轨迹的冲突点,保存即可,最后如图8-53所示。

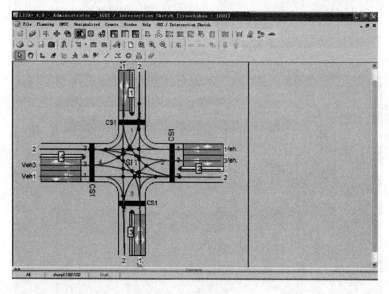

图8-53 几何数据输入

3)在信号灯组模块中添加信号灯

当交叉口的几何信息填写好后,信号灯组模块会自动生成关于信号灯的一些信息,如图8-54所示。

4)输入流量数据

为了评价信号配时方案,仿真交通流,必须至少输入一个交通流。对于配时方案的评价,可能要输入更多的影响计算的参数。

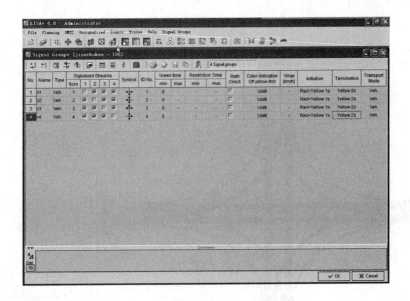

图 8-54 生成信号灯信息

当打开"Evaluation Data"模块后,新建一个交通流的名称,会出现交通流量的矩阵表。在矩阵表中填写交通量,填写后可以选择一些车辆参数。本例中,可以在交通流量矩阵中填写交通现状中所提供的交通流参数。输入后如图 8-55 所示。

5)计算绿灯间隔时间

打开"Intergreen Time Calculation"模块,有几种输入方法:

①当已知绿灯间隔时间时,在绿灯间隔时间矩阵表中直接输入数值。

②如果不知道绿灯间隔时间,可以在模块中计算间隔时间后,导入间隔时间矩阵表中。本例中已知现状中没有给出间隔时间,所以依次计算如图 8-56 所示。

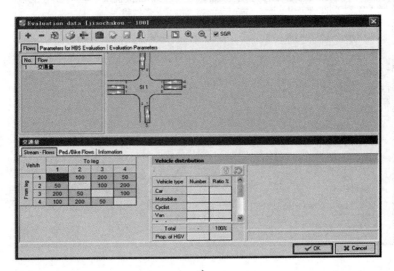

a)

图 8-55

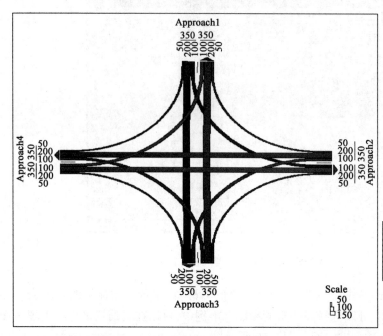

b)

图 8-55 交通流量矩阵表

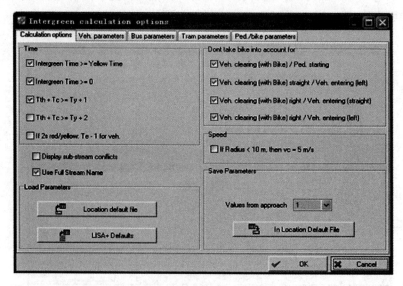

a)

图 8-56

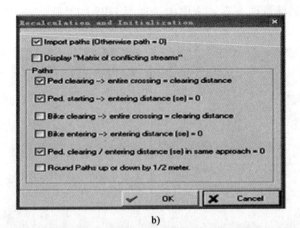

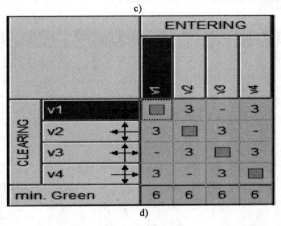

图 8-56 计算过程

6) 生成信号配时方案

打开"Signal Timing Plans"模块,选择自动生成 STP 按钮,依次选择流量、计算方法、相位及相位数,LISA + 会采用爬山法计算周期从 0~120s 的信号配时方案,从而选择平均等待时间最小值，即软件推荐的最佳配时方案。本例中选择了 HBS 的计算方法，得出周期时长为 62s，同时还可以得出效率指标等，如图 8-57 所示。

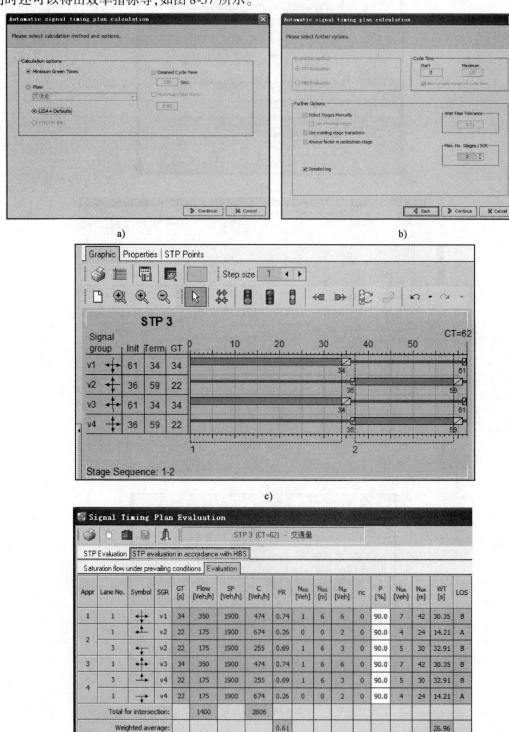

图 8-57　生成方案

8.5 TRANSYT-7F

TRANSYT-7F 是由美国佛罗里达大学 MC 交通研究中心(McTrans Center, University of Florida)开发研制的计算机系统。TRANSYT-7F 是一个交通网络研究工具。最初 TRANSYT 模型是由英国的运输研究实验室(原运输和道路研究实验室)所开发的。TRANSYT 第 7 版是"美国化"的,由联邦公路管理局修改,因此,TRANSYT-7F 计划及原 TRANSYT-7F 手册,根据国家发展信号配时优化(NSTOP)项目由佛罗里达州大学、交通发展研究中心为美国联邦公路管理局研究开发。

8.5.1 优化过程

在本实例中采用 TRANSYT-7F 对北京市怀柔区青春路进行交通优化,并采用 TSIS6.1 对优化结果进行仿真。

1)优化步骤

(1)文件默认属性设置

在新建文件的同时,对道路环境以及系统各默认值做最基本的设置(图 8-58)。

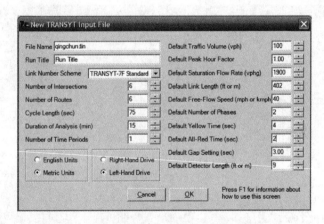

图 8-58 文件默认属性设置菜单

①路口数(Number of Intersections):本实例研究对象为青春路南北向 6 个交叉口,此选项赋值为 6。

②路径数(Number of Routes):本实例只考虑南北向的双向滤波,因此此值赋值为 1。

③周期长(Cycle length):此选项为交叉口现状周期长度,根据实地调查资料,此值赋值为 75s。

④默认交通量(Default Traffic Volume):根据是实地调查结果,青春路路段小时交通量为 1900veh/h。

默认相位数(Default Number of Phases):本文所涉及的交叉口均为两相位交叉口,据此赋值为 2。

默认黄灯时间(Default Yellow Time):根据实地调查结果赋值为 4。

默认全红时间(Default Red Time):根据实地调查结果赋值为2。

(2)路网架构及相关属性设置

本实例的研究对象为青春路路段南北向6个交叉口,在TRANSYT-7F中分别由1~6的数字代替,其对应关系如图8-59、图8-60所示。

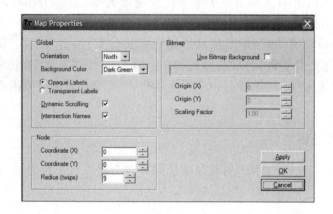

图8-59 节点坐标设置菜单

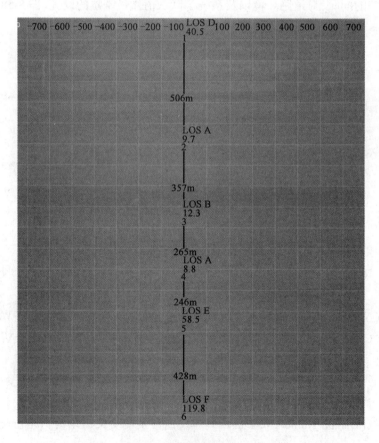

图8-60 路网设置界面展示

1-双阳路口;2-二中路口;3-翠微路口;4-区委路口;5-会议中心路口;6-武装部路口

以双阳路口为坐标零点建立路网,其他交叉口坐标由采集的距离数据累加得到,以便准确标定各交叉口的位置。从图8-60中可见每个节点代表一个交叉口,图中可以显示路段的长度以及各交叉口现状的服务水平,还可选择显示路段畅行速度、路段名称等。

完成路网搭建后,需要对各个交通参数进行具体设置。

① 在 edit > lanes > intersection 选项中对路网及6个交叉口基本信息进行设置,如图8-61所示。

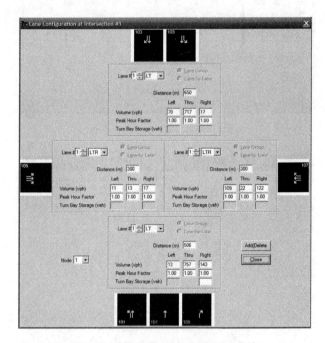

图8-61　1号交叉口渠化及流量设置菜单

以1号交叉口即双阳路口西进口为例。

a. 渠化情况:直行、左转、右转车道各一条。

b. 与上一交叉口距离(Distance):300m。

c. 交通量(Volume):左转11veh/h,直行13veh/h,右转17veh/h。

d. 高峰小时系数(Peak Hour Factor):默认为1.00。

② 在 edit > traffic 选项中对各交叉口的交通量等属性进行设置,如图8-62所示。

同样以1号交叉口即双阳路口西进口为例。

a. 总交通量(Total Volume):左转11veh/h,直行13veh/h,右转17veh/h。

b. 饱和流量(Saturation Flow Rate):1879veh/h。

c. 路段长度(Link Length):300m。

d. 中途加入车辆数(Mid Block Source Volume):左转11veh/h,直行13veh/h,右转17veh/h。

e. 启动损失时间(Start-up Lost Time):3.0s。

f. 单位有效绿灯延长时间(Extension of Effective Green Time):默认2.0s。

③ 在 edit > timing > single-ring 选项中对各交叉口的配时现状进行设置,如图8-63所示。

在信号菜单中,可以设置各节点、各相位的配时情况,以及优化时所考虑的最小周期、允许优化、优化绿信比和信号协调控制。

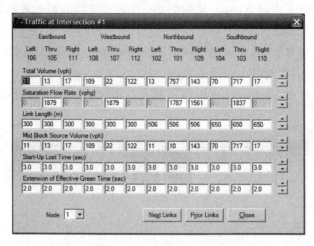

图 8-62　1 号交叉口流量设置菜单

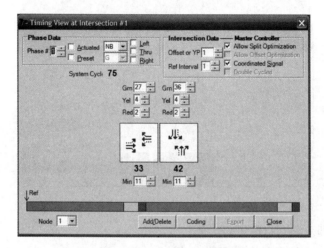

图 8-63　1 号交叉口信号配时设置菜单

a. 相位设置(Phase Data):包括感应式控制(Actuated)、预设相位(Preset)等。

b. 交叉口信息-中心控制机(Intersection Data-master controller):包括相位差(Offset or YP),相对时间差(Ref Interval),允许分别优化(Allow Split Optimization),信号协调控制(Coordinated Signal),其他为默认。

c. 信号周期(System Cycle):75s。

d. 信号配时:绿灯时间(Grn)27s,黄灯时间(Yel)4s,全红时间(Red)2s;优化时所考虑的最小周期(Min)统一设置为 11s。

④在 edit＞satflow 选项中对道路的饱和流、路宽等属性进行设置如图 8-64 所示。软件会根据路段实际情况修正路段通行能力,以减少调查时所产生的绝对误差。所采用的路段通行能力均为软件修正后的修正值。

2)优化依据及相关系数设置

①在 edit＞analysis 选项中对优化系数及优化依据进行设置。选取 simulation 选项,可对前文中输入的交叉口现状进行模拟(图 8-65),以发现交叉口现状所存在问题(表 8-8),便于在优化过程中加以重点优化。

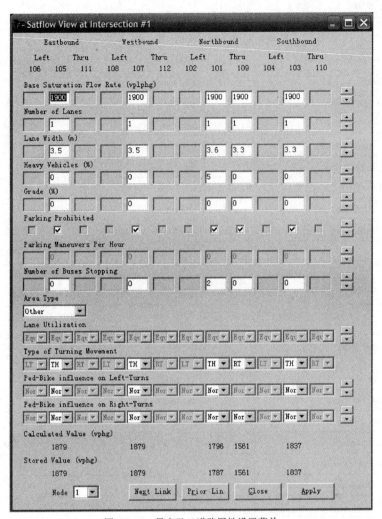

图 8-64　1 号交叉口道路属性设置菜单

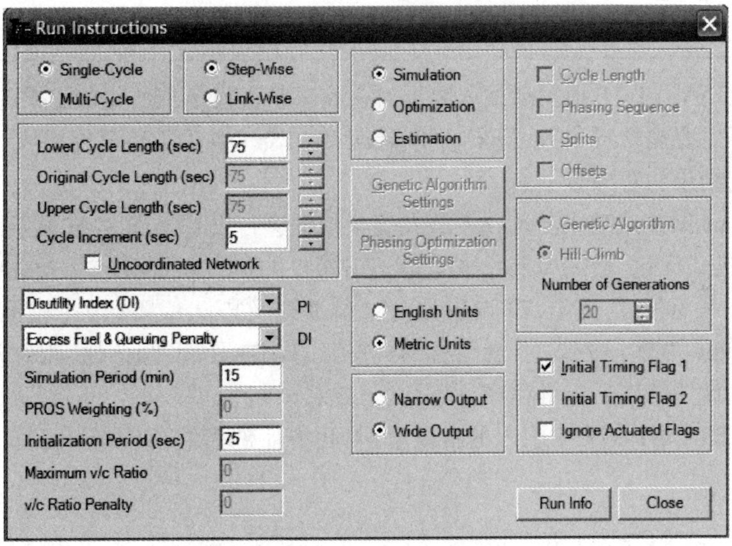

图 8-65　现状模拟设置菜单

道路现状相关指标 表8-8

SYSTEM-WIDE PERFORMANCE: ALL NODES		
Performance Measures	Units	System Totals
Total Travel	veh·km/h	2912
Total Travel Time	veh·h/h	258
Performance Measures	Units	System Totals
Total Uniform Delay	veh·h/h	57
Total Random Delay	veh·h/h	128
Total Delay	veh·h/h	185
Average Delay	s/veh	44.5
Passenger Delay	p·h/h	222
Uniform Stops	veh/h	10345
	%	69
Random Stops	veh/h	4449
	%	30
Total Stops	veh/h	14794
	%	99
Degree of Sat > 1	#of links	4
Queue Spillback	#of links	1
Time Jammed	%	0
Period Length	s	900
System Speed	km/h	11.3
Fuel Consumption	lit/h	970
Operating Cost	$/h	1471
Weighted PROS	PROS	0
Performance Index	DI	191.4

表8-8为TRANSYT-7F根据所输入数据对道路现状进行模拟所得的结果，图8-65中显示的各种评价指标主要包括行车数、行车时间、延误、停车数、油耗以及评价指数DI，以此表中的数值作为与优化结果的对照数据。

②在edit>analysis选项中对优化系数及优化依据进行设置如图8-66所示。

单周期，步进式优化，最短周期长40s，最长周期长120s，时常间隔5s，优化评价标准为DI（Disutility Index，简称DI），其中，DI设置为与过量油耗及排队惩罚相关（相关名字解释见后文），采用公制单位，宽输出方式，优化目标为各交叉口周期长度、绿信比、相位差，优化方法采用爬山优化法。设置结束后运行程序，得出优化结果。

由于DI为TRANSYT-7F中引入的新概念，因此将评价指数（DI）定义及具体计算方法说明解释如下：

$$DI = \sum_{i=1}^{n} [(\omega_{d_i} d_i + K\omega_{S_i} S_i) + U_i(\omega_{d_{i-1}} d_{i-1} + K\omega_{S_{i-1}} S_{i-1} + QP)] \quad (8-1)$$

式中：DI——负效用指数,是 TRANSYT-7F 中独创的一个功能指数,用以评价方案的优劣;

d_i——Link i 处的延误,用户可根据需要指定其上游环节 $i-1$;

K——用户编码的停车惩罚系数,用以表达延误相对于停车之间的重要程度;

S_i——每秒在 link i 处的停车数;(相对于 $i-1$ 具有同样意义);

ω_{S_i}——link 特定的关于延误和停车的加权值;

U_i——其值为一个二进制数,如果 link 与 link 之间的加权值已经指定则此值为 1,否则,则为 0;

QP——排队惩罚,用来减少交叉口车辆排队可能性(Spillback)。

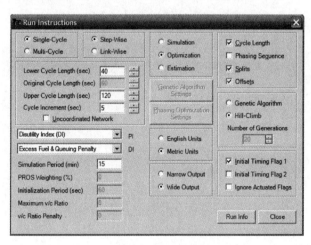

图 8-66 软件优化设置界面

DI 负效用指数是不利行动的指数,如停车、延误、燃油消耗,除非直接投资等已被明确定义为多余的燃料消耗,其实际上已没有内在的价值,因为它是简单地将延误和停止进行线性组合,其单位并不相同。排队惩罚的过量最大值的回馈会被选择性包含在负效用指数中。负效用指数,是 TRANSYT 中一个主要的优化目标函数,其主要针对延误和停车。

如果链路的智能仿真被用于评价每个优化系统方案的性能,此数值的计算方法如下:

$$QP = QB_iW_q(q_i - qc_i)^2 \tag{8-2}$$

式中：Q——其值为一个由用户自行设置的二进制变量;如果其值为 1,则其会影响 DI;如果其值为 0,则无影响;

B_i——其值为一个二进制变量;如果队列长度(q_i)超过排队容量,则其值为 1;反之,其值则为 0;

W_q——其值为一个用于交叉口车辆排队可能性的网络惩罚值;

q_i——计算 link i 处的最大排队长度;

qc_i——link i 处的排队长度。

对于过饱和情况下,推荐使用步进式仿真。在步进式仿真中,排队的惩罚无法计算,因为上式($q_i - qc_i$)始终为零。它始终是零,是因为车辆无法进入完全链路(link)。因此,步进式仿真的排队惩罚的定义如下:

$$QP = Q \cdot W_F \cdot F_i \tag{8-3}$$

式中：QP——针对排队容量的默认值，其既可由 TRANSYT 自行计算，亦可由用户手动输入；

W_F——网络系统中对已满的 link i 的数量的惩罚值；

F_i——停车数已满的 link i 的数量。

此默认值通过过量的燃料消耗作用于负效应指数。因此，DI 公式中最初的 ω_{x_i} 值全部符合燃料消耗模型中的数值。此系数也可能会被主干道停车和延误的因素所调整。随即停车会被从 DI 中随即忽略。若要求系统从 DI 中随即忽略，需在 edit > optional > global > model coefficients 界面中输入一个"6"，但是，随即延误不能从 DI 中被忽略。

第 9 章
智能交通控制系统及发展

随着移动互联网、云计算、大数据、物联网等新一代信息通信技术不断向纵深发展,城市智能交通控制的发展,特别是顶层设计、信息服务方面,呈现了一些新的趋势,主要体现在城市交通的顶层网络设计方面、多部门跨界交通信息的整合方面以及基于移动互联网的信息发布方面。

9.1 先进的交通控制系统

9.1.1 ACTRA

ACTRA 目前是世界上技术比较领先的交通信号控制系统之一。该系统主要由 ACTRA 中心服务器、数据库服务器、Digi 串口通信服务器、网络交换器、操作终端、系统外设等系统设备构成。为了满足未来信号控制规模迅速扩大的需要和平台集中监控的功能,保障系统良好的可靠性、安全性和扩展性,系统硬件总体架构和各功能均采用了模块化设计,主要由三大模块构成,分别为中心控制模块、通信模块、路口信号控制机。ACTRA 系统的模块组成如图 9-1 所示。

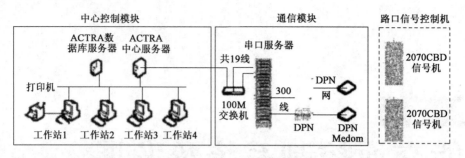

图 9-1 ACTRA 系统的模块组成

系统采用客户机/服务器的方式工作，ACTRA 中心服务器、ACTRA 数据库服务器、操作终端等主要设备间采用 100Mb/s 以太网，从而实现数据的高速传输和共享。

ACTRA 系统支持的信号控制模式包括本地信号机控制模式和系统控制模式两种。其中，本地信号机控制模式包括本地手动控制、本地方案控制、本地感应控制及本地自适应控制等；系统控制模式包括中心时间表控制、中心方案自动选择控制、中心实时自适应控制、快速反应控制、公交优先控制等。

ACTRA 系统的主要功能包括交通响应控制、系统实时状态监控、系统功能。

（1）交通响应控制

交通响应控制是 ACTRA 系统根据路口检测的流量和占有率，动态调整系统的周期、绿信比和相位差参数，然后选择方案库中最为匹配的方案实施。它是一种动态方案选择控制战略。

（2）系统实时状态监控

ACTRA 系统可以实时在线显示系统各种运行状态，包括区域状态监控、所有路口状态监控以及路口运行状态监控等，它可以及时、准确地了解所有路口、特定区域的交通信号运行状态以及系统通信状态。

（3）系统功能

ACTRA 系统还具有系统报警和操作报警、系统地图、系统的设置和管理、系统日志查询、系统用户管理以及路口统计报表等多种系统功能。

9.1.2 SCATS

SCATS（Sydney Coordinated Adaptive Traffic System）是一种实时的方案选择系统式自适应交通控制系统，是澳大利亚从 20 世纪 70 年代以 A. G. Sims 为首开始开发的。

SCATS 区域控制机负责信号协调控制区域被分成多个子区，每个子区由 1～10 个信号交叉口组成，子区内信号机具有共同周期 C。在每个子区内，SCATS 预先规定信号周期的 4 个限值，即信号周期最小值 C_{min}、信号周期最大值 C_{max}、能取得子系统范围内双向车流行驶较好连续性的中等信号周期时长 C_s 以及略长于 C_s 的信号周期 C_x，系统根据子区的类饱和度 x，采用连续小步长方式更新，最长步长为 6s。

每个信号周期内都要对已预存的相位差方案进行实时选择。每个路口存储 4 个绿信比方案和 5 种内外部相位差。为了取得更好的线性协调控制，在子区内部，有两种相位差方案分别对应的周期为 C_{min} 和 $C_u < C < (C_u + 10)$，余下的 3 个方案，则根据实测流量及推算结果进行选择，对每一相关的进口道，都要分别计算出 3 种相位差方案对应的带宽，择优选择最大带宽对

应的相位差方案;子区外部协调的相位差选择,与内部相位差选择步骤和方法一样。

SCATS 系统未使用交通模型,只是一种方案选择系统,限制了方案优化程度;又因检测器安装在停车线处,难以检测车队的行进状态,所以相位差选择可靠性较差。其基于带宽模型的交通协调控制系统没有考虑车队到达时间、大小和速度的随机性。

9.1.3 SCOOT

SCOOT(Split-Cycle-Offset Optimization Technique)是"在线 TRANSYT 系统",由英国 TRRL 于 1973 年开始研究,至今已进行了多次升级。严格地说,SCOOT 是利用车辆检测器实时检测交通量,通过与 TRANSYT 一样的交通模型对交通信号进行优化,并依靠通信网络、信号控制机等来实施控制。该系统以子区为单位,每隔 2.5~5min 对子区每个交叉口的周期长做出一次调整,利用存储在实时周期交通流分布图(Cyclic Flow Profiles,简称 CFP)中的信息,估算相位差的一次改变,提前或滞后几秒钟是否会改善相邻连线上的交通连续通行,优先考虑短路段上的协调。SCOOT 系统对各个交叉口相位差优化时,不仅考虑连线上车辆排队长度,还考虑了每条连线的拥挤系数:

$$\text{LT} = \sum L_i + \Delta T \tag{9-1}$$

式中:LT——拥挤时间;

L_i——时间拥挤长度,km;

ΔT——测量时间间隔(通常为 5min)。

该公式作为表示拥挤总量的指标,用于拥挤对策的事前、事后评价。

SCOOT 的不足之处为交通模型的建立需要大量的路网几何尺寸和交通流数据,费时费力;绿信比的优化依赖于对饱和度的估算,并且以小步长变化对其进行调整,有可能不足以及时响应每个周期的交通需求;信号相位不能自动改变等。其基于延误模型的交通协调假定车队是大小相等、速度一致周期性到达的,没有充分考虑车队行驶的连续性以及其他基于车队的性能指标。

9.1.4 RHODE

RHODE(Real-time, Hierarchical, Optimized, Distributed, and Effective System)是 20 世纪 90 年代开始,由美国亚利桑那州立大学 P. B. Mirchandani 等成功开发的自适应控制系统。经测试表明,该系统对半拥挤的交通网络比较有效。

RHODE 提出了一种称为"有效绿波带(Real Band)"的算法来对交通流协调控制,其综合了基于延误模型和带宽模型的优点,主要目标是解决车队冲突,在给定的时间窗口内,利用仿真模型 APRES-NET 来跟踪预测车队的行进,判断需求冲突点,生成决策树来制订最优策略。基本原理:根据当前的车队预测信息,综合考虑网络各个方向车队可能发生的冲突,用决策树对网络交通信号进行协调优化并生成绿波带,其宽度和速度值能使网络目标函数达到最优,即延误和停车次数最小。Real Band 充分考虑各方向车队行进的连续性,根据车队到达时间、大小和速度的预测值以及离散或压缩程度和转向车流的干扰,在线生成行进绿波带,尽可能地保证车队行驶的连续性,使得给定的系统性能指标达到最优。

Real Band 采用精确的预测模型来模拟车队在路网中行进的状态,调整交通信号配时来适应识别出来的车队,为底层控制提供初始的相位差和协调约束条件。

9.1.5 OPAC

OPAC(Optimization Policies for Adaptive Control)由美国 PB Farradyne 公司和 Massachusetts Lowell 大学共同开发,最早版本为 1979 年完成的 OPAC-1,并陆续进行改进,于 2000 年完成 OPAC-5。1996 年,在美国新泽西州 18 号公路上对 OPAC 进行测试,得到满意的结果,特别是对拥挤的交通干线比较有效。OPAC 引入有效定周期(Virtual Fixed Cycle,简称 VFC)的概念,其把控制期间分为 N 个 T 秒的时间段,N 为整数;每个时间段内,根据需求,离散成一系列的信号灯切换时间点,在一个以实时交通检测信息为输入的交通模型上运行优化程序,求得未来各时段上的最优信号相位切换序列,但只将相位切换序列中的第一个(或前若干个)相位应用到实际交通控制系统。等到新的交通检测信息再次采样上来后,依次重复上述"预测多步,执行一步"过程。每次信号变换前,都要计算出变换前后的所有流向总延误,依据对比总延误的大小,可延长或者缩减绿灯时间。并允许每个路口的周期长度在一个规定的时间和空间范围内变化,使得信号机有比较大的回旋余地以应付本路口的交通请求。初始或缺省的信号策略由交通控制计算机提供给交叉口节点控制机,然后各节点控制机用启发式优化过程根据自己的实际情况在滚动区间部分或全部修改信号策略。作为优化的一部分,各节点都将相邻节点当前信号优化策略上的开销考虑到自己的优化过程中,通过这种方式,节点之间可以在分散式结构中得到较好的协调,局部对初始信号策略的优化可以使整个系统的性能得到提高。在优化方法上,该系统将滚动区间内的所有决策系列以决策树的方式表示,对滚动区间求取最优化信号策略的问题就可转化为求解最短路径的问题,其中决策树里的连线长度与滚动水平线中相应的决策开销对应成比例,有可能采用有效的最短路径算法替代常用的动态规划算法求解优化问题。

9.1.6 ACYCLICA

ACYCLICA 开发了多款用于交通方面的设施。GO 是 ACYCLICA 旗下的一款设备,该设备功能主要为了方便 ACYCLICA 用户使用 Road Trend 或 Compass 设备,同时将数据转化为可视的信息,使人们更加直观地了解实时交通状况。该设备基于 Web 访问,可在任何标准的网络浏览器中运行。ACYCLICA 在 GO 的地图界面中使用 Google 地图,能提供给用户一个直观且熟悉的界面。设备获取到的所有数据都存储在多个数据库中,以确保数据可靠和持久。GO 的操作界面如图 9-2 所示。

图 9-2　GO 操作界面

GO 可以分析的数据主要有：行程时间、速度、拥堵系数、延误等。该设备还可对数据分析进行设置，具体有定时分析、周分析和月分析等。

GO 主要具有以下功能：

①软件中集成了许多不同的性能算法，可循环使用多个算法对行驶路线进行分析，同时对各路线的出行效率进行量化，比选出最优路线，减少交通拥堵。

②ACYCLICA GO 和设备检测技术相结合，可以使自适应流量系统做到准实时响应，最大限度地提高自适应系统的性能。

③GO 还可用于 OD 分析，而且界面直观更容易理解。

LEGACY PRODUCTS 是 ACYCLICA 开发的用于流量分析的一种传感器。这种技术不仅仅是简单的起终点跟踪设备，它可以使用户能够在整个网络上采集流量数据，且该设备更加廉价，能够经济地部署在整个城市的交叉路口。LEGACY 的工作原理是通过设备中的传感器以匿名方式扫描和收集手机、相机、笔记本电脑甚至是具有 GPS 导航系统车辆的 MAC 地址，实现点对点匹配，从而获取高度稳定、准确、可靠的行程时间，并且该传感器还可通过各种细节来分析交通流量。LEGACY 设备如图 9-3 所示。

图 9-3　LEGACY 设备

9.2　新技术环境下交通控制的发展

9.2.1　"互联网 +"对交通控制发展的影响

对"互联网 +"环境下的多种数据源进行格式分析、数据预处理以及融合，形成统一的交通数据库，数据可应用于信号控制评价、交通信号动态控制；以融合后的数据为基础，构建交通信号控制评价指标体系，体系包括路口及路段的多项指标；利用该指标可进一步研判交通状态，当交通处于未饱和状态时，以延误、失衡指数等为输入构建动态控制模型优化路口的控制参数，在路段层面上动态优化相位差实现路段的协调控制，在过饱和状态下，构建动态疏导控制模型疏导排队溢出现象；在拥堵无法疏导的情况下，从路段层面采用动态控制疏导技术缓解交通拥堵；将方案与信号控制系统进行关联，实现方案的运行。"互联网 +"环境下的交通信号技术路线如图 9-4 所示。

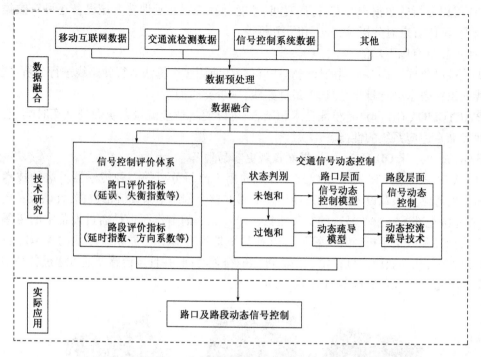

图 9-4 "互联网+"环境下的交通信号技术路线

9.2.2 云计算对交通控制发展的影响

随着经济和交通的发展,交通情况变得越来越复杂,人们在云计算技术产生后就开始考虑将其引入智能交通中,并提出了"智能交通云"的概念。我国政府也将云计算产业明确为未来高技术服务业的主角,提出了推动"大力发展云计算模式的平台运营和应用服务"这一规划。

云计算的高效计算能力、强大的存储能力和信息交互能力正好弥补了我们现存的交通控制系统的缺陷,将云计算技术应用到交通控制领域,利用云计算强大的数据处理和存储能力,以及简单的编程模式为交通控制服务,研究基于云计算的交通控制系统,搭建交通控制云计算平台,提高交通控制系统的数据计算、存储、处理能力,实现区域协调控制,提高交通控制的效果和安全性。

1) 城市交通控制云的概念

根据区域交通控制系统体系结构结合云的思想,提出交通控制云的理念。交通控制云的思想是将城市协调控制中心作为一个总控云,各区域协调控制系统、各子区甚至各个路口都是一个云计算平台,都可以进行数据处理和融合,云朵之间还可以实现信息的交互,总控云负责分配和调度各个云朵的计算任务和控制任务。这样既实现了各个控制区域、各个路口的信息交互,又减轻了总控中心的负担,将各个计算任务分配下去由各个子区、各个路口的服务器完成,极大地提高了控制系统的计算能力,路口越多,计算能力越强大,总控云根据各个云朵反馈的结果,协调各个区域、各个路口的交通控制策略。

图 9-5 是交通控制云模型,底层为路口基础交通设施层,包括各种交通信息采集装置、信号机、红绿灯等基础交通设施;第二层为交通信息采集层,主要负责采集交通信息和环境信息并上传;第三层为交通信息汇聚、融合,并将区域交通信息汇聚接入城市交通控制云平台。

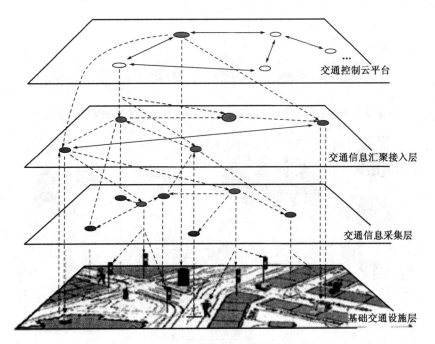

图 9-5 城市交通控制云

总之，与现有的交通控制系统对比，构建的交通控制云策略系统具有以下特点：

①控制范围大，云策略控制系统将负责的区域控制大系统分解为若干子系统，将庞大的计算任务分配到各个服务器上，将复杂问题简单化。同时，该系统具有极强的伸缩性，能承受控制范围继续扩大，且控制范围越大，处理效率越高。

②采用交通信号控制和交通诱导协同控制的方式，从时间、空间、宏观、微观多层面上优化路网交通流，增强交通控制系统的控制效果，提高路网的流畅性和安全性。

③实时响应交通流的变化，相对其他交通控制系统较为固定的交通控制模式，该系统在交通流发生突变时，能够根据不同交通状态制订不同控制模式和控制目标，实时响应交通流变化。

④区域间协调优化，整个控制系统将大范围交通控制分为数个控制区域和子区、区域和区域、子区和子区、交叉口和交叉口之间协调优化，使整个控制系统保证最优的控制效果。

2) 城市交通控制云平台构建

根据云计算平台的层次机构，综合交通控制的需求，构建城市交通控制云计算平台，并对平台的子系统和各项功能进行描述。

(1) 城市交通控制云平台拓扑架构

平台拓扑机构如图 9-6 所示。交通控制云计算平台将核心应用系统和存储构建采用虚拟机方式部署，交通信息采集系统、备份系统和中心共享数据库则是架构在原来的物理机上，这是根据现在的交通控制系统的硬件设备进行的部署。交通管理部门可以对云计算平台进行管理和维护，出行者可以通过网络查看交通信息。

(2) 城市交通控制云平台体系结构

城市交通控制云计算平台的体系结构如图 9-7 所示。整个体系结构自底向上可分为物理

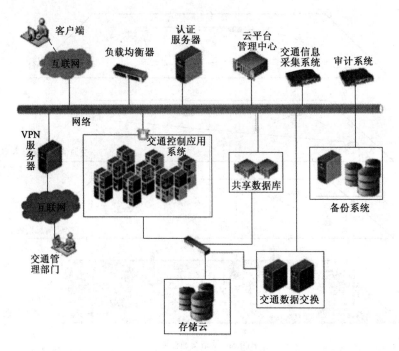

图 9-6 云计算平台拓扑结构图

层、虚拟层、数据资源层、云计算支持平台及服务组件层、服务层、应用层以及横跨多个层次的服务发现、服务监控、资源调度、计量和计费等服务。下面将对各层的功能进行简单论述。

①物理层是云计算的最低层,由计算机和交换机组成。

②虚拟层由操作系统内核、虚拟机及虚拟化工具组成。由图 9-7 可以看出,计算机与运行其上的操作系统是一对一的关系,虚拟机及运行其上的 User 操作系统也是一对一的关系,但是虚拟机与操作系统却不是一一对应的,这正是云计算虚拟化技术的特征,使得虚拟层上的数据存储、服务应用等硬件基础设施无关。

③数据资源层的主要功能是存储交通数据和其索引信息,为服务应用层提供数据支持,存储的交通信息包括 GIS 数据库和道路交通基础信息等静态交通信息,以及检测器和浮动车采集的动态交通信息。它包括数据库服务器和数据文件服务器,数据库服务器的访问,既可以基于中间件,也可以选择直接接口访问。该层对于海量的交通数据采用分布式存储。

④云计算支持平台及服务组件层。该层的服务组件提供了服务或功能的具体实现。云计算支持平台实现分布式计算功能来完成高性能计算的目的,同时该层还包括了支持交通控制软件的运行环境。服务组件遵循服务组件架构规范和服务数据对象规范。

⑤服务层包含 SOA 中定义的全部服务,公开的服务位于该层,它们能够被发现和调用,并能被编排以创建组合服务。服务层的软件模块主要是数据处理软件、智能算法软件和交通控制软件等模块,而且,我们能不断地进行软件模块的充实和扩展,实现更多交通控制功能。

⑥应用层为具体的交通控制应用,它包括交通控制策略的生成和交通信息查询,依靠服务层提供的服务接口实现。通过选择服务层的各种服务进行组合最后提供交通控制的各种应用和实现,这一层主要由第五层的服务层进行实现。

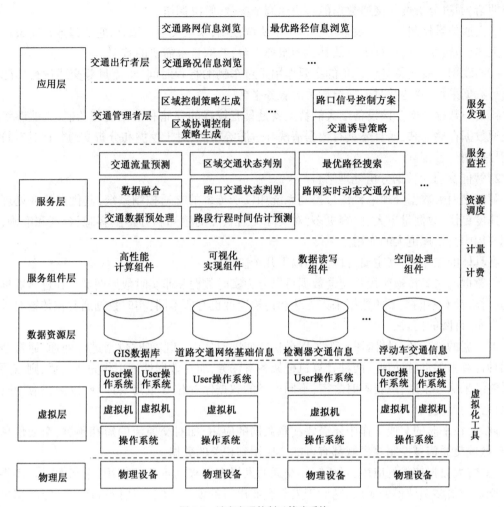

图 9-7 城市交通控制云策略系统

9.2.3 大数据对交通控制发展的影响

大数据给人们的日常生活带来了较大的便利,各行各业的发展都在一定程度上受到了大数据的影响,在交通领域中,大数据也得到了较为广泛的应用,智能交通信号控制系统就是大数据发展的重要产物。随着城市化进程的加快,对于现有道路状况,快速增长的交通流量给城市交通带来了巨大压力,使用大数据智能交通信号控制系统缓解城市交通拥堵面临着巨大的挑战。

基于流量大数据的智能交通信号控制系统分析主要包括以下两方面。

1)系统结构

一般来说,大部分流量大数据智能交通信号控制系统都是由智能交通服务平台、交通信号控制机、物联网无线设备以及交通数据仓库等部分组成的。

各部分具有的作用如下:

①智能交通服务平台。该平台的主要作用就是用于管理、控制交通信号控制机的,它能够灵活地对交通信号控制机的参数进行自动配置,同时还具有分析交通流量数据的功能,如发生

交通拥堵,通过分析过往交通数据能够快速调整参数,解决拥堵。

②交通信号控制机。该设备主要是用于协调控制,采集交通流数据,它通过连接交叉口物联网无线设备、交通信号灯组以及其他的服务平台,获取自身需要的数据。

③物联网无线设备。该设备的主要作用是对车辆的行程时间、车流量等交通运行实际情况进行数据采集,并能及时传递给相关的服务平台。

④交通数据仓库。该设备最大的特点就是具有较强的存储和数据处理功能,它能够将历史交通数据存储起来,而且还具有数据清洗和过滤等功能,对于挖掘和分析交通数据具有较好的指导作用。

2)智能交通大数据分析处理平台

智能交通大数据处理平台信号控制系统相较于传统的交通控制系统,其优点是在处理数据时速度更快,数据量更大、内容更多,对实际交通状况的感知和分析更客观、合理和准确,在实际应用中会发挥更大的作用。

在具体的工作中,其主要可以分为以下几个阶段:

①数据的采集传输阶段。交通数据可以分为实时数据和非实时数据两类。在进行数据采集的时候,针对不同类型的数据采集方法和传输速度也有所不同,实时数据通常在传输时采集的是发布/订阅的模式。

②数据的处理和存储阶段。为了以最快的速度对实时和非实时数据进行处理,通常会采取两种计算框架进行处理。两种计算机框架各有任务,而在数据处理工作完成之后,则需要将其最终结果保存下来,以备不时之需,不同类型的数据储存位置也需要区分,以便在应用时能够以最快的速度调用。

此外,在平时的交通工作中还需要注意数据的应用,如对交通流的短期预测、交通信息的发布、区域交通信号控制等领域都有可能会应用到相关的数据。

总之,大数据技术的应用,对于智能交通的发展有着极为重要的作用,未来大数据还将在智能交通的更多领域得到应用,它对于人们交通出行的安全、快速、便捷将产生一定的积极影响,更有助于促进城市交通管理水平的提高,同时,它对于社会的发展和进步也将产生一定的积极意义。

9.2.4　物联网对交通控制发展的影响

物联网(Internet of Things)是指将各种信息传感设备及系统,如传感器网络、射频标签阅读装置、条码与二维码设备、全球定位系统和其他基于物-物通信模式(M2M)的短距无线自组织网络,通过各种接入网与互联网结合起来而形成的一个巨大智能网络。如果说互联网实现了人与人之间的交流,那么物联网不仅实现了人与物体的沟通和对话,而且实现了物体与物体互相间的连接和交互。

物联网被看作信息领域一次重大的发展和变革机遇,它将被广泛应用于物流管理、智能交通、智能电网、智能家居以及安防监控等领域。2009年以来,一些发达国家纷纷出台物联网发展计划,进行相关技术和产业的前瞻布局,我国也将物联网作为战略性的新兴产业予以重点关注和推进。

1)基于RFID的流量检测技术

RFID是利用射频信号通过空间电磁耦合在无接触的情况下实现信息识别和传递的技术。

RFID 系统作为一种无线系统，仅有两个基本器件，再结合 EPC 编码技术，使得每个射频标签都具有唯一的编码，非常适用于海量物品的检测、跟踪和控制。该技术易于操控，简单实用，既可同时识别多个标签又可识别高速运动的情况。现在，RFID 技术已经在交通领域得到越来越多的应用。

应用 RFID 技术的车流量检测系统是在交叉路口交通信号灯上游安装阅读器，阅读器通过发射天线发送一定频率的射频信号，装有 RFID 标签的车辆进入天线工作区域时产生感应电流，送出自身信息。接收天线接收到标签发送来的信息，由阅读器读取信号并对其进行处理，得出车辆通行的频率，再将数据传给智能控制系统，智能系统根据反馈的信息，做出如何调整交通信号灯转换周期的决策。

2）基于嵌入式技术的信号控制机

为了满足嵌入式应用的特殊要求，嵌入式技术应运而生，各种针对性的芯片不断出现，其中 ARM 公司的 ARM 系列芯片应用较为广泛。ARM 是 Advanced RISC Machines 的缩写，它在工作温度、抗干扰、可靠性等方面都做了各种增强，并且只保留和嵌入式应用有关的功能。随着物联网产业的不断发展，对各种小型智能设备的需求不断增强，嵌入式技术已经越来越得到人们的重视，特别在智能交通领域，交通现场环境对智能开发平台的软硬件有比较具体的要求，嵌入式技术由于其高度的灵活性已经成为一种最优选择。嵌入硬件平台可以很好地实现现场数据的采集、传输、控制及处理等功能，并且能够进一步扩展。嵌入式软件系统主要包括嵌入操作系统、系统初始化程序、设备驱动程序、应用程序 4 个模块。

采用嵌入式模块进行信号控制，至少采用拥有 200MHz 的 ARM920T 内核的 EP9315 处理器，它是高度集成的片上系统处理器，能够满足交通控制实时运算需求。该模块集成了多种通信接口，与流量数据检测设备及信号控制机的通信可以通过串口或者 CAN 口实现，由以太网接口完成与控制中心的通信。人机交互部分是工作人员在特殊情况下进行现场调试的重要组成，输入部分包括 8×8 键盘阵列，PS/2 接口和触摸屏，输出部分包括 LCD、VGA 显示器，IDE 和 CF 卡槽以及 USB 接口。JTAG 及串口调试部分提供了系统开发调试时的接口，以实现程序下载、运行调试等功能。

未来交通控制系统整体水平的提高，需要集合各种专业技术手段，而物联网相关技术的发展，必将显著提高城市交通的智能化控制水平。

参 考 文 献

[1] 刘浩,王言鑫,孙程.基于智能手机和移动互联网的交通控制系统研究[J].信息通信,2012(02):75-76.

[2] 隋莉颖,石建军,宋延,等.城市交通信号控制系统(ACTRA)应用简介及构想[J].交通信息与安全,2007,25(2):133-137.

[3] Jang K, Kim H, Jang I G. Traffic Signal Optimization for Oversaturated Urban Networks: Queue Growth Equalization[J]. IEEE Transactions on Intelligent Transportation Systems, 2015,16(4):2121-2128.

[4] Chen Y Y, Chang G L. A Macroscopic Signal Optimization Model for Arterials Under Heavy Mixed Traffic Flows[J]. IEEE Transactions on Intelligent Transportation Systems, 2014, 15(2):805-817.

[5] 詹娟.城市交通控制的云策略研究[D].重庆:重庆交通大学,2014.

[6] 杨立才.城市道路交通智能控制策略的研究[D].济南:山东大学,2005.

[7] 张衍会.基于物联网的智能交通信号控制机设计[D].兰州:兰州交通大学,2017.

[8] 刘智勇.智能交通控制理论及其应用[M].北京:科学出版社,2003.

[9] 史忠科.交通控制系统导论[M].北京:科学出版社,2003.

[10] 翟润平,周彤梅,刘广萍.道路交通控制原理及应用[M].北京:中国人民公安大学出版社,2011.

[11] 隋亚刚.城市智能交通控制理论与应用[M].北京:中国水利水电出版社,2011.

[12] 杨佩昆.交通管理与控制[M].北京:人民交通出版社,2003.

[13] 张飞舟,范耀祖.交通控制工程[M].北京:中国铁道出版社,2005.

[14] 周蔚吾,蔡策,史星,等.道路交通信号灯控制设置技术手册[M].北京:知识产权出版社,2009.

[15] 杨兆升.新一代智能化交通控制系统关键技术及其应用[M].北京:中国铁道出版社,2008.

[16] 袁振洲.道路交通管理与控制[M].北京:人民交通出版社,2007.

[17] 尹宏宾,徐建闽.道路交通控制技术[M].广州:华南理工大学出版社,2000.

[18] 李瑞敏,章立辉.城市交通信号控制[M].北京:清华大学出版社,2015.

[19] 交通信号控制指南[M].北京:中国建筑工业出版社,2006.

[20] 李锐.城市道路交叉口交通信号控制理论与实践[M].北京:冶金工业出版社,2015.

[21] 张晓.城市道路交通信号控制配时优化策略研究[J].科技尚品,2017(8):175.

[22] 石庆生.城市道路交叉口信号智能控制方法研究[J].商品与质量,2016(46).

[23] 成卫,别一鸣,陈昱光.城市交通信号控制技术[M].北京:科学出版社,2016.

[24] 张亚平,程国柱.道路通行能力[M].北京:中国建筑工业出版社,2016.

[25] 沈国江,张伟.城市道路智能交通控制技术[M].北京:科学出版社,2015.

[26] 李岩.过饱和状态下交叉口群交通运行分析与信号控制[M].南京:东南大学出版社,2012.

[27] 袁振洲.城市交通管理与控制[M].北京:北京交通大学出版社,2013.

[28] 黄敏. 城市交通控制信号配时参数优化方法及控制方案研究[M]. 云南:昆明理工大学,2013.

[29] 任福田. 新编交通工程学导论[M]. 北京:中国建筑工业出版社,2011.

[30] 徐晓慧,王德章. 道路交通控制教程[M]. 北京:中国人民公安大学出版社,2011.

[31] 美国交通研究委员会. 道路通行能力手册[M]. 北京:人民交通出版社,2007.

[32] 秦焕美,曹静. 交通规划与仿真软件实验指导书[M]. 北京:北京工业大学出版社,2014.

[33] 李健. 匝道交通控制理论与方法[M]. 北京:北京交通大学出版社,2013.

[34] 徐瑞华. 交通运输组织基础[M]. 北京:清华大学出版社,2008.

[35] 臧利林,贾磊. 城市交通智能控制优化算法[J]. 中国公路学报,2006,19(6):97-101.

[36] 江建. 混合遗传算法在智能交通信号控制中的应用[J]. 矿业工程研究,2009,31(3):8-10.

[37] 何佳佳. 基于蚁群算法的交通信号配时优化[D]. 西安:陕西科技大学,2012.

[38] 田野. 粒子群优化算法及其应用研究[D]. 长春:吉林大学,2010.

[39] 董超俊,吕秋霞,刘贤坤. 城市区域智能交通控制模型与算法[M]. 广州:华南理工大学出版社,2015.

[40] 赵凯. 城市干线交通信号智能控制系统研究[D]. 芜湖:安徽工程大学,2011.

[41] 王一鸣,邓琛,邓高旭. 基于模糊控制的智能交通信号控制系统设计[J]. 电子科技,2017,30(8):84-87.

[42] 胡建建,吴瑞,郭洽胜,等. 基于深度学习的AIT智能交通系统[J]. 科技风,2018(27).

[43] 道路与交通工程研究学会. 交通信号控制指南:德国现行规范(RiLSA)[M]. 北京:中国建筑工业出版社,2006.

[44] 承向军,常歆识,杨肇夏. 基于Q-学习的交通信号控制方法[J]. 系统工程理论与实践,2006,26(8):136-141.

[45] 朱文兴,贾磊. 主干路交通信号控制仿真研究[J]. 系统仿真学报,2005,17(12):227-231.

[46] 任其亮,刘博航. 交通仿真[M]. 北京:人民交通出版社,2013.

[47] 曹凌峰. 基于Synchro的绿波协调控制仿真研究[J]. 内蒙古公路与运输,2017(1):52-54.

[48] 裴玉龙,张亚平. 道路交通系统仿真[M]. 北京:人民交通出版社,2004.

[49] 邹智军. 新一代交通仿真技术综述[J]. 系统仿真学报,2010(9):2037-2042.

[50] Ratrout N T, Reza I. Comparison of Optimal Signal Plans by Synchro & TRANSYT-7F Using PARAMICS-A Case Study[J]. Procedia Computer Science,2014,32:372-379.

人民交通出版社股份有限公司 公路教育出版中心
交通工程/交通运输类教材

一、专业核心课

1. ◆▲交通规划(第二版)(王 炜)……40元
2. ◆▲交通设计(杨晓光)……35元
3. ◆▲道路交通安全(裴玉龙)……36元
4. ▲交通系统分析(王殿海)……31元
5. ▲交通管理与控制(徐建闽)……26元
6. ▲交通经济学(邵春福)……25元
7. ◆交通工程总论(第四版)(徐吉谦)……42元
8. ◆▲交通工程学(第三版)(任福田)……40元
9. 交通工程学(第三版)(李作敏)……48元
10. 交通工程学(李 岩)……52元
11. ▲交通工程(吴娇蓉)……45元
12. ◆交通运输工程导论(第三版)(顾保南)……25元
13. 交通运输导论(黄晓明)……43元
14. 交通运输工程学(过秀成)……45元
15. Traffic Engineering 交通工程学(王武宏)……38元
16. Introduction to Traffic Engineering 交通工程总论(杨孝宽)……59元
17. Transportation Planning(王元庆)……58元
18. ◆交通管理与控制(第五版)(吴 兵)……40元
19. 交通管理与控制(第二版)(罗 霞)……38元
20. Traffic Management and Control(杨 飞)……24元
21. 交通管理与控制案例集(罗 霞)……25元
22. 交通管理与控制实验(罗 霞)……22元
23. ▲交通安全(裴玉龙)……48元
24. ▲道路交通安全(鲁光泉)……48元
25. ▲道路交通设计(项乔君)……38元
26. 交通调查与分析(第3版)(王建军)……55元
27. 交通调查与数据分析(邵长桥)……46元
28. ◆交通工程设计理论与方法(第二版)(梁国华)……36元
29. 交通工程设施设计(丁柏群)……45元
30. 道路交通安全及设施设计(王建军)……45元
31. ◆道路交通工程系统分析方法(第二版)(王 炜)……33元
32. 交通工程专业英语(裴玉龙)……29元
33. ◆智能运输系统概论(第三版)(杨兆升)……49元
34. 智能运输系统(ITS)概论(第二版)(黄 卫)……24元
35. ◆运输工程(第二版)(陈大伟)……39元
36. ◆运输经济学(第二版)(严作人)……44元
37. 交通运输经济与决策(马书红)……49元
38. 运输组织(彭 勇)……40元

二、专业选修课

39. 道路勘测设计(第二版)(裴玉龙)……59元
40. 微观交通仿真基础(张国强)……35元
41. 道路通行能力(程国柱)……45元
42. ◆道路通行能力分析(第二版)(陈宽民)……28元
43. 道路运输统计(张志俊)……28元
44. ◆公路网规划(第二版)(裴玉龙)……30元
45. 城市客运交通系统(李旭宏)……32元
46. 城市客运枢纽规划与设计(过秀成)……35元
47. ▲城市客运交通枢纽规划设计(孙立山)……35元
48. 现代交通港站枢纽规划与设计(牟振华)……42元
49. 交通项目评估与管理(第二版)(谢海红)……45元
50. 公路建设项目可行性研究(过秀成)……27元
51. 交通组织设计(张水潮)……30元
52. ◆交通运输设施与管理(第二版)(郭忠印)……38元
53. 交通预测与评估(王花兰)……45元
54. 交通工程项目经济与造价管理(臧晓冬)……40元
55. 交通工程基础方法论(臧晓冬)……38元
56. ◆交通与环境(陈 红)……30元
57. 道路交通环境影响评价(王晓宁)……25元
58. 城市交通信号控制基础(第2版)(于 泉)……42元
59. 交通信息工程概论(崔建明)……40元
60. 交通地理信息系统(符锌砂)……31元
61. 高速公路通信技术(关 可)……36元
62. 交通供配电与照明技术(第二版)(杨 林)……36元
63. 信息技术在道路运输中的应用(王 炼)……42元
64. 运输市场管理(郭洪太)……38元
65. 交通类专业大学生职业发展与就业指导(白 华)……30元

了解教材信息及订购教材,可查询:"中国交通书城"(www.jtbook.com.cn)
天猫"人民交通出版社旗舰店"

公路教育出版中心咨询及投稿电话:(010)85285984,85285865
欢迎读者对我中心教材提出宝贵意见

注:◆教育部普通高等教育"十一五""十二五"国家级规划教材
　　▲交通工程教学指导分委会推荐教材、"十三五"规划教材